本著作得到国家社会

AGRICULTURAL

SUBSIDIES:

EFFICIENCY

MEASUREMENT

AND SYSTEM

OPTIMIZATION

U0671415

农业补贴
效率测度与制度优化

高玉强◎著

AGRICULTURAL

SUBSIDIES:

EFFICIENCY

MEASUREMENT

AND

SYSTEM

OPTIMIZATION

经济管理出版社
ECONOMY & MANAGEMENT PUBLISHING HOUSE

图书在版编目（CIP）数据

农业补贴：效率测度与制度优化/高玉强著 . —北京：经济管理出版社，2021. 3
ISBN 978 - 7 - 5096 - 7829 - 9

Ⅰ. ①农… Ⅱ. ①高… Ⅲ. ①农业—政府补贴—财政政策—研究—中国 Ⅳ. ①F812. 0

中国版本图书馆 CIP 数据核字（2021）第 042228 号

组稿编辑：申桂萍
责任编辑：申桂萍　尹珍珍
责任印制：黄章平
责任校对：陈晓霞

出版发行：经济管理出版社
　　　　　（北京市海淀区北蜂窝 8 号中雅大厦 A 座 11 层　100038）
网　　　址：www. E - mp. com. cn
电　　　话：（010）51915602
印　　　刷：唐山昊达印刷有限公司
经　　　销：新华书店
开　　　本：720mm × 1000mm/16
印　　　张：15. 75
字　　　数：283 千字
版　　　次：2021 年 3 月第 1 版　　2021 年 3 月第 1 次印刷
书　　　号：ISBN 978 - 7 - 5096 - 7829 - 9
定　　　价：68. 00 元

前　言

2010 年，中国 GDP 从 26.6 万亿元增加到 51.9 万亿元，跃升至世界第二位。2019 年 GDP 接近 100 万亿元。然而，在赢得举世瞩目成就的同时，中国经济深层次矛盾日益凸显，农业基础还不稳固，已成为制约中国经济高质量发展的瓶颈。首先，日益趋紧的世界粮食供求矛盾使粮食安全问题上升至前所未有的高度，中国作为发展中的农业人口大国，粮食安全始终是关系国民经济发展、社会稳定和国家自立的全局性重大战略问题。其次，城乡收入差距依然较大。再次，农业生产过程中化肥、农药等投入要素的过度使用，使得中国农业生态环境遭受严重破坏，却缺乏行之有效的制度保障与管理措施。最后，WTO 成员国在全球农业政策博弈与规则制定中的话语权不同，导致中国政府在制定农业补贴政策时面临异常严峻、复杂而不平等的国际约束。

农业补贴是政府为实现保障粮食安全、提高农民收入和促进农业可持续发展等目标，对农业生产、流通、贸易活动提供的具有导向性的财政转移性支出，也是国际上普遍采用的支持与保护农业生产的有效手段。健全农业补贴制度对于促进粮食增产和农民增收、推动农业农村经济高质量发展具有重要的调控和保障作用。为此，本书在 WTO 农业规则框架下，对中国农业补贴制度展开系统深入研究。全书共分为八章，从五个方面展开研究：

第一，系统梳理并总结农业补贴的理论基础与现实依据。在综合梳理国内外农业补贴相关学说的基础上，定义农业补贴的概念，阐释农业补贴的基本特征，从内涵和外延两方面区分农业补贴、农业保护和农业支持等具有密切联系的专业术语。从公共财政学说、福利经济学、制度经济学和农业多功能性理论等多维视角，深入探究实施农业补贴政策的理论依据，分析开放经济条件下实施农业补贴对本国和别国的福利影响，探讨中国推行农业补贴政策的特殊性以及面临的国际规则约束。

第二，对中国农业补贴制度变迁、实施现状及存在的问题进行全面剖析。基于历史资料详细梳理了新中国成立以来中国农业补贴制度的演进过程，阐释中国农业补贴政策的主要特征，分析中国当前农业补贴的规模与结构；对中国农业补贴制度存在的问题进行剖析，并从国际规则、法律、经济、制度等层面挖掘问题背后的主要原因。

第三，从全国和省级层面分别实证检验农业补贴政策整体及各项具体政策的经济效应。运用灰色关联度分析方法探究了农业补贴政策的增产效应与增收效应，结果表明，新型农业补贴政策整体的增产、增收效应均比较显著，并且增产效应略高于增收效应。从具体农业补贴政策看，各项新型农业补贴政策的增产、增收效应的排序基本一致；粮食直补政策的增产效应比增收效应突出，其他三项补贴政策的增收效应均略大于增产效应。运用省级面板数据模型分别研究了农业补贴政策在粮食主产区、产销基本平衡区和主销区的整体增产效应，并检验了农机购置补贴对农机总动力及土地生产率的影响。

第四，运用数据包络分析（DEA）方法对各省农业补贴的效率和超效率进行测度与比较分析。效率测算结果显示，粮食主产区和主销区的所有省份均处于农业补贴的高效区与中效区，主销区的农业补贴效率最高，主产区居中，而产销基本平衡区最低。省域农业补贴超效率测度的结果表明，超效率平均值均大于1的省份共有8个，按其超效率平均得分的降序排列，依次为上海、北京、海南、福建、天津、西藏、河南、辽宁。为了提高农业补贴效率，在农业补贴制度优化的进程中，我们建议对三大粮食产区分类指导，以各大粮食产区农业补贴效率最高的省份作为改革的样板与标杆。运用DEA–Malmquist模型测算和比较粮食主产区13个省份的粮食直补效率，结果表明，中国粮食直补效率不高的主要原因是技术无效率；粮食直补的Malmquist生产率年均增长3.6%，粮食直补生产率的提高主要源于技术进步与规模效率的提高，而不是纯技术效率的提高。

第五，在比较欧盟、美国、日本等发达国家与印度、巴西、埃及等发展中国家农业补贴先进经验基础上，立足中国国情，设定中国农业补贴制度的目标，给出中国农业补贴制度优化的指导原则、总体思路与基本框架。在所设计的基本框架内，遵循优化农业补贴制度的指导原则并按照上述思路，从法律体系、农业补贴水平、政策工具、农业补贴结构、补贴资金的发放程序与监管等方面，界定完善中国农业补贴制度的基本着力点，并提出了优化农业补贴制度的具体措施和相关配套措施。

本书的完成得益于各位老师和同人的支持与帮助。在此，特别感谢恩师东北财经大学孙开教授的悉心指导、言传身教与率先垂范。感谢林光祺老师、潘祺志博士、郑尚植博士、王平博士、赵金鑫博士在研究开展与成稿期间给予的大力支持。

本书系国家社会科学基金青年项目（09CJY063）、山东省社会科学规划研究项目（18CCZJ26）、山东省软科学研究计划项目（2013RKB01435）、山东省高校人文社科研究项目（J14WE23）研究成果，感谢上述项目对研究的支持。

作者

2020 年 11 月

目　录

第一章　导论 ………………………………………………………………… 1

  第一节　研究背景与意义 …………………………………………………… 1

  第二节　文献综述 …………………………………………………………… 7

  第三节　研究方法与结构安排 …………………………………………… 21

  第四节　创新与不足 ……………………………………………………… 21

第二章　农业补贴的理论基础与现实依据 ………………………………… 25

  第一节　思想史上的"重农主义"——兼论"重商"与"重农"
      之别 ……………………………………………………………… 25

  第二节　农业补贴的内涵、分类与特征阐释 ………………………… 40

  第三节　农业补贴的理论支撑 …………………………………………… 48

  第四节　开放经济条件下农业补贴对福利的影响分析 ……………… 55

  第五节　农业补贴水平的主要测度方法 ……………………………… 61

  第六节　中国农业补贴的现实依据：农业补贴特殊性分析 ………… 66

  第七节　农业补贴的国际环境：WTO 农业补贴规则 ……………… 69

第三章　中国农业补贴的制度变迁与问题考察 ………………………… 81

  第一节　中国农业补贴制度演进过程分析 …………………………… 81

  第二节　中国农业补贴的现状分析 …………………………………… 85

  第三节　农业补贴制度的问题剖析 …………………………………… 101

  第四节　农业补贴制度存在问题的基本诱因 ………………………… 119

第四章 农业补贴政策效应的计量分析 ·········· 125

第一节 全国农业补贴政策效应的评价：灰色关联度分析 ·········· 125

第二节 中国省域农业补贴的政策效应检验：来自省级数据的证据 ····· 128

第三节 农机具购置补贴的政策效应评价：基于省级面板数据的

经验分析 ·········· 133

第五章 中国省域农业补贴效率的测度 ·········· 145

第一节 农业补贴效率测度的理论与方法 ·········· 145

第二节 中国省域农业补贴的效率测度：基于 DEA 的实证分析 ·········· 149

第三节 基于 Malmquist 指数的主产区粮食直补效率测度 ·········· 159

第六章 农业补贴制度的国际比较与经验借鉴 ·········· 170

第一节 发达国家农业补贴制度：比较与经验借鉴 ·········· 170

第二节 发展中国家农业补贴制度：比较与经验借鉴 ·········· 189

第三节 比较分析与经验借鉴 ·········· 198

第七章 优化农业补贴制度的总体设计 ·········· 200

第一节 农业补贴水平及其影响因素分析 ·········· 200

第二节 农业补贴制度的目标定位 ·········· 205

第三节 农业补贴制度优化的指导原则 ·········· 209

第四节 优化农业补贴制度的总体思路与框架设计 ·········· 211

第八章 农业补贴制度优化的具体措施 ·········· 214

第一节 基本着力点 ·········· 214

第二节 完善农业产出补贴制度的建议 ·········· 217

第三节 投入品补贴制度优化的政策建议 ·········· 223

第四节 完善农业补贴制度的配套措施 ·········· 226

参考文献 ·········· 228

第一章　导论

第一节　研究背景与意义

一、选题背景

农业补贴是各级政府为实现保障粮食安全、提高农民收入水平和农业可持续发展等目标，对农业生产、流通、贸易活动或农业生产者提供的具有导向性质的转移性财政支出。它是财政支农不可替代的政策手段，也是世界各国普遍采取的支持和保护农业发展的有效手段。健全农业补贴制度，对于促进粮食增产和农民增收，推动农业经济平稳较快发展，具有重要的调控和保障作用。农业补贴思想可谓源远流长，最早可溯及 17 世纪左右。然而，农业补贴真正演变为世界潮流是在 1929～1933 年世界性经济危机爆发之后。国外对农业补贴的正式研究始于 1957 年欧共体的成立及其"共同农业政策"的出台。然而，我国对农业补贴的研究起步较晚，始于 20 世纪 90 年代。由农业课税向农业补贴的重大转变可能是各国工业化进程中的共同趋向，农业补贴规模可能将继续提高、农业补贴政策工具的运用将更加普遍，所以成为当前及未来一项极具挑战性的研究课题。

农业乃一国基础性、战略性产业，关系国家安全与国计民生，对中国这样一个人口大国尤为如此。中华人民共和国成立尤其是家庭联产承包责任制实施以来，中国农业取得了令世人瞩目的成绩，用世界 8% 的耕地养活了约 20% 的人口。但是，作为客观存在的自然与市场双重风险交织叠加的弱质产业，同时受制于我国长期以来实施的"农业支持工业、农村支持城市"的"非均衡"产业发展战略和与之密切配合的具有"偏向性"的一系列主观制度安排①，使原本步履维艰的农业如今更是雪上加霜，农业无法实现平均利润，比较效益每况愈下，城乡收入分配差距亦呈现不断扩大之势。如果单纯依靠农业自身极其有限的资金积累，农业现代化在短期内几乎不可能实现。更为重要和值得注意的是，某些农业投入不适合由市场供应，只能也只适合由政府提供。另外，随着经济发展水平的提高、农民相对收入的降低、农业在国民经济中所占份额的下降、农业人均 GDP 的下降、农业比较优势的逐渐丧失、恩格尔系数的变小、食物自给率的下降以及农产品对工业品的国际贸易条件的恶化等影响农业补贴水平的经济因素的变动，农业补贴水平将随之有所提高。这就为政府支持农业发展奠定了现实基础。同时，从各国政府支农惠农的一系列政策实践来看，政府均在基础性产业——农业领域有所作为。作为一种导向性的转移性财政支出，农业补贴在推进农业现代化进程中通过替代效应与收入效应发挥着其他财政支农政策无法替代的功能，业已成为当今世界多数国家支持与保护农业政策体系中最主要、最常用和最有效的政策工具。Schlesinger（1984）甚至认为农业补贴政策使美国的农业由一个弱势、无组织、趋于贫困化的部门转变为最有效率的部门。

（一）日益趋紧的世界粮食供求矛盾，使粮食安全问题上升至前所未有的高度

自 2006 年以来，世界各国都密切、高度关注国际粮食价格的大幅上涨问题（马述忠和冯冠胜，2010）②。联合国粮食及农业组织（Food and Agriculture Organization of the United Nations，FAO）发布的《粮食展望》报告显示（见表 1 - 1），国际粮价一直高位震荡，且短期内难以逆转。2000 年国际粮食价格指数为 91.1，2014 年迅速攀升至 201.8，十几年内上升了两倍之多。通过国际粮食价格指数持续快速上涨的现象，所提示的本质是世界粮食供求关系日趋紧张。从粮食需求方来看，世界粮食需求呈现刚性攀升的趋势。一方面，世界人口的平稳增长和居民消费结构的优化升级要求不断增加粮食的需求量和调整农产品的生产结构。近 5 年来，世界人口年均净增 7619 万人，居民生活用粮持续增长（李永强和伍娟花，2008）③。与此同时，伴随各国尤其是发展中国家经济发展水平的不断提高、居民收入的增加以及城市化进程的加快，居民粮食商品的需求结构正在逐渐升级，对多样化膳食结构的追求愈加强烈。消费模式的改变将在很大程度上

①　如工农产品价格"剪刀差"、户籍制度、城乡有别的"二元"社会保障制度等。
②　马述忠，冯冠胜. 健全农业补贴制度 [M]. 北京：人民出版社，2010：1 - 3.
③　李永强，伍娟花. 对当前世界粮食供求形势的分析与思考 [J]. 调研世界，2008 (7)：29 - 30, 33.

推动粮食需求增长的结构性变动。另一方面，生物燃料市场对粮食转化的需求加速增长。原油价格的大幅度攀升所带来的对能源市场的冲击开始影响粮食市场，玉米、油籽等农产品正逐渐成为生物燃料市场不可或缺的需求源。2007年全球玉米消耗量增加近4000万吨，其中近75%用于乙醇生产。2008年，美国至少有30%的玉米（占全球玉米总量的12%）用于乙醇生产。2007年欧盟成员国菜籽油总产量的60%（相当于全球菜籽油总产量的1/4和全球贸易量的7/10）用于生物柴油的生产。从供给方来看，2005年和2006年世界粮食产量连续下降，在一定程度上推动了国际粮食价格的上涨，但这只是国际粮食价格上涨的原因之一，因为在2007年世界粮食产量达到23.04亿吨创历史新高时，国际粮食价格依然宽幅上涨。其重要原因在于用来弥补粮食需要刚性攀升下供求缺口的世界粮食库存水平的持续下降。同2000年比，2005年、2006年及2007年世界粮食库存量分别下降22.9%、30.4%、36.9%（李永强和伍娟花，2008）[①]。FAO数据显示，在2008生产年度结束时，世界谷物库存量将在第一季度低水平的基础上再降5%，创近25年来的最低点。因此，在世界粮食需求的刚性攀升和供给的相对不足的双重作用下，未来较长的时间内，可以预测，我们可能仍将继续处于紧张的世界粮食供求关系中，面临国际粮食价格的上涨。

表1-1　FAO粮食价格指数

年份	食品	肉类	奶类	谷物	植物油和油脂	食糖
2000	91.1	96.5	95.3	85.8	69.5	116.1
2001	94.6	100.1	105.5	86.8	67.2	122.6
2002	89.6	89.9	80.9	93.7	87.4	97.8
2003	97.7	95.9	95.6	99.2	100.6	100.6
2004	112.7	114.2	123.5	107.1	111.9	101.7
2005	118.0	123.7	135.2	101.3	102.7	140.3
2006	127.2	120.9	129.7	118.9	112.7	209.6
2007	161.4	130.8	219.1	163.4	172.0	143.0
2008	201.4	160.7	223.1	232.1	227.1	181.6
2009	160.3	141.3	148.6	170.2	152.8	257.3
2010	188.0	158.3	206.6	179.2	197.4	302.0

---

① 李永强，伍娟花. 对当前世界粮食供求形势的分析与思考 [J]. 调研世界，2008（7）：29-30，33.

续表

年份	食品	肉类	奶类	谷物	植物油和油脂	食糖
2011	229.9	183.3	229.5	240.9	254.5	368.9
2012	213.3	182.0	193.6	236.1	223.9	305.7
2013	209.8	184.1	242.7	219.3	193.0	251.0
2014	201.8	198.3	224.1	191.9	181.1	241.2

资料来源：FAO 官方网站发布的 *Food Outlook*。

世界粮食供求紧张造成的粮食价格上涨，使诸多国家深陷粮食恐慌和社会动荡的旋涡之中。粮食进口国为了保证充足的供给而不得不进行恐慌性抢购，而粮食出口国为了平抑国内物价、保障国内粮食安全则往往禁止或严格控制出口，从而导致国际市场供求关系更加紧张。在此背景下，粮食安全问题引发各国新一轮的高度关注，各国政府纷纷采取措施确保国家粮食安全。为提高农业生产率、增加粮食供应，各国政府开始加大在农业科研、技术推广、农业基础设施建设等领域的财政支出。我国作为一个拥有 14 亿人口的发展中大国，粮食安全问题无论如何强调可能都不为过。正如胡锦涛同志在党的十七大报告中所说，"粮食安全问题任何时候都不能放松，必须常抓不懈"，要"加大支农惠农政策力度，严格保护耕地，增加农业投入，促进农业科学技术进步，增强农业综合生产能力，确保国家粮食安全"。在未来相当长的时期内，粮食安全问题将成为各国经济发展中的一个主导战略，而农业补贴正是推动农业发展、保障国家粮食安全战略实施的一项重大举措。

（二）城乡居民收入差距依然较大

在经济社会迅速发展的同时，我们必须清醒地认识到城乡居民收入分配差距不断扩大并迅速积聚为一种公共风险的问题令人担忧。据统计，1978~2011 年，城镇居民人均可支配收入与农村居民人均纯收入的绝对差距由 209.8 元增加到 14832.5 元，年均增长 443 元；相对差距由 2.57∶1 扩大至 3.33∶1，年均增长 3%[①]（见图 2-6）。值得注意的是，若将城市居民的一些隐性福利、优惠换算成收入，则城乡居民的实际收入差距可能会更大。根据福利经济学第二个基本命题，收入分配的差距越大，则对国民整体福利水平的损害程度越大。庇古曾经主张，政府运用累进所得税和转移性支出等财税政策调节收入分配，以期实现国民

---

① 根据中经网数据库相关数据计算。

收入分配的大致公平，从而提高社会的整体经济福利水平。在西方发达国家，农业补贴政策力求遵循"农民收入平价"的原则，即试图通过实施高额农业补贴将农民收入提高至城镇居民大体相当的收入水平上，从而提升整个社会的经济福利水平。国外的理论分析、经验研究以及实践均证明，农业补贴政策正是缩小城乡居民收入差距、实现国民收入均等化最为有效的手段。2004 年粮食直补政策在全国范围内的铺开及 2006 年农业税在全国范围的取消，标志着我国总体上进入了"以工促农、以城带乡"、城乡统筹发展的崭新阶段。

（三）中国农业补贴面临异常严峻、复杂而不平等的国际约束

农业补贴是一国政府支持、保护农业政策体系中最重要、最常用的政策工具，其主要政策目标是保障国家粮食安全、提高农民收入水平和实现农业可持续发展。对中国而言，农业补贴并非新鲜事物。早在 20 世纪 50 年代，我国就对国营拖拉机站实施了"机耕定额亏损补贴"。此后，农业补贴逐步扩展到农用生产资料价格补贴、农业用电补贴以及贷款贴息补贴等方面，但是由于受非均衡产业发展战略导向的制约并未形成规范化的制度体系，对农业发展的推动作用较为有限。2000 年后，随着对"三农"问题的关注度不断提升，我国的农业补贴制度建设也取得了一定进展。自 2002 年起，我国相继出台了粮食直接补贴、良种补贴、农机购置补贴、粮食最低收购价、农资综合直接补贴等一系列的农业补贴政策，业已初步形成了综合性收入补贴、生产性专项补贴和最低收购价政策相结合、兼顾国家粮食安全和种粮农民收入的农业补贴政策体系。"十一五"规划、"十二五"规划及近 10 年来连续颁布的中央一号文件均提出和强调"完善农业补贴制度"。相继实施的一系列农业补贴政策及连续出台的中央一号文件均在主观上表明了我国政府对农业问题的高度重视及实施农业补贴、发展农业的坚定决心。同时，随着经济发展进入工业化中期阶段，我国在客观上已经基本具备了工业反哺农业的经济基础和实力。我国农业补贴面临着良好的国内发展环境，进入了一个全新的发展阶段。

但从国际环境看，我国农业补贴正面临着严峻、复杂而又不平等的竞争环境。第一，由于农业问题的特殊性和敏感性，在多边贸易谈判中，各国在农业补贴问题上始终存在较大分歧，发达国家利用谈判中的优势地位为各自的农业补贴预留了巨大的政策空间。1995 年生效的 WTO《农业协定》对农业补贴内容、方式做出了必要的限制与规范，将农业补贴措施划分为绿箱政策和黄箱补贴措施进行分类管理，鼓励各国减少价格与贸易扭曲程度较大的黄箱补贴措施，尽量采取绿箱补贴措施，并对发展中国家农业国内支持与补贴的特殊差别待遇作了专门规

定。但是由于农业补贴水平基期的选择，导致发达国家与发展中国家在农业补贴总量与补贴结构上都差别悬殊，发达国家利用 WTO 规则仍然对农业实施高额补贴。第二，尽管《农业协定》不提倡使用黄箱补贴措施，但大多数发达国家仍然采取多种黄箱补贴措施，美国、欧盟等还将黄箱补贴措施转化为绿箱措施。另外，少数发达国家虽然在乌拉圭回合农业谈判中做出削减农业补贴的承诺，但实际上近年来部分发达国家农业补贴的绝对规模不仅没有减少，反而有所增加。第三，2004 年多哈回合达成的《农业框架协定》对农业补贴限制与规定更加明确和严格，但一直未就具体操作参数达成一致，从而影响了对农业补贴的约束和规范。目前的国际农业补贴环境并未得到实质性改善，在粮食安全战略主导下的国际农产品贸易环境仍有可能继续恶化。

作为 WTO 成员国之一，我国必须在 WTO 相关农业补贴规则与纪律的框架下，充分利用有限的空间来支持本国农业的发展。我国当前的农业补贴远远低于国际平均水平，正在使用的绿箱政策只有 6 项，8.5% 的黄箱补贴措施尚未用足。因此，在 WTO 农业补贴相关规则的框架下，深入剖析我国农业补贴制度存在的问题及其致因，评估我国农业补贴政策的经济效应，测度农业补贴效率，比较并借鉴国外农业补贴的成功做法与先进经验，进而完善我国农业补贴制度，实现保障国家粮食安全等政策目标，无疑成为当前中国发展面临的一项重要课题。本研究正是在上述背景下对中国的农业补贴制度问题展开系统深入的研究。

二、选题意义

胡锦涛同志在党的十六届四中全会上指出，"综观一些工业化国家发展的历程，在工业化初始阶段，农业支持工业，为工业提供积累是普遍性的趋向；但在工业化达到相当程度以后，工业反哺农业、城市支持农村，实现工业与农业、城市与农村协调发展，也是普遍性的趋向"。胡锦涛同志做出的重要论断，标志着中国结束了农业支持工业的历史，步入了"以工促农、以城带乡"的城乡统筹、协调发展的崭新阶段。农业补贴政策正是实现"工业反哺农业"非常有效的政策工具之一。自 2002 年起，我国相继出台了粮食直接补贴、良种补贴、农机购置补贴、粮食最低收购价、农资综合直接补贴等一系列农业补贴政策，综合性收入补贴、生产性专项补贴和最低收购价政策相结合、兼顾国家粮食安全和种粮农民收入的新型农业补贴政策体系初步形成。"十一五"规划明确提出"继续完善现有农业补贴政策，保持农产品价格的合理水平，逐步建立符合国情的农业支持保护制度"。"十二五"规划着重强调"统筹城乡发展，坚持工业反哺农业、城市支持农村和多予、少取、放活方针"，"健全农业补贴等支持保护制度，增加农民生产经营收入"。2013 年，中央一号文件《关于加快发展现代农业，进一步增强农村发展活力的若干意见》连续十年聚焦"三农"，该文件明确提出"健全农业支持保护制度，不断加大强农惠农富农政策力度"，"加大农业补贴力度"。2014 年，中央一号文件《关于全面深化农村改革加快推进农业现代化的若干意见》明确提出"完善农业补贴政策""强化农业支持保护制度"。2015 年，中央一号文件《关于加大改革创新力度加快农业现代化建设的若干意见》明确提出"围绕促进农民增收，加大惠农政策力度"，"提高农业补贴政策效能"。相继实施的一系列农业补贴政策和连续 10 年来出台的中央一号文件均表明了我国政府对"三农"问题的高度关注和实施农业补贴、促进农业发展的坚定决心。在财政收入快速增长和全面取消农业税的背景下，以社会主义新农村建设和财税体制改革为契机，按照适合国情、着眼长远、逐步增加、健全机制的原则，探索并优化农业补贴制度，逐步形成目标清晰、受益直接、类型多样、简便高效并符合 WTO 规则的农业补贴制度，成为一项既富有挑战性又亟待破解的重大课题。

本研究正是从以上问题入手，以经济学理论为基础，主要运用定性描述与定量分析相结合的研究方法，旨在解决如下几个问题：①梳理我国农业补贴制度的变迁过程，深入剖析我国现行农业补贴制度存在的主要问题及其基本诱因；②评估我国农业补贴政策的经济效应；③测度我国农业补贴的效率；④横向比较美国、欧盟、日本等发达国家与印度、巴西、埃及等发展中国家的农业补贴体系，总结其共同规律，为我国农业补贴制度的改革和完善提供经验借鉴；⑤设计我国农业补贴制度的基本框架并给出优化我国农业补贴制度的具体措施。上述问题的研究有利于推动农业补贴理论的深入发展，有利于健全农业补贴制度、提高农业补贴政策的效应与效率，有利于在新形势下加强对农业的支持和保护，有利于保障国家粮食安全、提高农民收入水平、实现农业可持续发展。因此，本研究具有较强的理论价值与实践意义。

第二节　文献综述

国外文献主要从经验分析的视角展开研究，而国内相关文献既有理论研究，也有经验分析，并且主要集中在理论研究。

一、国外研究现状

本部分从理论研究和经验分析两方面，系统地梳理了国外农业补贴的最新研究成果，试图从中归纳出各国农业补贴制度的共同规律与改革趋势，为我国农业补贴制度的优化提供方向性或前瞻性的理论指导与经验借鉴。

众所周知，发展中国家普遍对农业课税，而发达国家大都给予农业财政补贴（Bale and Lutz，1981）。随着经济发展水平的不断提高和经济结构的优化调整，保护一般由工业部门向农业部门转换。农业补贴是当今国际上普遍采取的支持与保护农业发展极为有效的政策工具。在保障粮食安全、缩小城乡居民收入差距及实现农业经济可持续发展方面，农业补贴政策发挥着不可替代的作用。然而，我国农业补贴的理论研究进展严重滞后于实践的步伐，因此，加强农业补贴理论研究迫在眉睫。对任何研究工作，文献综述的重要性都是不言而喻的，更值得注意的是，有关国外农业补贴的文献综述较少并相对零散，故本研究着重从理论研究和经验分析两方面，对国外农业补贴的代表性文献进行系统梳理和简要评价。

（一）研究进展

国外学术界对农业补贴的正式研究，溯源于1957年欧共体的成立及其"共同农业政策"的实施。此后，Little 等（1970）的《若干发展中国家的工业与贸易：一个比较研究》、Jame（1971）的《富国的农业政策》、Mccalla（1985）的《农业政策与世界市场》以及 Anderson 等（1985）的《农业保护的政治经济学：国际透视中的东亚经验》等著作陆续出版，基本观点大同小异[①]。共同点主要有四个方面：一是农业补贴思想逐渐渗透至所有发达国家的农业政策中；二是农业补贴对农产品的生产、价格、贸易以及各国社会福利均有较大影响；三是从农业课税向农业补贴的重大转变是欧美各国农业政策的共同趋向；四是各国农业补贴规模稳中攀升将导致农业补贴政策工具被应用得更为普遍。总之，发达国家对农业补贴问题历来倍加重视。

1. 国内支持水平的衡量方法与应用

衡量农业国内支持水平主要有四种方法[②]：一是世界银行经济学家 Balassa（1965）首创的名义保护系数（Nominal Protection Coefficient，NPC），它是自由贸

---

① 何忠伟. 中国农业补贴政策的效果与体系研究 [D]. 北京：中国农业科学院博士学位论文，2005.

② 李建平. 我国农业保护政策研究 [M]. 北京：人民出版社，2007：37 - 46.

易条件下农产品价格与国内价格之比;二是 OECD(1978)为更全面反映农业支持的水平与结构,科学监测并合理评价成员国的农业政策及其改革进程,将农业总支持估计(Total Support Estimate)分解成生产者支持估计(Producer Support Estimate, PSE)、消费者支持估计(Consumer Support Estimate, CSE)和一般服务支持估计(General Services Support Estimate, GSSE)三部分;三是 Corden(1986)提出的有效保护系数(Effective Protection Coefficient, EPC);四是 WTO 最先设计的用于衡量成员国农业支持水平的综合支持量(Aggregate Measure of Support, AMS),逐渐成为各国在国际贸易谈判中度量与削减国内农业支持的主要指标依据。

Gulati 和 Sharma(1992)从跨国视角比较了中国、印度、日本、韩国、埃及、加拿大、美国及欧共体成员国等 37 个国家和地区的农业补贴水平,研究结果表明,农业保护水平最高的是日本,然后依次是欧共体、美国和发展中国家。1982~1987 年上述国家 PPSE[①] 的均值为 18.4%,其变化幅度从哥伦比亚的 -54.5% 到日本的 72.5%。欧共体、美国等主要农产品出口国的 PPSE 分别是 37% 和 26.17%。Liefert 等(1996)通过对俄罗斯 1992~1994 年的小麦、谷物、鸡蛋、牛奶、猪肉、牛肉等农产品 PPSE 的测算,发现 PSE 均为负值。Young 等(2002)认为,1998 年欧盟、日本和美国的综合支持量在 WTO 成员国的国内支持中所占比重超过 80%,而过高的农业补贴必然导致国家财政入不敷出。

2. 农业补贴的福利效应

(1)实施农业补贴的福利效应分析。国外学者对实施农业补贴产生的福利效应展开了一系列国际比较,但其研究结论并未达成共识,代表性观点主要有三个:一是认为农业补贴有利于增加全球净福利。Bohman 等(1991)在一般均衡框架下探讨出口补贴的福利效应,证明在特定条件下有可能改进农产品出口国的福利,而对农产品的进口补贴政策则有可能改善进口国的福利,从而使全球净福利增加。Bhagwati(2004)认为,农业补贴尽管影响了产品贸易量,但对进出口国的消费者都有利,这将引致全球净福利的增加,尤其对尚处在经济发展过程中的农产品进口国更是如此,因为农业补贴引发了世界农产品价格的下跌。二是农业补贴对发达国家有利,但对发展中国家往往不利。Paiva(2005)开创性地使

---

① PPSE 是 Percentage of Producer Subsidy Equivalent 的简称。$PPSE = \frac{Q(P_d - P_w \cdot X) + D + I}{Q \cdot P_d + D}$,其中,$Q$ 为产量,P_d 是以国内货币单位表示的生产者价格,P_w 是以世界货币单位表示的世界价格,X 为汇率,D 为政府直接补贴,I 为间接补贴。

用引力模型对农业贸易进行综合性的经验分析，样本数据涵盖了 1990～1993 年和 1999～2002 年 152 个国家的农产品多边贸易，研究表明，农业保护与扭曲性农业补贴在发达国家依然普遍存在，而发展中国家往往沦为发达国家实施农业保护政策的主要受害者。三是农业补贴使农产品出口国的经济福利蒙受净损失，但对进口国则是有利的。McMillan 等（2005）的研究表明，OECD 农业支持政策对发展中国家收入的影响不同，食物净进口国从中获益，而食物净出口国受损。Koo 和 Kennedy（2006）运用经济福利分配理论，分析农产品出口小国与农产品出口大国实施国内农业补贴和出口补贴对本国和进口国福利的影响，认为农产品出口小国由于实施补贴而导致的出口量增加非常有限而不足以影响农产品的世界价格，所以农业补贴基本不会影响别国福利；然而农产品出口大国无论实施国内补贴还是出口补贴都会造成该国经济福利的净损失，而且对其他出口国也不利，但对进口国有利。

此外，还有学者研究了农业补贴对消费者、受补贴的耕种者和未受补贴耕种者的福利效应。Foster 等（1986）使用了较以往更一般的均衡分析法，研究了对美国加利福尼亚州大米耕种的灌溉用水给予财政补贴的福利分配效应。结果表明，未受补贴耕种者通过降低售价的方式承担了部分补贴成本，而消费者（纳税人）可以通过选择性补贴提高产量而获利。

（2）削减或取消农业补贴的福利效应分析。一是削减农业补贴可能使发展中国家福利受损。如 Hoekman 等（2002）利用均衡原理评价 119 个国家（地区）的关税与国内支持水平，认为若同时降低 50% 的关税与国内支持，则发展中国家的福利损失最大。二是取消农业补贴致使农产品的国际价格上升。Tokarick（2003）则通过局部均衡与一般均衡的框架定量分析取消农业支持（包括关税和农业补贴）的福利效应，研究结果表明，发达国家的农业支持被高度扭曲，并且关税的扭曲效应比农业补贴的扭曲效应大；取消农业支持有可能提高食物的国际价格，助推食品净进口国的食物成本小幅上升；取消农业支持的绝大部分利益在"贸易自由化国家"更容易获得。Sumner（2005）对美国取消农业补贴产生影响的经验研究表明，倘若美国在贸易自由化条件下取消农业补贴会使国内农产品产量大幅下降，致使玉米、小麦与大米的世界价格分别上涨 9%～10%、6%～8% 和 4%～6%。

3. 农业保护政策工具经济效应的比较

农业保护的政策工具包括消极的市场准入壁垒（关税和进口配额）、积极的农业支持（如国内补贴、出口补贴等），不同政策工具的经济效应迥然不同。因此，一些学者对若干农业保护政策工具及其削减的经济效应展开比较分析。Barker 和 Hayami（1976）将一个有所改进的需求与供给模型应用于菲律宾的大米补贴，评估并比较了积极的农业支持政策中投入补贴（如肥料补贴）与价格支持的经济效应，研究结果表明，前者比后者更有利。Beghin 等（2002）、Dimaranan 等（2002）、Rae 等（2002）使用可计算一般均衡（CGE）模型分析消极的关税与积极的农业国内支持对农产品国际贸易的影响，一致认为前者远远大于后者。Anderson 等（2006）通过进一步验证认为，消极的市场准入壁垒对生产和消费均有扭曲效应，而积极的国内支持则只对生产有扭曲效应。较之于国内支持，由于不同国家与不同商品的市场准入壁垒差异很大，造成的损失往往更大。在供给和需求弹性为 1 的假定下，他们匡算并比较了市场准入壁垒、国内支持与出口补贴对经济福利的影响，认为全部福利损失的 86% 是由关税导致的，而国内农业补贴造成的福利损失只占到 6%。[①] 对农业保护水平及其影响因素的理论分析和经验研究详见第七章第一节。

（二）简评与展望

综观国外农业补贴的最新研究进展，我们做如下简评和展望：

第一，国内与国外文献在研究内容、研究重点及研究方法上存在较大差异。国外研究的侧重点为国内农业支持水平（或农业保护水平）的衡量方法及其影响因素，实施、削减乃至取消农业补贴的福利效应，不同农业补贴与农业保护方式福利效应的比较等。然而国内文献[②]对农业补贴政策的研究集中于理论研究和经验分析两个方面，前者包括农业补贴的经济效应、实施农业补贴的理论基础、农业补贴制度的演进、支持水平的测算、农业补贴制度的国际比较与经验借鉴、国内农业补贴政策存在的主要问题及其完善等；后者涉及农业补贴的政策效果评价及效率测度等。国外在研究方法上更多地使用了跨国面板数据模型、可计算一般均衡模型等经验分析法，而囿于中国农业补贴数据可获得性的限制，国内则较多使用了理论分析法。国外文献大多合理采用了理论研究与经验分析紧密结合的方法，所以论证过程更为严谨，研究结论更为可靠，这是值得我们学习和借鉴的。

第二，在 WTO 有关农业补贴规则框架下，如何完善和创新各国农业补贴制度将成为未来的研究热点。GATT1947、WTO《农业协定》和《农业框架协定》

①　Anderson K, Martin W, Valenzuela E. The Relative Importance of Global Agricultural Subsidies and Market Access［R］. World Bank Policy Research Working Paper, 2006.

②　高玉强，经庭如，余红艳. 国内农业补贴制度：一个文献综述［J］. 兰州商学院学报，2011（6）：109 – 113.

对 WTO 全体成员国的农业国内支持和农产品出口补贴在补贴种类、补贴方式、补贴水平、补贴结构等诸方面做出了较全面细致的约束、规制及削减承诺，并且伴随经济全球化趋势日益深化，WTO 对农业补贴的规制将更加严格。WTO 各成员国应严格遵守 WTO 有关农业补贴规则，充分利用 WTO 体系为其农业补贴余留的政策空间，支持和保护农业发展，从而实现农业增产、农民增收以及农业可持续发展等目标。

第三，全球贸易自由化与世界经济全球化势不可当，各国经济往来日益密切，所以，一国宏观经济政策的调整、改革及优化毋庸置疑对他国产生重要影响。国内农业补贴和出口补贴是诸多国家支持农业发展、增进农民经济福利的重要政策工具，它必然会影响他国的经济福利。农业生产规模和农业补贴力度越大，经济福利效应就越大。因此，开放经济条件下，推行农业保护（补贴）的国家尤其是农产品出口大国，增加、削减乃至取消农业保护（补贴）对全球经济福利的影响应成为未来研究的热点之一。

最后，国际经验对中国的主要启示在于：目前，中国农民要求基本公共服务、农业补贴、社会保障、贸易保护等的权利（又被称为"积极权利"）与要求土地、自由经营、自由迁徙等的权利（又被称为"消极权利"）并不构成矛盾。换句话说，上述两种权利对于中国农民而言，均未落实。因此，农民应该有更多的自由权利，国家应该承担更多的公共福利责任。当然，任何权利的落实首先需要的都是主体的努力，而一盘散沙的农民是无法参与公共博弈过程、争取自身利益的。因此，农民首先就应该有自己的组织（而非"被组织"），而政府首先也应该尊重农民的自组织权利，不管这种组织以何种形式出现，只要它对内不侵犯人权、对外不组织械斗，都应该受到尊重与保护。以此为基础，涉农部分的国家利益才能真正体现农民、农业与农村（"三农"）的利益。

二、国内研究现状

与国外研究不同，国内对农业补贴的研究起步较晚。20 世纪 90 年代以来，农业补贴逐渐成为国内极具挑战性的研究热点之一。从研究内容上看，国内的研究主要集中在理论研究和经验分析两方面，前者具体包括实施农业补贴的理论依据、农业补贴的经济效应、农业支持水平的测算、农业补贴制度的演变、我国农业补贴制度存在的主要问题及其改进、农业补贴制度的国际比较与经验借鉴等，后者主要涉及农业补贴的政策效果评估及其效率的测度等。

（一）理论研究

与国外研究不同，国内对农业补贴的研究起步较晚。20 世纪 90 年代以来，农业补贴逐渐成为国内极具挑战性的研究热点之一。从研究内容上看，国内的研究主要集中在理论研究和经验分析两方面，前者包括实施农业补贴的理论依据、农业补贴的经济效应、农业支持水平的测算、农业补贴制度的演变、我国农业补贴制度存在的主要问题及其改进、农业补贴制度的国际比较与经验借鉴等，后者主要涉及农业补贴的政策效果评估及其效率的测度等。

1. 农业补贴的理论基础

（1）实施农业补贴的理论依据。国内学者从公共经济学（公共财政学）、福利经济学、制度经济学、农业多功能性理论、新国际贸易理论等多维视角展开了深入研究。何忠伟和蒋和平（2003）从新国际贸易理论、经济福利理论、公共财政理论和农业多功能性理论等多个角度阐释了实施农业补贴的理论依据。何忠伟等（2004）从新制度经济学角度进行探讨，认为农业补贴政策过程实际上是在特定的制度安排下，政府和农民通过博弈进行利益格局调整的过程。徐全红（2006）从公共经济学、福利经济学和制度经济学等多个视角解析了中国政府实施农业补贴的必要性。俞奉庆和蔡运龙（2004）、李传健（2007）等则从农业多功能性理论的角度进行分析，认为土地具有经济价值、社会价值、生态价值和文化价值，农业补贴实际上是土地经济价值之外资源价值的实现。梁世夫和姚惊波（2008）同样认为农业多功能性理论是农业补贴的理论支撑。还有学者从其他方面进行了研究，如穆月英（2010）从农业弱质性、农业在国民经济中的基础地位、世界上提高食品质量和资源环境质量的新趋势三个方面探讨了推行农业补贴的必要性。孙开和高玉强（2010）分析了我国实施粮食直补政策的理论基础与现实依据，认为粮食直补是保障粮食安全和缩小城乡居民收入差距的客观要求与现实需要，也是弥补农业生产机会成本的重要手段。

（2）农业补贴经济效应的理论分析。不少学者对具体农业补贴项目或各种补贴方式的经济效应做了理论分析。如高峰等（2004）通过对农业投入品补贴的理论分析，发现包括投入品补贴在内的"黄箱"补贴政策，在促进农业发展和提高农民收入的同时，造成了资源配置效率的损失与经济效益的低下；然而以直接收入补贴政策为代表的"绿箱"补贴政策有利于经济整体福利状况的改善。肖国安（2005）认为粮食消费者比粮食生产者从粮食直接补贴政策中获取的利益更多；粮食直接补贴政策平抑粮食产量和价格波动的效果不显著；粮食直接补贴政策不能完全代替价格支持。在此基础上，提出了粮食直接补贴、价格支持、配额生产"三位一体"的政策建议。韩喜平和蔺荔（2007）对粮食直补的产量效应与收入效应分别做了经济学分析，研究表明，在产量效应上，粮食直补政策比生产资料补贴政策更有效；就收入效应而言，粮食直补政策比价格支持政策更显著。杨友孝和罗安军（2006）从理论上分析了粮食直接补贴政策的优缺点，但其研究结论是在一系列假定的基础上获得的。

（3）农业补贴或支持水平的测算。国内学者使用不同的指标测度了中国不同年度多种农产品的支持水平，得出的研究结论基本一致。田维明（1991）等测算了1986年中国的PSE。[①] 朱希刚（1996）等估算了1993年、1994年我国13种主要农产品的PSE和CSE。[②] 张莉琴（2001）测算了1990～1999年我国10种主要农产品的PSE和CSE。这些研究一致认为，我国的农业补贴水平较低，甚至很长时间内为负补贴。[③]宗义湘等（2007）[④] 运用OECD政策评价方法和主要评价指标，测算了1994～2003年中国农业政策对农业的支持水平。研究发现，我国农业支持水平总体呈上升趋势，但1994～2000年，中国的PSE为负值，直到2001年后才转变为正值。

2. 中国农业补贴制度的演变

国内学者对新中国成立后的农业补贴制度演变展开了研究，然而，划分依据与方法的不同导致农业补贴制度变迁阶段有一定的差异。鲁礼新（2007）将1978年以来中国的农业补贴划分为农业生产资料和城镇居民的粮食补贴（1979～1992年）、粮食保护价收购（1993～2002年）以及种粮直补和农业税减免（2003～2005年）三个阶段。[⑤] 比鲁礼新（2007）的研究更为细致，朱应皋（2006）将我国农业补贴制度变迁划分为粮食收购数量和价格调整时期（1978～1984年），粮食价格双轨制形成期（1985～1990年），粮食统销体制解体、粮价全面放开时期（1991～1993年），实行"米袋子"省长负责制的粮食生产流通体制时期（1994～1997年），粮食流通体制的大变革时期（1998～2003年）以及全面推进"粮食直补"时期（2004年至今）六个阶段，认为我国农业补贴制度大致沿着由以流通性补贴为主逐步转向以生产性补贴为主、由间接性补贴为主逐渐转向以直接性补贴为主、由以价格补贴为主转向以非价格补贴为主的轨迹演

①③ 何忠伟. 中国农业补贴政策的效果与体系研究 [D]. 北京：中国农业科学院博士学位论文，2005.

② 朱希刚，万广华，刘晓展. 我国1993年和1994年农产品生产者补贴等值的测算 [J]. 农业经济问题，1996（11）：37－42.

④ 宗义湘，李先德，乔立娟. 中国农业政策对农业支持水平演变实证研究 [J]. 中国农业科学，2007（3）：622－627.

⑤ 鲁礼新. 1978年以来我国农业补贴政策的阶段性变动及效果评价 [J]. 改革与战略，2007（11）：54，64－67.

变。① 这一演变轨迹基本符合国际农业补贴制度改革的总体趋势。彭慧蓉、钟涨宝（2010）研究发现，中华人民共和国成立后，我国农业补贴政策大致经历了传统时期（1950～1978年）、改革时期（1979～2002年）和完善时期（2003年至今）三个时期，实现了从"农业受损、工业受益""农民利益受损、城市消费者受益"到"工业反哺农业、城市支持农村"的重大转变。②

3. 农业补贴制度的问题考察及其完善的对策

国内学者基本上沿着"分析问题—解决问题"的逻辑思路对此展开一系列研究并取得丰硕成果。侯石安（2001）认为我国农业补贴政策改革取向为：增加补贴额度，改进补贴方式；注重对农业基础设施建设的补贴；重视主要农产品的仓储建设和出口补贴；注重对农业保险亏损业务的补贴；健全农业补贴政策法规。③ 何忠伟（2004）等运用博弈论建立了政府与农户的博弈模型，探讨提高农业补贴政策有效性的对策。④ 童疆明（2005）从农业补贴的规模、结构、效率、农业保险补贴及监督管理机制等方面剖析存在的问题并提出相应政策建议。朱应皋（2006）在分析中国农业补贴制度变迁的基础上，从农业补贴的目标、水平、结构及方式等方面探讨了我国农业补贴制度存在的缺陷，提出了重构农业补贴制度的相关建议。李长健（2007）等从利益机制视角分析我国农业补贴制度，认为农业补贴是对社会整体和农民个人利益之间矛盾冲突进行协调的产物。⑤ 郑志冰（2007）在分析中国粮食直补政策、最低收购价及绿箱补贴政策存在问题的基础上，提出充分利用"黄箱"补贴，拓宽"绿箱"补贴及优化补贴结构等政策主张。⑥ 彭腾和马跃龙（2009）从提高农业补贴增收效应的视角，提出了完善农业补贴的建议，认为应在综合国力和国家财力增强的基础上，加大农业补贴力度，转变补贴方式，变间接补贴为直接补贴，变生产补贴为收入补贴；取消对农业生产资料限价销售的价格补贴，让农资价格和农产品价格形成市场化，改变农产品价格受抑制的状态，并对粮食等主要农产品价格实行有条件的支持。⑦ 彭腾

---

① 朱应皋. 中国农业补贴制度的变迁与反思 [J]. 乡镇经济, 2006 (3)：8-11.

② 彭慧蓉, 钟涨宝. 建国六十年我国农业补贴政策演变轨迹及逻辑转换 [J]. 经济问题探索, 2010 (11)：39-44.

③ 侯石安. 我国财政对农业补贴的目标选择与政策取向 [J]. 农业经济问题, 2001 (4)：42-44.

④ 何忠伟, 侯胜鹏, 陈艳芬. 中国农业补贴的一个理论分析 [J]. 山东农业大学学报（社会科学版）, 2004 (3)：5-8.

⑤ 李长健. 中国农业补贴的法律制度研究——以生存权与发展权平等为中心 [M]. 北京：法律出版社, 2009：98-100.

⑥ 郑志冰. 进一步完善我国农业补贴政策的思考 [J]. 中央财经大学学报, 2007 (12)：18-22.

⑦ 彭腾, 马跃龙. 论我国农业补贴的增收效应 [J]. 现代经济探讨, 2009 (6)：72-75.

（2009）认为我国农业补贴存在补贴力度不足、结构失衡、利益渗漏和法制缺失等缺陷，应加大补贴力度、优化补贴结构、完善农业补贴方式、加快农业补贴立法以完善农业补贴政策。[①] 曾富生和朱启臻（2010）认为中国农业补贴政策存在补贴水平相对较低、执行成本高、结构不合理等问题，应加大农业补贴力度、强化农业补贴管理、降低农业补贴执行成本，完善农业补贴政策体系和农业直接补贴政策[②]。赵梦涵（2010）等研究了山东省农业补贴政策，认为应加大"黄箱"补贴力度，完善"绿箱"补贴体系，优化补贴结构，扩大补贴范围，加大生态农业和标准化生产的补贴力度。[③] 孙开和高玉强（2010）从保障粮食安全、公平收入分配和农业生产要素的非自由流动性等多个视角，分析了粮食直补的理论与政策背景，考察了我国粮食直补政策存在的突出问题，并提出了着力规范补贴的范围和依据，适当提高补贴标准，构建合理的粮食直补资金筹集机制与分配机制以及强化对直补资金的监管等改进粮食直补政策的若干建议。[④]

4. 农业补贴制度的国际比较与经验借鉴

对国外农业补贴的研究主要集中在对美国、欧盟、日本等发达国家以及印度、巴西、韩国等发展中国家农业补贴制度演变、农业补贴方式及经验借鉴等方面，其研究思路基本相同，即在介绍和比较不同国家农业补贴政策调整及主要补贴方式的基础上总结对我国的启示，提出了完善中国农业补贴制度的具体建议。美国、欧盟和日本的农业补贴政策是当今世界的三大主要模式，因此，诸多学者对此开展的研究较多并取得一定成果。蔡增正（1989）比较研究了中国和欧共体粮食价格补贴政策。[⑤] 辛欣（1996）对美国、日本、法国、德国、印度及泰国的农业补贴状况、补贴种类和改革趋势做了分析。[⑥] 叶静怡（2000）[⑦]、柯炳生（2002）[⑧] 和孙大光（2002）[⑨] 从理论与实践两方面探讨了欧盟、美国、日本、墨

① 彭腾. 我国农业补贴政策的缺陷与完善 [J]. 广东行政学院学报，2009（2）：65 – 68.

② 曾富生，朱启臻. 改革开放以来中国农业补贴政策的历史考察与现状分析 [J]. 中国石油大学学报（社会科学版），2010（4）：41 – 45.

③ 赵梦涵，李维林，李森. 完善农业补贴政策的思路与对策——以山东省为例 [J]. 东岳论丛，2010（3）：48 – 52.

④ 孙开，高玉强. 粮食直接补贴：问题考察与政策优化 [J]. 财经问题研究，2010（8）：100 – 104.

⑤ 蔡增正. 中国和西欧共同体粮食价格补贴政策的比较 [J]. 价格理论与实践，1989（4）：46 – 49.

⑥ 辛欣. 世界各国对农业的财政补贴 [J]. 财税与会计，1996（4）：40 – 42.

⑦ 叶静怡. 欧盟90年代共同农业政策改革的理论与实践——从价格干预到直接收入补贴的初步转变 [J]. 经济科学，2000（5）：111 – 121.

⑧ 柯炳生. 美国新农业法案的主要内容与影响分析 [J]. 农业经济问题，2002（7）：58 – 63.

⑨ 孙大光. 直接收入补贴改革与我国农业国内支持政策 [J]. 中国农村经济，2002（1）：21 – 29.

西哥等国家的直接收入补贴政策，认为价格支持措施扭曲了市场价格信号且效率很低，而直接补贴是没有争议的"绿箱"政策，应尽早改革价格支持政策，并加大农业科研和推广等公益性服务的支出。龙才（2003）[①]、财政部农业司考察团（2003）[②] 分别介绍了英国和意大利的农业补贴政策。秦富（2003）等在实地调研的基础上，分析了主要国家农业支持政策的演变、主要措施及对中国的启示。[③] 叶宁（2003）分析了美国、欧盟和日本的农业补贴政策的调整及对我国的启示。[④] 李平（2002）[⑤]、陈锡文（2003）等[⑥]探讨了美国的农业补贴政策及其存在的主要问题。侯石安（2003）横向比较了发达国家与发展中国家（印度、菲律宾、韩国、匈牙利）的农业补贴政策，总结了对我国的启示。[⑦] 何忠伟和蒋和平（2003）从支持力度、支持结构、支持重点、支持方式、出口补贴以及运行机制六个方面比较了中国和欧盟、美国、日本等发达国家的农业补贴政策。[⑧] 农业部赴法国农业税费与对农民补贴制度考察团（2004）介绍了法国和欧盟的农业补贴政策。[⑨] 龙文军和李娜（2004）对美国、欧盟、日本农业流通补贴的现状进行比较，总结出其改革取向：发达国家高度重视农业补贴政策的改革，补贴方式逐步向直接补贴转变，农业补贴结构方面大幅度提高了农业综合开发力度。[⑩] 周建华和贺正楚（2005）介绍了日本的农业补贴类型与经验，提出了优化我国农业补贴政策的措施。[⑪] 高志辉（2005）等分析了美国、欧盟、日本、韩国、瑞士以及加拿大等国家的农业补贴政策。[⑫] 姜亦华（2005）将发达国家农业补贴趋势描述为减少农产品价格补贴和出口补贴，增加农民收入的直接补贴，农业生产要素、农业生态、农业结构调整等方面的补贴，注重财政补贴与金融支持搭配使用，在

[①] 龙才. 英国、意大利的农业补贴政策及借鉴 [J]. 中国财政，2003（3）：61 – 63.

[②] 财政部农业司考察团. 英意两国政府农业补贴政策 [J]. 农村财政与财务，2003（2）：44 – 48.

[③] 秦富，王秀清，等. 国外农业支持政策 [M]. 北京：中国农业出版社，2003：60 – 62.

[④] 叶宁. 发达国家农业补贴政策调整的启示与借鉴 [J]. 浙江财税与会计，2003（11）：46 – 48.

[⑤] 李平. 美国农业补贴政策及其支持力度 [J]. 中国农村经济，2002（6）：75 – 80.

[⑥] 陈锡文，程国强. 美国新农业法对中国农业的影响和建议 [J]. WTO 经济导刊，2003（2）：12 – 16.

[⑦] 侯石安. 国外政府对农业的补贴政策及其启示 [J]. 中国农业银行武汉培训学院学报，2003（5）：28 – 31.

[⑧] 何忠伟，蒋和平. 中外农业补贴政策的比较分析 [J]. 农业科技管理，2003（5）：17 – 19.

[⑨] 农业部赴法国农业税费与对农民补贴制度考察团. 法国、欧盟农业补贴政策及对我国的几点启示 [J]. 农村经营管理，2004（11）：45 – 47.

[⑩] 龙文军，李娜. 国外农业流通补贴的做法及其改革取向 [J]. 世界农业，2004（12）：21 – 24.

[⑪] 周建华，贺正楚. 日本农业补贴政策的调整及启示 [J]. 农村经济，2005（10）：123 – 126.

[⑫] 高志辉，崔计顺，郝娟娟. 发达国家农业补贴政策及其启示 [J]. 前沿，2005（1）：92 – 94.

此基础上，提出了完善我国农业补贴制度的相关建议。[①] 丁声俊（2005）分析了瑞士农业补贴的目标、范围和实施状况。[②] 刘迎霜（2005）比较分析了中国与澳大利亚的农业补贴政策。[③] 文小才（2007）简要介绍了美国 2002 年农业法及农业补贴的主要特征。[④] 李长健和李昭畅（2008）通过对欧美发达国家农业补贴状况的考察，针对我国农业补贴的运行状况及制度缺陷，认为我国农业补贴制度的发展进路应以建构利益和谐为主线，从利益和谐互促、利益和谐共生和利益和谐的基点等视角，从宏观、中观和微观三个层面进行制度创新。[⑤] 冯继康（2007）[⑥]分析了美国农业补贴政策的演变。乔翠霞（2009）探讨了新西兰、日本和欧盟的农业补贴政策。[⑦] 马晓春等（2010）在分析韩国农业补贴政策、农业补贴水平及评价政策效果的基础上，寻找对我国的启示，认为我国应坚定不移地实施对粮食生产者的补贴政策，建立符合 WTO 农业协议规则和我国国情的农业补贴政策，增加对农村和农业基础设施的投入，逐步实施生态补贴。[⑧]

（二）经验分析

1. 对农业补贴政策效果的评估

钱克明（2003）通过构建生产函数模型分析我国"绿箱政策"的支持结构及效率，认为中国"绿箱"支持结构被严重扭曲。[⑨] 何忠伟（2005）运用供给反应函数和生产函数分别分析了农业补贴政策对农业生产行为和农业生产效率的影响。[⑩] 钱克明（2005）分析了 2004 年中央一号文件的执行效果，认为我国近几年实施的农业补贴对粮食增产和农民增收两方面的总体效果较好，但仍存在一些问题。[⑪] 王姣（2007）等运用实证数学规划模型分析了农业补贴政策对粮食产量

① 姜亦华. 国外农业补贴趋向及其启示 [J]. 学术界，2005（1）：201 – 205.

② 丁声俊. 瑞士农业补贴的目标、范围与实施 [J]. 世界农业，2005（6）：31 – 34.

③ 刘迎霜. 中澳农业补贴政策比较研究 [J]. 华南农业大学学报（社会科学版），2005（2）：1 – 8.

④ 文小才. 美国农业财政补贴政策的经验与启示 [J]. 云南财经大学学报，2007（3）：93 – 96.

⑤ 李长健、李昭畅. 利益和谐语境下中国农业补贴的路径选择——以欧美农业补贴的借鉴为视角 [J]. 经济与管理，2008（3）：82 – 87.

⑥ 冯继康. 美国农业补贴政策：历史演变与发展走势 [J]. 中国农村经济，2007（3）：73 – 78，80.

⑦ 乔翠霞. 国外农业补贴改革比较分析及对我国的启示 [J]. 理论学刊，2009（2）：56 – 60.

⑧ 马晓春，宋莉莉，李先德. 韩国农业补贴政策及启示 [J]. 农业技术经济，2010（7）：122 – 128.

⑨⑪ 钱克明. 2004 年中央"一号文件"执行效果分析 [J]. 农业经济问题，2005（2）：8 – 13，79.

⑩ 何忠伟. 中国农业补贴政策的效果与体系研究 [D]. 北京：中国农业科学院，2005.

和农民收入的影响。[1] 侯玲玲等（2007）运用生产函数，分析了农业补贴政策的实施效果。[2] 黄德林（2010）等运用可计算一般均衡（CGE）模型测度了农业补贴对粮食安全的影响。模拟结果显示，增加农业补贴最终将使国家宏观经济保持良好增长势头；继续加大农业补贴的力度，提高农业补贴的实际效用，对保障国家粮食安全具有重要意义。[3]

另外，学者对某项具体农业政策的绩效展开相关研究。穆月英和王艺璇（2008）通过构建投入产出模型，分别对我国粮食直接补贴和最低收购价的政策效果进行了模拟分析。结果表明，粮食直接补贴政策对农业本身的影响较大，而对其他部门的影响较小；粮食最低收购价政策对畜牧业的影响较大也较直接。在对非农业部门的影响中，对化学工业的影响最大，其中既有直接影响又有间接影响。[4] 穆月英、小池淳司（2009）利用空间性应用一般均衡（SCGE）模型对粮食直补和粮食最低收购价的政策效果进行了模拟分析。研究结果表明，粮食直接补贴政策的实施导致粮食和其他农业部门的总产出和最终需求增加、国民收入略有下降；然而粮食最低收购价的政策效果恰好与此相反。[5] 高玉强（2010）在梳理农机购置补贴、其他财政支农支出的传导机制和拓展柯布—道格拉斯生产函数的基础上，构建和运用农机总动力和土地生产率两个省际面板数据模型，分别对我国粮食主产区和非粮食主产区的农机购置补贴与其他财政支农支出传导机制有效性进行经验研究。结果表明，粮食主产区和非主产区的农机购置补贴和其他财政支农支出的传导机制均是有效的。[6]

2. 农业补贴的效率测度

叶慧和王雅鹏（2006）运用数据包络分析法（DEA），使用横截面数据，测算了中国2004年26个省份粮食直补政策的效率，结果表明中国粮食直补的效率

① 王姣，肖海峰. 中国良种补贴、农机补贴和减免农业税政策效果分析［J］. 农业经济问题，2007（2）：24－28.
② 侯玲玲，穆月英，张春晖. 中国农业补贴政策及其实施效果分析［J］. 中国农学通报，2007（10）：289－294.
③ 黄德林，李向阳，蔡松锋. 基于中国农业CGE模型的耕地政策对粮食安全影响研究［J］. 中国农学通报，2010（23）：413－419.
④ 穆月英，王艺璇. 我国农业补贴政策实施效果的模拟分析［J］. 经济问题，2008（11）：87－89.
⑤ 穆月英，小池淳司. 我国农业补贴政策的SCGE模型构建及模拟分析［J］. 数量经济技术经济研究，2009（1）：3－15，44.
⑥ 高玉强. 农机购置补贴与财政支农支出的传导机制有效性——基于省际面板数据的经验分析［J］. 财贸经济，2010（4）：61－68.

普遍不高。① 张红玉和李雪（2009）运用 DEA 超效率模型测算了我国 2004～2005 年 26 个省份的粮食直补政策的超效率。研究结果表明，粮食直补规模不足是效率低下的重要原因。② 高玉强（2010）使用横截面数据进行回归分析，从整体上检验了粮食直补政策传导机制的有效性；运用 DEA 测算了 2004 年 29 个省份及 2005 年 23 个省份的粮食直补效率。结果显示，我国粮食直补效率不高的主要原因是技术无效率。③ 高玉强和贺伊琦（2010）在前人研究的基础上，从理论上梳理了粮食直补的传导机制，基于省际面板数据的回归分析，从整体上检验了粮食直补传导机制的有效性，运用 DEA 方法和 Malmquist 生产率指数测度与评估了 2004～2008 年粮食主产区 13 个省份的粮食直补效率。研究结果表明，主产区粮食直补效率不高的主要原因是技术无效率；粮食直补的 Malmquist 生产率年均增长 3.6%，这主要源于技术进步及规模效率的提高，而不是纯技术效率的改进。④

（三）简评与展望

综观上述国内的理论研究与经验分析，我们至少可以得到如下结论和启示：

从研究重点来看，国内文献主要集中在理论研究和经验分析两个方面，前者主要包括实施农业补贴的理论依据、农业补贴的经济效应、农业支持水平的测算、农业补贴制度的演进、国内农业补贴制度存在的主要问题及其改进、农业补贴制度的国际比较与经验借鉴等，后者主要涉及农业补贴的政策效果评估及其效率测度等。当然，在研究方法上，前者更多地运用了理论分析法，而后者则较多使用了经验分析法。从研究趋势看，经验分析可能成为未来的主要研究内容和方法。

中国政府制定并推行了"统筹城乡发展，坚持工业反哺农业、城市支持农村和多予、少取、放活"的发展战略，结合当前的经济形势，重新审视了工业与农业之间的关系。中国经济创造了持续快速发展的奇迹，经济发展水平不断提高，财政收入年年创新高，农业在 GDP 中所占比重逐渐下降，产业结构不断优化，

---

① 叶慧，王雅鹏. 采用数据包络分析法的粮食直接补贴效率分析及政策启示 [J]. 农业现代化研究，2006（5）：356－359.

② 张红玉，李雪. 我国增收型粮食补贴最佳规模 [J]. 上海立信会计学院学报，2009（3）：86－90.

③ 高玉强. 基于 DEA 模型的粮食直接补贴效率评价 [J]. 西华大学学报（哲学社会科学版），2010（3）：92－96，101.

④ 高玉强，贺伊琦. 我国粮食主产区粮食直补效率研究 [J]. 中南财经政法大学学报，2010（4）：118－123.

农村剩余劳动力持续向城市转移，城镇化进程呈现较好态势，所以，适度提高农业补贴水平既是适应经济发展形势变化的客观要求，也是实现农业增产、农民增收和农业可持续发展等目标的理性选择。

第三节 研究方法与结构安排

一、研究方法

运用实证分析和定性分析的方法剖析中国农业补贴制度存在的主要问题、中国农业补贴的规模和结构，比较与借鉴典型国家的农业补贴制度。运用灰色关联度分析、面板数据模型、数据包络分析等计量分析工具，评估和测度中国农业补贴的经济效应和效率。运用规范分析的方法提出中国农业补贴制度创新的总体思路、基本框架和具体措施。

二、结构安排

本研究以中国农业补贴制度的完善为最终目标，探讨了中国农业补贴制度的变迁、存在的主要问题和基本诱因，比较并借鉴了国外的农业补贴制度，准确评估和测度了中国农业补贴的政策效应和效率，给出了完善我国农业补贴制度的总体思路与具体措施。全书的结构安排与逻辑框架如图 1 - 1 所示。

第四节 创新与不足

一、可能的创新点

本研究可能的创新主要表现在如下四个方面：

（1）借助灰色关联度分析方法，利用 2006 ~ 2013 年全国的粮食直补额、农资综合直补额、良种补贴额、农机购置补贴额、新型农业补贴总额、粮食总产量和农村居民人均纯收入等数据，从经验研究的角度检验了新型农业补贴政策整体

WTO背景下中国农业补贴制度的完善

| 导论 | 背景与意义 | 文献梳理 | 研究方法 | 创新与不足 |

| 理论基础 | 内涵 | 理论支撑 | 对福利的影响 | 测度指标 | 国际环境 |

| 制度变迁问题考察 | 制度变迁 → 现状与问题 → 原因分析 |

| 政策效应计量分析 | 灰色关联度分析 { 全国农业补贴政策整体效应   省际农业补贴政策效应 } 面板数据模型

各项具体农业补贴政策效应   农机购置补贴政策效应 |

| 效率测度 | { 数据包络分析法 → 省际农业补贴效率

Malmquist指数 → 主产区粮食直补效率 } |

| 国际比较经验借鉴 | 发达国家 { 欧盟 美国 日本 } 比较与借鉴

发展中国家 { 埃及 巴西 印度 } |

| 总体设计 | 农业补贴水平 | 目标定位 | 总体思路 | 框架设计 |

| 具体措施 | 基本着力点 { 产出补贴制度 { 粮食直补制度 最低收购价 }

投入补贴制度 { 农机购置补贴 良种补贴 农资综合直补 } } |

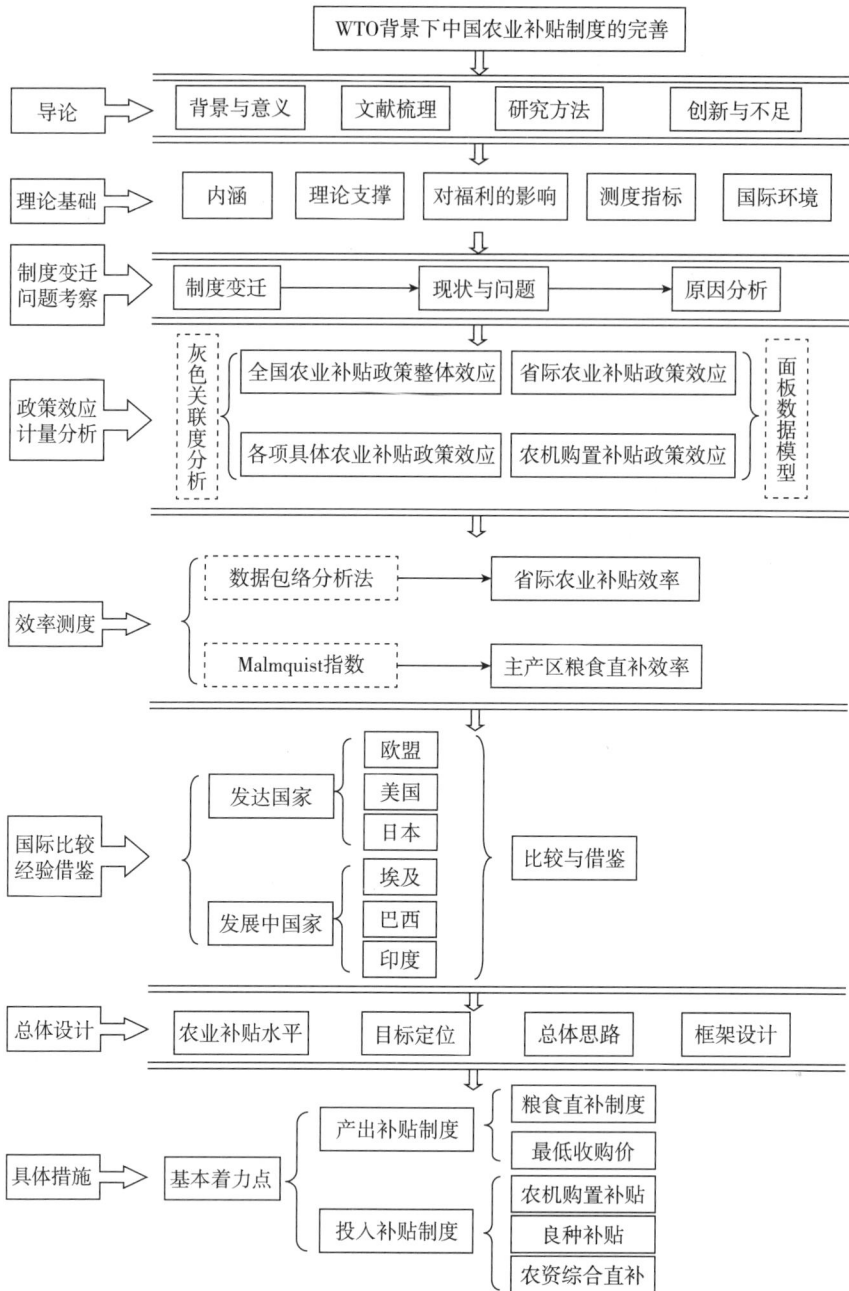

图1-1 结构安排

和单项农业补贴政策的增产效应与增收效应的显著性问题。研究结果表明，新型农业补贴政策整体的两种效应均较显著，并且增产效应比增收效应略微突出。从具体农业补贴政策看，各项农业补贴政策的增产效应和增收效应的大小排序是相同的。除良种补贴增产效应低于增收效应之外，其他三项农业补贴政策的增产效应均比增收效应明显。但是，与我国农资综合直补、良种补贴以及农机购置补贴等单项政策效应相比，新型农业补贴政策的整体效应欠佳。

（2）在梳理农机购置补贴及其他财政支农支出的传导机制和拓展柯布—道格拉斯生产函数的基础上，先后运用农机总动力和土地生产率两个省级面板数据模型，分别对我国粮食主产区和非粮食主产区的农机购置补贴与财政支农支出的传导机制的有效性进行理论研究与经验分析，结果显示：①不论粮食主产区抑或非粮食主产区，政府安排的单位面积土地上农机购置补贴对单位面积土地上的农机总动力这一中介指标的影响统计上均显著，其弹性系数为0.09；②粮食主产区和非主产区的土地生产率对单位面积土地上农机总动力的弹性系数分别为0.05、0.21；③粮食主产区和非主产区的土地生产率对单位面积土地上财政支农支出的弹性系数分别为0.33、0.25；④除海南和新疆等个别地区外，其他地区的农业生产技术水平基本与其经济发展水平正相关。

（3）使用DEA测度并比较分析了中国各省份农业补贴的效率和超效率。效率测算结果显示，粮食主产区和主销区的全部省份均处在农业补贴的高效区与中效区。在粮食主产区的13个省份中，辽宁、河北、河南、江苏4个省份处于农业补贴高效区，其余9个省份处于农业补贴中效区。在粮食主销区的7个省份中，上海、北京、天津、浙江、福建以及海南6省均处于农业补贴高效区，仅有广东省位于农业补贴中效区。在粮食产销基本平衡区的11个省份中，只有西藏位于农业补贴高效区，新疆、青海、广西及重庆处在中效区，云南、贵州、甘肃、陕西、宁夏、山西6省均处于农业补贴低效区。从粮食主产区、产销基本平衡区以及主销区三大区域比较来看，农业补贴效率最高的是主销区，考察期内效率得分均高于0.9；主产区居中，其效率值在0.7~0.9内；产销基本平衡区最低，其效率值基本落入0.4~0.6内。省域农业补贴超效率测度结果显示，超效率平均值都超过1的省份共有8个，按其超效率平均得分大小依次为上海、北京、海南、福建、天津、西藏、河南、辽宁。按照粮食生产三大产区的划分，我们就可以分别寻找出各大产区的农业补贴效率较高的省份作为参照。粮食主销区农业补贴效率最高的省份是上海，然后依次是北京、海南、福建、天津；粮食主产区农业补贴效率最高的省份是河南，辽宁次之；粮食产销基本平衡区中农业补贴效率最高的省份是西藏。为了改进农业补贴的效率，在以后农业补贴制度的完善过程中，我们应对三大产区区别对待，因地制宜，以各大产区农业补贴效率最高的省份作为改革的蓝本和标杆。

（4）从理论上梳理了粮食直补的传导机制，基于省级面板数据的回归分析，从整体上检验了粮食直补传导机制的有效性。运用 DEA – Malmquist 模型测算了粮食主产区 13 个省份的粮食直补效率。我们借鉴经济学中的投入产出核算方法，将农业从业人员、农作物总播种面积与粮食直补总额作为投入指标，粮食产量和农民人均纯收入作为产出指标，用 DEA 方法对 2004～2008 年粮食主产区 13 个省份的粮食直补效率进行测算，并将粮食直补的综合效率分解为技术效率和规模效率。研究结果显示，我国粮食直补效率不高的主要原因是技术无效率。粮食直补的 Malmquist 生产率年均增长 3.6%，粮食直补生产率上升主要源于技术进步及规模效率的提高，而不是纯技术效率的提高。

二、不足与有待深入研究的问题

第一，各省份农业补贴效率与超效率测度过程中，由于受各省份农业补贴数据的可得性与连续性限制，我们被迫运用与农业补贴具有相似地域分布特征的财政支农支出作为替代指标，可能导致分析结果存在一定偏误，有待于进一步改进，从而提高估计结果的精确度与可信度。同样由于数据可得性的限制，未对良种补贴、农资综合直补的政策效应和农资综合直补、良种补贴及农机具购置补贴的效率进行计量分析。

第二，无论是对政策效应的计量分析，还是对农业补贴效率的测度，我们都只是运用了全国或省级层面的宏观数据，开展了宏观和中观分析，缺乏农户层面数据的微观计量分析。解决上述两个不足，较好、可行的方法是分别到粮食主产区、产销基本平衡区和主销区选取有代表性的乡村进行实地调研并获取有关农户的微观数据，在此基础上进行微观计量分析。这有可能成为未来的一个研究方向。

第三，在第七章第一节中，我们探讨了影响农业补贴水平的主要经济因素，并试图以 PPSE 为被解释变量，以影响农业补贴水平的主要经济因素作为解释变量，构建 Tobit 模型进行回归分析。然而，由于样本容量较小，导致自由度过低，无法对模型进行无偏、有效的估计。因此，只能对农业补贴水平及其主要影响因素进行理论上的探讨。

第二章　农业补贴的理论基础与现实依据

农业补贴是当今世界许多国家和地区，特别是发达国家和地区普遍实施的旨在保护与支持农业发展的有效政策工具。在 WTO 多哈回合多边贸易谈判中，成员国之间争论纷纷，尤其对农业补贴的争论更为激烈。作为一个发展中的农业大国和人口大国，中国实施农业补贴政策的原因何在？除一般性的理论作为支撑外，中国是否还有特殊的现实依据？中国面临的国际农业补贴环境如何？在经济全球化背景下，实施农业补贴将对福利产生怎样的影响？测度农业补贴水平的方法主要有哪些？这些问题正是本章的研究重点。

第一节　思想史上的"重农主义"
——兼论"重商"与"重农"之别

经济思想史领域，当代农业补贴政策强调政府干预，属于"福利重农主义"范畴，一方面，它与近代早期法国魁奈式"自由重农主义"（强调自由放任）有别；另一方面，它又与中世纪晚期专制民族君主国时代的"重商主义"（强调政府管制）区别更大。只有了解三者之别，我们才可能准确定位当代中国"三农"问题的理论坐标，从而在实践中不断推动我们这个"农民国度"的现代化进程。

西欧近代早期魁奈式的 physiocracy 思想，经济学界通译为"重农主义"，源出古希腊语，由"physio"（自然的）＋"cracy"（支配、统治）缀合而成，政治哲学的含义是自然主义、让自由主导。另外一种相反的主张 mercantilism 译为"重商主义"，实际上是强调国家管制。然而当代的发达民主国家在农业领域则流行一种新的国家干预思想——"福利重农主义"，其内容不仅是给农民更多的自由经营权，而且要求政府对农民、农业提供更多的福利保护。三种思想不仅反映了不同时代条件下产业结构调整的各种思路，更重要的是，它们背后所对应的三种政府类型（集权政府、有限政府、责任政府）以及各自的运行逻辑（管制、放任、干预）尤其耐人寻味。我们尝试以经济结构和政治哲学作为分析的两维，同时结合历史社会学关于政府理想类型的比较研究，追溯三种思想在古典政治经济结构中的某些基因，分析它们在中世晚期、近代化过程中不同国家建制背后的思想内涵，进而揭示三者的本质差异。回答上述问题，对于当代中国的经济社会转型或许可以提供一些启示。

一、古典特征：放任 vs. 管制、市场 vs. 宪政

关于古代希腊罗马"经济—社会史"的研究当中，经济结构方面的"宗法农业还是商品市场"、政治哲学方面的"国家管制还是自由放任"经常被作为分析的两维。古史学界非常著名的"现代化派"与"原始派"之争①，就是以上述研究背景为依据，在两维中分执一端，形成截然相反的两种理论逻辑，在学界轮流称大。

（一）现代化派与原始派之争

早期居于主流地位的是现代化派，当时的西方人反感中世纪而追慕现代性，把希腊罗马尊为近代文明之根而为它涂上"准资本主义"色彩：在经济结构方面表现为商品市场发达、自由贸易盛行以及古代企业家的进取精神；在政治哲学层面则表现为自由放任为本、工具理性早熟、个体权利优先。与近代资本主义的区别仅在于劳工更不自由、技术水平更低而已。国人在"五四运动"以后接受的主要就是这种观点。"二战"以后由于"现代性的反思"成为一种国际潮流，因此，现实中人们对"后现代社会"（据说它将是一个"技术高度发达的中世纪式的社会"）的期待使他们在自己心目中塑造了一个"中世纪式"的罗马，一个

---

① 现代化派的典型代表就是美国学者罗斯托夫采夫所著的《罗马帝国社会经济史》（上下卷，商务印书馆1985年中译本），德国学者蒙森所著的《罗马史》（第二卷，商务印书馆2004年中译本；第三卷，商务印书馆2005年中译本）也是一例，英国学者希克斯的《经济史理论》一书（商务印书馆1987年版，第56-66页）也有这种痕迹。中国学者中最有代表性的是顾准的《希腊城邦制度——读希腊史笔记》（载自《顾准文集》，中国市场出版社2007年版）。原始派最具代表性的学者是 M. I. 芬利，其经典性著作是《古代经济》《古代世界的政治》《古希腊经济与社会》等，但此类著作在国内的译作较少。两派出现的背景及理论分歧主要见秦晖的《文化决定论的贫困——超越文化形态史观》，载《学问中国》，江西教育出版社1999年版，第307-313页；晏绍祥：《20世纪的古代希腊经济史研究》，《史学理论研究》1998年第4期；晏绍祥：《近20年来英美古希腊史研究的若干趋势》，《世界历史》2000年第2期；等等。

全然不同于启蒙时代到工业化时代人们所设想的"西方传统"①，原始派转而主导学界。与现代化派截然相反，他们眼中的希腊罗马是一个典型的"宗法农民社会"：在经济结构方面不再是商品市场发达而是宗法农业为本、不再是自由贸易盛行而是自然经济主导、不再是古代企业家的进取精神而是个体小农的自给自足；在政治哲学层面也不是自由放任为本而是宗法管制盛行、不是工具理性早熟而是原始思维充斥、不是个体权利优先而是个人义务至上。

总而言之，现代化派与原始派在政治哲学与经济结构两个方面均走向极端，前者强调希腊罗马的"自然主义（自由放任）+ 商业文明"色彩，而后者反过来揭示其"管制主义 + 宗法农业"特征。如果从社会结构演变的角度观察，真实的经济政治状况可能介于两者之外。

（二）另一种经济政治逻辑

1. 城邦—共和时代的"自然主义 + 宗法农业"

希腊民主城邦、罗马共和时代，在经济结构上，原始派所理解的农民为主体、宗法农业盛行、贱商抑商政策等更接近于当时的社会图景。当代古希腊罗马史研究者（从"剑桥古史学派"到"马克思主义古典史家"，乃至近 30 年来的前苏联古典史界）均认为古代"公民"的典型身份是享有父家长支配权的农民，而非个人权利本位的近代"市民"，城邦是乡村的联合，而非近代的工商社区，商业及信贷业则主要是没有公民权的"外邦人"的职业，所谓"古代重商主义"只是一种神话，重农抑商是当时的基本国策，贵农贱商是当时的正统价值观，经商发财者也多"以末致富，用本守之（转化为地产）"，商业的发达只不过是一种"末世"的腐败现象。因此，现代化派所描绘的"理性经济人"、自由市场、成本、利润、竞争、投资、需求之类的概念确有夸大之嫌。

另外，在政治哲学层面，现代化派所强调的自然主义公民政治权利确有其理由。当时的公民权虽然与近代的个人权利有所不同，只限于自由民男性父家长，在法律上也只承认"家父的权力（potestas del pater familias）具有主权性"②。但在"公民"之间，政治上是以民主、共和形式（至少是"元老政治"式的贵族共和）联合为城邦国家的。因此，古代社会虽然不存在理性的"经济人"、家庭农场的商品率也未见得有多高，但是父家长公民管理家庭事务的自主权在城邦范围内是得到尊重的（因此"经济学"一词的源头也被追溯到古希腊的"家政管

---

① 秦晖. 文化决定论的贫困——超越文化形态史观 [A]. 刘军宁，杨东平，赵汀阳，等. 学问中国 [C]. 南昌：江西教育出版社，1999：311 - 312.

② 格罗索. 罗马法史 [M]. 黄风，译. 北京：中国政法大学出版社，2009：11.

理"），雅典的法律中也有关于财产寄存尤其是遗产寄托（代管）的公民权保障。① 原始派过分否定这一点是没有理由的。

2. 帝制时代的"管制主义＋市场体系"

有趣的是，到了帝制时代，出现了一种相反的逻辑。在政治层面，经过元首制到皇帝制，君权逐渐坐大，现代化派所推崇的共和制度衰败而管制主义的中央集权帝国崛起。从表面上看，帝国晚期（尤其是拜占庭时代）的罗马法使家属逐渐摆脱父家长与宗法族群的控制而取得自权人的地位，因此，消除了"宗法性"的拜占庭式罗马法在技术上似乎比古典时代的"自然主义"更为彻底，以至于连马克思都认为，个人本位的近代市民社会甚至用不着怎么修改便可把它作为"经典性的法律"来使用。然而耐人寻味的是，这种家（族）长权的崩溃与家族共同体的解体并非个体权利与公民社会推动的结果，而是君权与专制帝国亢进的产物，因此，其立法精神却比古典罗马距离近代法治更为遥远。换句话说，帝制时代的国家管制比共和时代的家政管制距离近代的公民自治更为遥远。

然而在经济结构上，原始派强调的自给自足的宗法式农业、重农抑商政策逐渐被开放性的"国家市场体系"所取代。一方面，消除古典"宗法纽带"的束缚以后，不仅在价值观念上，而且在经济实践中，均出现了空前的"市场化"趋向：古典时代的人们把高利贷当作可憎的"勒索"和"霸占"行径来反对，而帝国时期的人们则把借贷关系当作有益的"信任"与"信用"关系来推崇；罗马早期实物货币与贱金属（如铜币）一统天下，而共和后期金银币崛起直至帝国时代金币又对银币占据流通优势；古典时代出现了金融兑换商，而帝国时期随金银流通而广泛兴起的金融信用业已具有存款、贷款、汇兑、转账、贴现等功能；王政和共和罗马时期的土地租佃仍具有"人身依附—庇护"的宗法色彩，而帝国时代的土地租佃则具有普遍、自由、租金利息化等商品经济特征。另一方面，近代市场经济的基础是公民权利本位，而古代市场经济的基础则是帝国财政本位。正如韦伯所言，古代资本主义经济"在形式上都被'自由'的劳动所主宰，而实际上却服从于行政（法）的指挥调度"，古代财政金融管理机构"部分地是私人资本积累的带步人，部分地也是这种积累的扼杀者"，而"国家行政机构对私有资本……的全面限制"在帝制时代比共和时代更突出。②

3. 从城邦—共和到帝制罗马：福利性干预的逐渐强化

在城邦—共和时代，虽然市场开放度与政府财政实力较之帝制时期更为有

---

① 转引自秦晖．唐代柜坊为"金融机构"说质疑［J］．陕西师范大学学报，1990（2）：63－73.
② 黄宪起．文明的历史脚步——韦伯文集［M］．张晓玲，译．上海：三联书店，1988：47－54.

限，但是公民的福利需求在古典宪政制度下仍然会得到政府的公共责任回应。民主雅典城邦时代就有从公款赎俘、债务豁免、贫困救济、公共养老、以工代赈、粮食补贴、最低生活保障等基本福利，到观剧津贴、公职津贴这类资助公民参与公共生活与公共决策的措施。到了范围更广大的共和罗马，福利干预更是发达，《色普洛尼亚法》（*Lex Sempronia*）被认为是罗马建立"有效的公共福利制度的开始"①。

然而到了市场范围更大而且国家管制能力也更强的帝制时代，尤其应该注意的是，同为帝制，罗马帝国与东方型专制国家的区别甚大，关键在于两者形成的土壤以及帝制化过程中采取的方式有所不同。东方型专制国家形成的土壤是前国家状态的宗法共同体，帝制化过程中采用"上层革命"的军事暴力方式：用科层组织手段瓦解血缘伦理结构，建立起"国家权力不受任何中间组织制约"的绝对主义中央集权制与"编户齐民"结构（以秦王朝为典型）。这一背景使得政府的管制能力远远强于其对民间社会的福利干预，束缚功能远远强于庇护功能②。然而帝制罗马形成的土壤是古典共和体制，帝制化过程中采用"君主＋下层平民"的方式消解贵族共和政治：君权的扩大是以"贿买""讨好"民众为主要手段，进而依靠平民与军队的支持挑战贵族共和国，最终从"第一公民"走向皇帝制度的。这一背景使得帝国的福利责任随君权的强化而扩大，因此，帝制化过程中的罗马公民虽然在政治上日益消极，享受的福利保障却比共和时代有增无减。早在共和晚期，"面包与马戏"（Panem et circenses）就成为新兴权力对民众的刚性承诺，帝国初年已经实行了向富人征税补贴穷人的"高税收高福利"制度。皇帝尼尔瓦建立的儿童津贴（Alimenta）制度当时影响尤其大，这种津贴用于支付罗马与意大利境内自由贫民子女的食品与教育。除了保障性质的津贴外，帝国时期国家还为贫民的需要发放低息无息贷款，在"罗马黄金时代"，这笔钱实际上往往无须偿还——图拉真等皇帝都曾废除过贫民积欠国家的债务并销毁债契。③

---

①　Barkstrom J. Poverty, Wealth, Dictatorship, Democracy: Resource Scarcity and the Origins of Dictatorship [M]. Golden, Colorado: Pericles Press, 2002: 7 - 27; Ierley M. With Charity for All: Welfare and Society, Ancient Times to the Present [M]. New York: Praeger, 1984: 8; 秦晖. 权力、责任与宪政：关于政府"大小"问题的理论与历史考查 [J]. 社会科学论坛, 2005（2）: 10 - 37.

②　贺伊琦, 林光祺. 周秦之变中"自由—福利"的论争与逻辑演进 [J]. 学术界, 2011（11）: 10 - 37.

③　Frank T. Economic Survey of Ancient Rome, imperial Italy. Baltimore, 1940（5）: 4 - 12, 32 - 56, 65 - 90, 218 - 219; Duncan - Jones R. The Purpose and Organisation of the Alimenta [J]. British School at Rome, 1964（19）: 123 - 146; 转引自秦晖. 权力、责任与宪政：关于政府"大小"问题的理论与历史考查 [J]. 社会科学论坛, 2005（2）: 10 - 37.

总而言之，如表 2-1 所示，古代社会的政治经济结构或许并不像现代化派与原始派描述的那样极端。城邦—共和时代有自然（放任）主义的古代公民权与政府的福利性干预，却无发达的市场体系；然而到了帝制时代，"市场"摆脱了宗法束缚以后，皇权也就连带着把"共和"消灭了，所谓的"福利国家"与古代市场经济终于在帝国晚期的财政危机与社会崩溃中一同归于灭亡。换句话说，希腊罗马人始终无法找到一条市场与宪政并存的道路。究其原因，都与共同体本位（或者表现为家族共同体契约联合基础上的农民共和国，或者表现为家族共同体瓦解以后皇权与市场同时崛起的帝国共同体）而非个人本位的社会结构有关。尽管如此，"宪政"与"市场"的某些古代基因毕竟已经出现，一旦公民社会的基础形成，它们的潜力就会重新发挥出来。

表 2-1　古代社会的政治哲学与经济结构

古典社会构成		经济结构	政治哲学	
学派争论	现代化派	商品市场	放任主义	
	原始派	宗法农业	管制主义	
实际运行逻辑	城邦—共和时代	宗法农业	放任主义	干预主义
	帝制时代	商品市场	管制主义	干预主义

二、重商与魁奈式自由重农：农商有别？权利殊异？

罗马帝国崩溃以后，历史进入中世纪，在社会领域，一元化的官僚组织分解为多元化的宗法共同体结构（包括宗族、村社、采邑、教区、行会、自治市镇等）；在政治、法律领域，古代的"公民权"概念蜕变为等级依附制下的封主—封臣关系；在经济领域，开放性的"国家市场体系"蜕化为封闭的自然经济状态。然而走出中世纪、启动国家建制的政治过程表现为两次重要的转型：首先，就是市民与王权联盟，摆脱领主权与村社陈规，建立绝对君权主义[①]的民族国家与管制主义的强权政府；随着市民社会基础的壮大与公民权利成长，它转而向王权及其所代表的民族君主国发起挑战，用有限政府取代强权国家，用自由市场取

---

① 关于"绝对主义"（Absolutism）的概念，及其与"专制主义"（Despotism）、"封建主义"（Feudalism）等各种前近代国家形态（理念型）的比较，现代自由主义者很少涉猎，而新马克思主义者用力较勤，中国人比较熟悉的作品就是英国学者佩里·安德森的《绝对主义国家的系谱》（上海人民出版社 2001 年中译本）。

代统制经济，最终完成从共同体本位向个人本位的国家形态转换。反映在经济领域，就是从重商主义到魁奈式自由重农主义的思想与政策变化。

（一）从重商到重农：与古代管制、放任思想的比较

我们把经济结构与政治哲学作为两个维度，形成总的逻辑图示，如图 2 - 1 所示，下面依次分析。

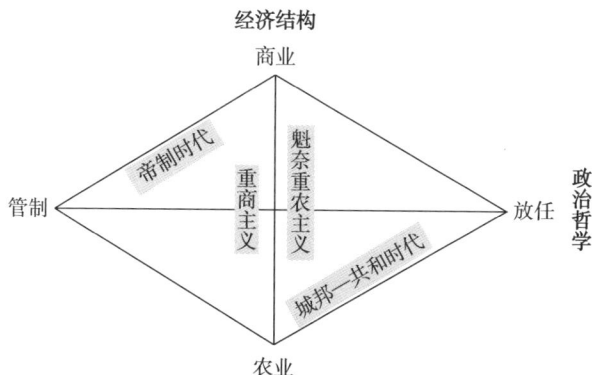

图 2 - 1　重商、魁奈重农的古代要素及其比较

17 世纪重商主义的思想资源可以追溯至帝制罗马时代的管制主义市场体系，它们的共同之处在于通过强化君权、弱化宗法纽带，将原先相互隔离的经济体整合为国家内部的统一市场，因此在基本政治逻辑方面，两者并无实质区别。① 然而两者形成的土壤与国家化过程中采取的方式毕竟不同，前文已述，帝制罗马是在共和宪政的土壤上建立的，"君主 + 下层平民"消解贵族共和政治的背景使得市场的开放程度、帝国的福利责任随君权管制能力的强化而扩张；然而中世晚期的民族君主国是在宗法共同体的土壤上建立的，"王权 + 市民"瓦解村社共同体之后虽然出现更大范围的市场社会，但同时崛起的王权很快将其纳入自己的管制范围，这一背景使得市场力量更多屈服于君主政府的财政安排，而国家的福利责任又远远弱于政府的管制与汲取能力。用卡尔·波兰尼的话说："重商主义对贸易的'解放'（Freeing）仅仅是将贸易从排他主义中解放出来，但同时也扩大了

---

① 当然我们并不能因此混淆罗马帝国时代的前重商主义与中世晚期民族君主国时代的重商主义的区别，与重商主义时代不同，前重商主义时代的外贸需求一般主要是奢侈品需求，强势国家可用货币支付的需求往往高于弱势国家，因此容易形成逆差，如强盛时期的秦汉唐宋、罗马帝国均对周围的弱势地区存在"贸易大逆差"。

管制的规模。经济制度仍然被浸没在普遍的社会关系之中；市场仅仅是某个制度设置的附属特征，而这个制度设置前所未有地受着社会权威的控制和规制。"①

18 世纪晚期，经济思想领域出现了要求摆脱重商主义束缚，并为斯密式古典自由主义所继承的魁奈式重农主义（Physiocracy）。其思想资源可以追溯至民主雅典—共和罗马时代的自然主义，它们的共同之处在于通过对政府权力加以某种限制，从而保障公民的自由权利，因此在基本政治逻辑方面可谓一脉相承。然而两者的基础毕竟不同，古代城邦—共和式的自然主义（自由放任）是在宗法农业的土壤上形成的，而且当时的公民权利只是限于父家长而非惠及每一个体，因此当时的市场开放度与公民自由度都非常有限；然而近代的魁奈式重农主义则在更大的民族国家范围内提出了"反对一切封建主义、重商主义和各种政府管制"②的要求，为权利平等、自由贸易的近代公民社会（个人本位而非父家长本位）打下了思想基础，因此成为后来古典自由主义有限政府理念的直接来源。当年日本学者首先把 Physiocracy 意译为重农主义，从经济学的角度看，在他们的心目中认可魁奈"把农业作为'纯产品'（社会积累的唯一来源）而应享有优先地位"的观点；从政治学的角度看，在近代初期等级依附关系尚存的背景下，主张消除人身束缚、放任农民更多的自由经营权，倒确实可以被理解为真正的重农行为。

有趣的是，古代政府类型的变化（从共和到帝制）与近代的变革（从绝对君权主义管制政府到宪政主义有限政府）在方向上是完全相反的，与之相应，古代政治经济规则的变化（从自然主义到管制主义）与近代的变革（从重商主义到重农主义）也是相反的。

（二）重商与重农的本质区别：不在农商"产业之别"，而在官民"权利分殊"

因此，重农主义与重商主义真正的分歧其实并不在于重视农业还是重视商业之别，而就在于重视"放任民权、限制国（官）权"还是重视"管制民权、放任国（官）权"之别。

首先，在重商环境中，不仅农业而且工商皆受抑；然而在重农政策下，不仅农业而且工商皆自由。

在国家本位而非个人本位的背景下，重商主义其实不是重视对民间工商业的自由放任，而是重视对工商行为的管制、垄断、特许（惠），乃至"放任"权贵

---

① 卡尔·波兰尼. 大转型：我们时代的政治与经济起源［M］. 冯钢，刘阳，译. 杭州：浙江人民出版社，2007：58.

② 布鲁，格兰特. 经济思想史［M］. 7 版. 邱晓燕，译. 北京：北京大学出版社，2008：28.

入市自我牟利。正如经济思想史家布鲁所言，重商主义者"并不相信商人自己的判断和诚信"，因此"一个强大的中央政府是必需的……必须实行全国统一的管制措施……控制国内商业活动的自由进入以限制竞争"。这一信条显然对政府官员、检察官、法官和执行官有益，他们通过"罚款、向商业集团出售特许、垄断权"等都能够"从重商主义的管制中获利"①。在农业方面，重商主义也同样表现出国家财政的广泛汲取而非普遍保护机制。这一点在法国表现得特别明显，由于"君主制利用其官僚队伍代替了领主"，贵族开始"改变对土地的直接控制"，主要以"固定租金和特权形式"靠从农民那里征收捐税为生，农民承担了"人头税、盐务税和销售税"，这些都不是由"习俗规定"而是由"王权的意愿增加的"，这种征税方式反过来"要求有一支庞大的官僚队伍来征收"，而"这支分布很广的文官队伍要由农民来支付"②。进而，"农民的贫困……又制约着法国工业的发展"③。所以诺斯认为："近代初期法国农业的日趋虚弱是由收益递减及阻挠有效调整和新技术创新的制度环境造成的"，总而言之，"阻挠全国市场发展的限制主要归因于近代初期法国农业大量保留了中世纪的特征"④。

到了重农政策的主要执行者杜尔阁那里，农业方面"允许国内谷物自由贸易，废除各种行会和特权贸易企业"，因此商业"也从取消（对生产和商品流通的）限制性法律规章中受益"，而工业"也相应得到发展"，尽管这可能"并非是重农主义者的本来目的"⑤。正如约翰·米尔斯所言，"无论重农主义者们多么蔑视贸易和工业，凡是重农主义得到成功的地方，他们的税收和自由放任政策所造成的实际效果都对贸易和工业起了鼓励作用"⑥。

其次，重商主义公然强调惩贫凌弱，而重农主义主张权利平等、负担公平。

在重商主义时代的"分摊税制"（按地区依照比例确定）而非"比率税制"（按个人收入分成等级）之下，农民"既要为榨不出油来的穷人承担义务，又要替免税者（贵族和官员）纳税，而且更是随心所欲的定税法的受害者"⑦。然而

---

① 布鲁，格兰特．经济思想史［M］．7版．邱晓燕，译．北京：北京大学出版社，2008：12－13，15.

② 诺斯，托马斯．西方世界的兴起［M］．厉以平，蔡磊，译．北京：华夏出版社，2009：176－177.

③ 达金．法国旧制度的崩溃［A］．古德温．新编剑桥世界近代史：第八卷［C］．北京：中国社会科学出版社，2008：774.

④ 诺斯，托马斯．西方世界的兴起［M］．厉以平，蔡磊，译．北京：华夏出版社，2009：179.

⑤ 布鲁，格兰特．经济思想史［M］．7版．邱晓燕，译．北京：北京大学出版社，2008：29－34.

⑥ 约翰·米尔斯．一种批判的经济学史［M］．北京：商务印书馆，2005：106.

⑦ 穆弗里特．1688－1715年的法国形式［A］．布朗伯利．新编剑桥世界近代史：第六卷［C］．北京：中国社会科学出版社，2008：426.

当时的"旧济贫法"也不是穷人有权利要求政府救济（如同民主时代的"新济贫法"那样），而是政府有权强行收容、圈禁、管教、惩罚穷人（当时又被称为"血腥立法"）①，因此，往往是与不人道的童工制度、强制劳役互为表里。用美国学者赖克的话说，"在18世纪以前，很少有国王、政治家或政治哲学家以为国家应当为其人民的经济福利负起责任……国家的财富仅仅从属于君主——国王、王后，以及那些设计、资助、指导各种方案来积累外国财富，以便发动战争及增加其权力和威望的臣僚——而不是属于这个国家普通人的福利。爱国主义意味着献身于君主而不是同胞公民。"②

到了重农主义者那里，一方面结束了农民"沉重的强制劳役"，废除了"间接税"，用"所有地主都缴纳的税收（单一税或直接税）"取而代之；另一方面又大幅度削减法国君主政府的支出，提倡"对贵族征税"，因此分散了不公正的"社会税收负担"。杜尔阁甚至还提出"择业自由，全民教育和宗教信仰自由"③等信条。因此毫不奇怪，重农政策先是遭到所有特权阶层（包括贵族、神职人员、金融家、国王随从、包税者、垄断的权势资本家等既得利益者）的普遍反对，后又成为1789年法国大革命的思想催化剂，并在很多方面为古典自由主义者所延续。

最后，无论从经济效率还是从社会公正的角度来看，重商主义与重农主义都表现出截然相反的逻辑。

虽然不可否认在新兴民族国家间的竞争压力下，重商主义采取"用产权交换税收"的制度保证了国家"对财政岁入不断增长的需求"，因此在当时是一种"富有成效的短期解决办法"，但是其"长期后果则是有害的"，因为"尽管王权和官僚组织的岁入增长了，但增长的后果却是经济增长的停滞……垄断组织不仅利用了它们的合法地位，而且阻滞了创新，从而损失了竞争的收益"，因此"产权的转让并未促进效率，而是适得其反"④。更重要的是，就民族国家内部的"国—民关系"而言，汲取税负、管制平民（自由经营）、"放任"权贵（因权势以牟利、免税）乃至惩贫凌弱的大国家政策，很难为近代的人道主义公平正义原

---

① 秦晖. 中国的崛起和"'中国模式'的崛起"［EB/OL］. http：//www. aisixiang. com/data/detail. php？id＝36235.

② 罗伯特·赖克. 国家的作用——21世纪的资本主义前景［M］. 上海：上海译文出版社，1998：11－12.

③ 布鲁，格兰特. 经济思想史［M］. 7版. 邸晓燕，译. 北京：北京大学出版社，2008：29－34.

④ 诺斯. 经济史上的结构和变革［M］. 苗正民，滕玉英，译. 北京：商务印书馆，1992：170－173.

则所容。因此，无论从经济效率还是从社会公正的角度来看，重商主义都将成为近代化过程的阻碍。

到了重农学派那里，不仅在政治学的意义上提出了"自然秩序"的思想，使得权利平等、自由竞争的近代公民权与市场意识萌芽；而且在经济学的意义上第一次将社会经济（既包括农业也包括工商业）作为一个逻辑整体来看待。因此可以说，只有到了重农学派那里（尤其是古典自由主义时代），历史才第一次把保障公民权利与发展自由农工商业连为一体，把社会正义与效率增进合二为一。无怪乎马克思对重农主义（乃至后来的亚当·斯密）的评价要远远高于重商主义（以及后来的德国历史学派）：相对而言他更认同魁奈和斯密，而绝不认同柯尔贝与李斯特，他宁可自认为是上述自由放任经济学的"批判性继承人"，也不会承认是上述国家干预经济学的继承人。

三、福利重农、重商与自由重农：小政府？大政府？

随着欧美农工运动的逐渐合法化、普选权的实现、跨阶级合作运动的勃兴①，尤其是危机刺激下"应按照'弱者优先'原则进行福利性补偿"的公共效应，使得西方发达民主国家普遍进入20世纪的"福利/人民资本主义"时代。在农业经济领域，就是强调国家干预的"福利重农主义"逐渐成为左右共识。

（一）当代民主国家福利干预：与古代福利制度的异同

当代政府干预理念最早可以追溯至古希腊罗马时代的福利制度。它们的共同之处在于公民与统治者之间建立某种授权—问责机制：即使是管制能力日趋强大的罗马帝国也要以"面包与马戏"相讨好换取公民的"安静"，这和当时某些东方型专制朝廷有权无责甚至以苛政历法强行使草民畏服还是大有区别的。因此，当代无论左派还是右派，在事实判断上均把"古代福利国家"作为现代国家干预的逻辑先祖。只是由于价值立场的不同，喜欢福利国家的左派学者比较认可这种政府干预，而强调自由放任的右派学者反对过度干预罢了——当今的不少古典自由主义学者还喜欢把希腊罗马国家与文明的没落解释为"古代福利国家的破产"，并借以隐喻当今西方福利国家的困境。②

然而，希腊罗马时代的福利与今天的民主国家干预毕竟不同，古代城邦—共

① 埃斯平-安德森. 福利资本主义的三个世界［M］. 苗正民，滕玉英，译. 北京：商务印书馆，2010：74-93.
② 秦晖. 权力、责任与宪政：关于政府"大小"问题的理论与历史考查［J］. 社会科学论坛，2005（2）：10-37.

和式"福利干预"的财政基础比较薄弱，到了市场范围与财政体系逐渐壮大的帝制罗马，以"贿买""讨好"为主要手段的高福利政策又造成公民的消极化、寄生化和共和政治的消亡，最终引发帝国晚期的财政危机与社会崩溃，更重要的是，整个古代社会的福利都只惠及自由民而不惠及奴隶，因此，仍然只是一种"基于身份的分配"，并不体现近代的个体权利平等以及弱者受益原则。只有到了公民社会基础不断壮大、政府权力来源于公民授予的现代社会，只有自由个性从共同体的"束缚—庇护"结构中解放出来，重新建立一种平等的"契约—合作"关系，这种古代基因才会在一个国家公权力与公共服务责任相互对应的宪政平台上表现出来。因此一般认为，福利重农主义直接来源于比较接近的两种现代思潮，一支为左派阵营中的社会民主主义传统，也被人称为介于自由资本主义和苏联式社会主义之间的"第三条道路"，亦即美国式自由市场经济和苏式计划经济之间的"社会市场经济"，或自由放任的"守夜人国家"与高度集权的"全能国家"之间的民主福利国家；另一支为右派阵营中凯恩斯主义的国家干预理念，有人称之为"自由的社会主义"，以别于苏俄式的"反自由的社会主义"①，还有人称之为"新自由主义"（New Liberalism），以别于哈耶克为代表的"'新'自由主义"（Neo – liberalism）②。

（二）福利重农、重商与魁奈重农的区别：兼论两种"大政府"

关于凯恩斯的国家干预主义，据说可以上溯至 19 世纪的德国历史学派乃至更早的重商主义。对它们之间关系的评价，经济学界也有两种截然相反的观点：强调国家干预的凯恩斯主义者把重商主义视为其理论先祖，因此与"斯密时代对重商主义的普遍反感"相反，最近数十年里"重商主义一直都表现为一个正面形象"；然而，强调自由放任的自由意志论者把重商主义和凯恩斯主义均视为"中央集权、世袭制、地主寡头统治，还有特权等旧秩序的鼓吹者"，由此认为两者"从根本上来说就是反动的"。③ 有趣的是，虽然自由意志论者与凯恩斯主义者在"干预还是放任"的价值判断上截然相反，但在事实判断上，他们却都把重商主义（以及德国历史学派）和凯恩斯主义归为同一种政府干预主张。甚至有人认为，相对于魁奈式的自由重农主义而言，重商主义与福利国家的重农主义都强调"大政府主义"，似乎更为相似。这种将"重商主义→德国历史学派→

---

① 霍布豪斯. 自由主义 [M]. 北京：商务印书馆，1998：83.

② 李小科. 澄清被混用的"新自由主义"——兼谈对 New Liberalism 和 Neo – liberalism 的翻译 [J]. 复旦学报，2006（1）：56 – 62.

③ 穆瑞·罗斯巴德. 以史为鉴：重商主义的历史教训 [EB/OL]. [2010 – 07 – 03]. http：//article. yeeyan. org/view/82893/114951.

凯恩斯主义"一脉相承的做法从思想史上看是有道理的。然而正如识者所言，思想绝不可能脱离现实的"问题意识"而仅仅从学术传承的脉络中产生。具体来说，所谓"大小政府"之争只有在权责对应的宪政机制下才是有意义的真问题。越出了这个范围，则"大权力政府"与"大责任政府"的区别就会比所谓大小政府的区别严重得多。[①] 按照上述理解，我们从历史社会学的角度，把前宪政与宪政时代的两种"大政府"作为一个事实维度，把认同与反感作为一个价值维度，两维交叉形成四种立场，如图2－2所示。

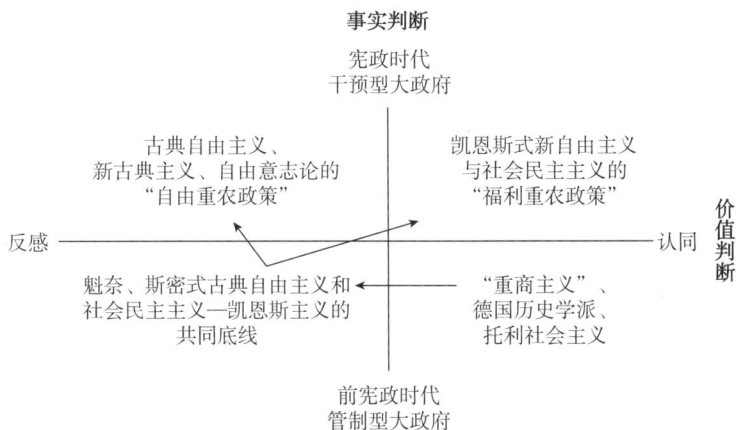

图2－2　重商、自由重农、福利重农的历史与逻辑

首先，福利重农主义与重商主义出自完全不同的制度背景，表现出来的政府干预逻辑也是截然相反的。所谓的重商主义、德国历史学派乃至托利社会主义形成于前宪政民主时代，它们所追求的"大政府"带有很强的国家本位、整体主义色彩，它所谓的"重"是重视管制平民，而不是重视农民的福利。而且，在当时的中央集权体制下，即使当权者的个人动机可能很"仁义"，但是由于制度上不容许平民有参与决策的权利，因此当政者所提供的"恩惠"很可能并非平民所要求。更重要的是，即使当政者碰巧"猜到"了人民之所需，但是由于不存在公民对政府授权—问责的机制，因此，在"提供"的过程中往往也会被体制所扭曲，成为当权者倚权索贡甚至惩贫凌弱的私器（典型如当时的"旧济贫法"）。然而福利重农主义则完全相反，它建立在宪政民主的基础上，政府治权民授，为弱者承担社会福利是政府不可推卸的责任，要求社会保障是公民不可剥

―――――――――――

① 秦晖. 我们需要怎样的"重农主义"[N]. 经济观察报，2006－04－17（040）.

夺的权利，因此，国家为农民提供福利不能成为它干预农民自由权利（更不用说以权谋私）的理由。不难理解：即使是古典自由主义者，也是以"过度保护、养懒汉"为理由，而不是以"权贵聚敛、惩贫凌弱"为理由反对福利性二次分配的。

其次，福利重农主义与重商主义这一对"大政府"的区别要远远大于福利重农主义与自由重农主义这一对"大—小政府"的区别。或者说，面对扩权卸责的重商主义，限制国家权力的自由重农主义与追问政府责任的"社会民主主义—凯恩斯主义"往往持共同的反对立场。这并不难理解，因为重商主义（或德国历史学派）所追求的管制经济，无论是国有企业还是国家授予特许权的"民间"垄断公司，都不是与民企具有平等民法地位和交易权利的市场法人，而只能是"使天下之人不敢自私，不敢自利，以我之大私为天下之大公"① 的聚敛工具，因此为持"小政府立场"的自由主义者所反感。另外，追求外贸顺差与国富足用的重商政府，也不是公共服务与福利政策的财政承担者，而只能是"利不欲其遗于下，福必欲其敛于上"② 的权贵福利发动机，因此，为持"大政府立场"的社会民主主义—凯恩斯主义者所反感。正如秦晖所言，"无怪乎不仅今天自由经济学的鼻祖重农主义者和亚当·斯密等古典学派对此反感，社会（民主）主义的祖宗马克思也认为这样的'国家干预'与'国有经济'比自由放任更反动！"③

最后，在宪政民主体制下，自由放任与国家干预论者虽然在大多数领域都存在歧见，但对农业领域的某些福利干预均表达了某种程度的认同。一方面，随着国家本位色彩的消退，自由主义与社会民主主义的价值重合面（共同反对国家主义）逐渐消失，而对立面（自由放任与国家干预、消极自由与积极自由、效率与平等、经济权利与社会权利等二元争论）日益凸显；另一方面，即使在一个完全公平的自由竞争环境中，农业领域的一系列特殊性如农业生产的长周期与非连续性、农业中市场信息虚假成分的存在、蛛网机制的存在、农产品需求弹性小于供应弹性以及由此造成的"蛛网"易于发散而难以收敛等，都使农业比第二、第三产业更不可能"纯市场化"，而更可能陷于弱势地位④。因此，当代民主国家的左右两派虽在国家干预的程度上存在分歧，但在农业、农民问题上，均强调

---

① 黄宗羲. 明夷待访录·原君 ［M］. 北京：中华书局，1981.
② 黄宗羲. 明夷待访录·原法 ［M］. 北京：中华书局，1981.
③ 秦晖. 中国的崛起和"'中国模式'的崛起" ［EB/OL］. ［2010 – 09 – 27］. http：//www. aisix-iang. com/data/detail. php？ id＝36235.
④ 秦晖. 耕耘者言——一个农民学研究者的心路 ［M］. 济南：山东教育出版社，1999：307.

不仅要有更多的自由权利（魁奈思想的延续），还强调政府要承担更多的责任（包括满足农民的公共品需求，提供更多的公共服务、福利保障乃至贸易保护等）——从最强市场化而最少保护的美国，到中间类型的日本，再到最强福利保护而较少市场化的若干欧盟国家（尤其是法国），都体现了这种自由与福利双重增益的取向。

四、总结与启示：以重叠共识走出"左右互馈"

通过比较不同政府类型及其所蕴含的管制、放任与干预逻辑，结合重商、自由重农与福利重农的历史梳理，可以得出以下基本结论。

首先，重商主义、自由重农主义与福利重农主义背后的政治经济逻辑早已在古代希腊罗马文明中出现。自由重农思想所追求的自然主义起源于雅典民主城邦与罗马共和国，重商思想所体现的管制主义起源于帝制罗马，福利重农主义所强调的福利性二次分配则贯穿于整个古典希腊罗马时期（以"帝国黄金时代"为甚）。只是囿于当时的共同体本位（而非个人本位）结构，因此，市场与宪政难以并存、国家市场体系与福利性政府干预互为扞格，最终在帝国晚期的财政危机与社会崩溃中同归于尽。

其次，重商主义与魁奈式自由重农主义的分歧其实并不在于重视商业还是重视农业之别，而在于重视"管制民权、放任国（官）权"还是重视"放任民权、限制国（官）权"之别。追求国家本位的重商主义政策在经济方面是不可持续的，在社会公正方面更加有悖于近代的人道主义原则。随着个人权利的觉醒与公民社会的成长，魁奈式自由重农主义（尤其是后来的古典自由主义）反过来要求政府放松管制、放任民间农工商业自由经营，使得程序正义与效率增进第一次连为一体。

再次，当代的福利重农政策是对"自由竞争环境下工商强势而农业弱势"的一种宪政主义反应（即治权民授下的公民要求权与政府福利责任），因此，与前宪政时代的重商主义管制政策（即权力不受限制，责任也无法追问下的政府弄权）截然有别。当代民主国家的左右两派虽然在国家对农业"如何保护"或者"保护的程度"等问题上存在分歧，但并不存在"应否保护"的分歧，因此福利重农主义与自由重农主义的区别要远远小于它们两者与重商主义的区别，换句话说，宪政平台上的自由与福利之别要远远小于宪政体制与前宪政体制之别。

最后，当代中国应反思国家管制主义的历史教训，吸取自由重农主义与福利重农主义的双重政治经验。中国自秦以后的"重农"思想中一直都有驱民归农、重视农业提取、强化对民间工商业的统制、垄断、特许而漠视平民福利的管制主义色彩，这种政治经济逻辑与其说是"重农"，不如说是与近现代的两种重农主义背道而驰的前近代主张（倒是与中世晚期的重商主义内涵颇为接近），这一点值得深思。20世纪80年代伊始重新启动现代化的三十多年改革实践——从鼓励自由市场、放松户籍管制、取消农业税（自由增进）到推动城乡社会保障体系建构、加大农村公共品投入和农业补贴等（福利增进）——似乎也证明了这一"自由＋福利"双重增益的历史进步。回首三十余年，纵向看虽然比改革前大有进步，但是直至今天，在理论与政策层面仍然存在一边以"左"的名义（实际上是"平民民粹—国家社会主义"）强化汲取能力、管制农民地权①，一边又以"右"的名义（实际上是"权贵资本—经济自由主义"）强制土地流转、推卸农民福利②，乃至形成一种"左右互馈"的恶性循环——实际上就是秦晖所谓的"民粹主义与寡头主义"反复震荡、"不公正的伪竞争与反竞争的伪公正"互为因果的现象③。以史为鉴，今天的我们在价值上已经不太可能去认同老路，吸取自由重农主义与福利重农主义的双重政治经验，走出前宪政体制下"反自由—反福利"的"左右互馈"机制，应该成为中国式自由主义与社会民主主义的"左右共识"。

第二节　农业补贴的内涵、分类与特征阐释

本节在界定财政补贴基本内涵的基础上，界定了农业补贴的内涵与外延，探讨了农业补贴的分类与基本特征。

---

① 王绍光．中国政府汲取能力下降的体制根源［J］．战略与管理，1997（4）：1－10；温铁军．农民政策的底线是不搞土地私有化——专访温铁军［N］．凤凰周刊，2008－02－05（282）；樊纲．土地是农民的保命田，反对农地私有化［EB/OL］．［2008－11－24］．http：//news. sina. com. cn/c/2008－11－24/093 116713024. shtml；李昌平．慎言农村土地私有化［J］．读书，2003（6）：93－98；贺雪峰．土地不能私有化——《地权的逻辑——中国土地制度向何处去》结语［EB/OL］．［2010－12－21］．http：//www. snzg. cn/article/2010/1221/article_ 21345. html；等等。

② 于建嵘．土地流转要遵循自愿有偿原则［EB/OL］．［2008－10－19］．http：//www. aisixiang. com/data/detail. php？id＝21501；陈平．建立统一的社会保障体系是短视国策［J］．中国改革，2002（4）；陈平．建立统一社保是"洋跃进"［J］．改革内参，2002（8）；中国社会保障报编辑部．中国社会保障走过50年［N］．中国社会保障报，1999－10－04（认为"建立健全农村社会保障的必要性和可能性都不及城镇"）；等等。

③ 秦晖．自由主义、社会民主主义与当代中国"问题"［J］．战略与管理，2000（5）：83－91.

一、财政补贴的基本内涵界说

农业补贴是财政补贴的重要组成部分，所以明确财政补贴的基本内涵是准确界定农业补贴内涵的前提。任何一国国民经济的高效运行均是一套稳定的经济体制及由其规定的运行机制和一套灵活运用的政府宏观调控体系共同发挥作用的综合结果。既定的经济体制及其运行机制有规律的自动作用在国民经济运行中发挥着决定性作用。但是经济社会所实现的目标具有多元化，既定的经济体制及其运行机制自身即使十分完善，也无法或不能实现全部社会目标，所以任何经济体制及其运行机制都存在固有的缺陷。为克服这些缺陷，政府有必要运用宏观调控政策纠正既定经济体制带来的不利后果或部分修正既定经济体制，财政补贴就是政府可资利用的干预手段之一。在世界各国的财政补贴支出中，农业补贴的规模独占鳌头（李扬，1990）。

纵观经济发展史不难发现，财政补贴作为一个调控国民经济运行的经济范畴，在资本主义世界里滥觞于第一次世界大战时期，成形于第二次世界大战期间，发展于第二次世界大战之后。在社会主义国家里，则是在经济体制改革之后才真正加以运用。

如果不做严格意义的考证，我们认为，最先系统地研究财政补贴问题的是英国经济学家、福利经济学之父庇古（Pigou）。在其最著名的代表作《福利经济学》中，继承了马歇尔（Marshall）的"消费者剩余"这一概念，并将其发展成为一套通过国民收入再分配来实现社会福利最大化的理论学说。庇古认为，尽管在完全竞争的条件下，社会资源可以实现最优配置，但由于某些耐久性生产设备如土地、机器设备使用权与所有权的分离，由于存在"外部经济"与"外部不经济"，由于客观存在厂商的边际收益递增、不变和递减的复杂情形，边际私人纯产值可能与边际社会纯产值发生背离，从而导致资源配置不能达到最优，社会福利无法实现最大化。为了纠正自由竞争的市场经济造成的这种不利后果，政府应当干预由市场决定的收入分配过程，即一方面通过累进的所得税限制那些边际私人纯产值低于边际社会纯产值的产业的发展，另一方面通过补贴鼓励、扶持那些边际私人纯产值高于边际社会纯产值的产业的发展。

（一）对财政补贴的争论与界定

国内外学者根据不同的研究目的对财政补贴做了不同的界定。近些年国内外关于补贴概念的描述主要有以下几种代表性观点。

1. 国内研究

（1）负税论。宋则行和汪祥春（1986）认为："补贴是一种负税，当价格高于价值时，用税收调节；当价格低于价值时，用财政补贴调节。"《国际社会科学百科全书》做如是界定："很多补贴都可看成是负的税收，从而可以运用税收分析的工具来评价补贴的效果。"①

（2）联系相对价格体系的界说。李扬（1990）认为财政补贴与商品的相对价格结构是密切联系的，这种关联在农业补贴问题上表现得更为突出。农业补贴的调整无不引起相对价格结构的变化，而相对价格结构的变动也总会导致农业补贴的重新安排。因此，农业补贴与相对价格结构的关系必然成为农业补贴研究的重点。

（3）政府转移支付说。财政补贴是一种影响相对价格结构，从而可以改变资源配置结构、供给结构和需求结构的政府无偿支出（陈共，1994）。补贴是由政府（也可能是私人）无偿地支付一种款项，用以填补由消费者所支付的价格与由生产者所承担的成本之间的差额。在生产者不能以消费者所普遍接受的价格提供某种产品和劳务时，用该办法可以使生产者有利可图地做到这一点（平新乔，1995）。财政补贴是政府的一种转移性支出，是各级政府根据一定时期政治经济形势的客观要求，为了达到调控经济或稳定社会等目的，对某些特定项目所实施的资金补助（梁新潮，2000）。补贴是国家为了某种特定需要向企业或居民提供的无偿补助，这实质上是将纳税人的一部分收入无偿转移给补助受领者（安体富、周升业，1992）。补贴是国家根据一定时期政治经济形势的客观要求，为有计划地调节生产、分配、流通和消费而对经济组织、城乡居民所实施的财政性特定补助（李海波，1996）。穆月英（2008）认为，一般意义上的财政补贴是指政府通过财政手段向某种产品的生产、流通、贸易活动或某些居民提供的转移支付。

2. 国外研究

一般而言，一国政府给予企业或个人补贴，是世界上普遍存在的现象，但各国大都根据本国的意愿和利益考虑来界定财政补贴的内涵，因此，对补贴的界定有所差异，争议纷纷。总结国外学者对财政补贴（Subsidy，Payment）的界定，主要有如下几种代表性观点。

英国财政学家 Prest（1974）认为财政补贴是"直接影响广义的商业部门相对价格的政府支出"。所指的相对价格既包括商品和劳务，又包含生产要素（资本、土地与劳动）的相对价格。

---

① 宋则行，汪祥春. 社会主义经济调节概论［M］. 沈阳：辽宁大学出版社，1986：111.

Musgrave（1984），从公共产品理论出发对财政补贴展开研究，并且认为财政支出就是财政补贴，即泛财政补贴论。因此，政府对纯私人物品、准公共物品和纯公共物品的补贴率由 0 一直上升到 100%。

1994 年，乌拉圭回合多边贸易谈判达成的《补贴与反补贴措施协定》（*Agreement on Subsidies and Countervailing Measures*）对补贴做了统一界定。《补贴与反补贴措施协定》将补贴定义为：由一国政府或任何公共机构提供的，使接受者受益的财政资助。具体包括：①涉及直接资金转移（如赠与、贷款、投股）、潜在的资金或债务直接转移（如贷款担保）的政府行为；②本应征收的政府收入被豁免或不予征收（如税额抵免之类的财政鼓励）；③政府提供除一般基础设施外的商品或服务，或购买商品；④政府向基金机构支付款项，或委托或指示一私营机构履行上述①至③项所列举的一种或多种通常应属于政府的职能，且此种做法与政府通常采用的做法并无实质差别；⑤GATT1994[①] 第 16 条意义上的任何形式的收入支持或价格支持以及因此而被授予的某项利益（马述忠、冯冠胜，2010）。这种关于补贴的界定在内容和形式上都很广泛，适用于所有的产品补贴，农业补贴也不例外。但是鉴于农产品贸易在多边贸易体制的特殊性，WTO《农业协定》对农业补贴做了特殊的规定并优先适用。

Portugal（2002）将补贴界定为"政府为提高个人和厂商收入或降低成本而提供给个人和厂商的补助，它将影响生产、消费、贸易、收入及生态环境。这种政策补助表现为提高产出价格、降低投入成本、退税、利率优惠、财政资金直接转移支付等多种形式"。OECD 以此作为研究农业补贴分类和国内支持水平测度的基础。

综上所述，财政补贴是指政府为实现特定的政治经济和社会目标，单方面支付给企业或个人等微观经济主体，能够改变既定产品和生产要素的相对价格结构，从而产生收入效应和替代效应的转移性财政支出。财政补贴的主要特征表现在财政补贴总是与相对价格结构变动联系紧密：要么是补贴引起相对价格结构变动，要么价格变动导致补贴。因此，财政补贴通常亦被称为价格补贴。

（二）财政补贴分类

财政补贴可从不同的角度进行分类。从补贴与社会经济运行过程的关系来看，可以分为生产环节补贴、流通环节补贴和消费环节补贴。从政府是否明确安

---

① GATT（General Agreement on Tariffs and Trade）是"关税与贸易总协定"的缩写，GATT1994 是指 1994 年签订的《关税与贸易总协定》，是 WTO 的前身，这是一个由各缔约方政府签署的关于国际贸易问题的多边协定。

排支出看，可以分为明补和暗补。从补贴资金的接受主体来划分，可分为企业补贴和居民补贴。从补贴对经济产生的影响看，可以分为对生产的补贴和对消费的补贴。从补贴是否与具体的购买活动相联系看，可以分为现金补贴与实物补贴。按产业对象可以分为农业补贴、工业补贴、建筑业补贴和第三产业补贴。

《补贴和反补贴措施协定》将补贴分为禁止性补贴、可申诉补贴和不可申诉补贴三种。禁止性补贴是指以出口实绩或进口替代作为唯一条件或条件之一所提供的补贴。可申诉补贴是指一成员方政府实施的，不管是国内补贴还是出口补贴，均有可能对另一方造成有害影响的补贴。不可申诉补贴是指非专向性的补贴和专向补贴中符合豁免条件的补贴项目。

二、农业补贴的内涵及其分类

(一) 农业补贴的内涵

农业补贴是一国政府支持与保护本国农业政策体系中最主要、最常用的政策工具。农业补贴有广义和狭义之分。前者指政府采取的一切支持、扶持与保护农业的措施，包括国家支持本国农业发展、乡村建设和保持农民生活水平不断提高的所有政策措施，具体包括农产品价格支持、贸易支持与保护措施、农业基础设施投入、建立农业保险制度、农民收入保障计划、保护农业资源环境、对农村科技教育和市场信息等服务支持、对农村低收入者的扶助等。后者指为保证国家粮食安全、维持农产品价格稳定和保障农民收入而主要由财政支付给农民的补贴。我们所研究的农业补贴主要是指保护性农业补贴。

方松海和王为农（2009）将农业补贴界定为以引导农业生产和经营为直接目的对生产经营主体提供的财政转移支付。在此定义下，针对农业的投资、公共品、奖励以及生活性的补贴都不属于农业补贴的范畴。

农业补贴是一国政府为取得贸易平等地位，增强本国农产品竞争力，平衡协调国内各大产业发展，促进农村和农业发展，实现农民生存权和发展权平等，通过国内支持或出口补贴等符合国际条约规定的非关税措施，对农业生产、农产品流通和贸易等所进行的转移支付和综合支持（李长健，2009）。

(二) 农业补贴分类

在 WTO 农业多边协定框架下，根据是否对农产品生产和贸易有显著的扭曲效应，可将农业补贴分为支持性农业补贴和保护性农业补贴两大类（见图 2 - 3）。一类是支持性农业补贴，即政府对农业部门的投资或支持，由于其中大部分是对科技、水利、环保等方面的投资，因此，支持性农业补贴一般不会对农产品生产和贸易产生显著的扭曲作用，是 WTO《农业协定》所允许的，主要体现为"绿箱"补贴措施。具体项目将在后文进行详细的论述。另一类是保护性农业补贴，主要包括"黄箱"补贴措施、"蓝箱"补贴措施（"黄箱"补贴措施中的特例）和出口补贴措施，由于此类补贴对农产品生产和贸易产生的扭曲作用是直接的、显著的，所以在《农业协定》中被限制和削弱。从本质上看，无论是支持性农业补贴，抑或是保护性农业补贴，均会对农产品生产和贸易产生扭曲作用，只是扭曲的程度存在差异，前者的扭曲效应较小，而后者的扭曲效应较大。

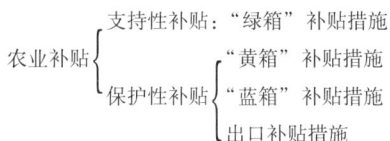

$$
农业补贴
\begin{cases}
支持性补贴：\text{"绿箱"补贴措施} \\
保护性补贴
\begin{cases}
\text{"黄箱"补贴措施} \\
\text{"蓝箱"补贴措施} \\
出口补贴措施
\end{cases}
\end{cases}
$$

图 2 – 3　WTO 农业多边协定框架农业补贴的构成

WTO《农业协定》在具体处理农业补贴问题时，将其分为国内支持（Domestic Support）和出口补贴（Export Subsidies）两大类，如图 2 – 4 所示。出口补贴是指视出口实绩而给予的补贴，所指出口实绩有法律上的出口实绩和事实上的出口实绩两种情形。前者指一国以法律条文的形式明确规定接受者获得某种补贴的条件是其实施了一定的出口行为。然而后者是指当一项补贴的授予，虽然在法律上没有规定是以出口表现为条件，但是事实上却与实际或预期的出口或出口收入相挂钩。由于各国对农产品采取保护措施，导致农产品生产过剩，为将过剩的农产品出口到国际市场，各国政府大都采取出口补贴的方式倾销其农产品，引发贸易纠纷，因此，出口补贴被认为是直接对农产品市场造成严重的扭曲，《农业协定》要求削减并最终禁止农产品出口补贴。

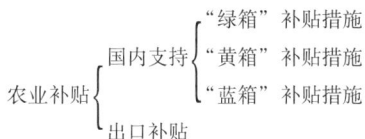

$$
农业补贴
\begin{cases}
国内支持
\begin{cases}
\text{"绿箱"补贴措施} \\
\text{"黄箱"补贴措施} \\
\text{"蓝箱"补贴措施}
\end{cases} \\
出口补贴
\end{cases}
$$

图 2 – 4　WTO《农业协定》对农业补贴规范

国内支持是 WTO《农业协定》创造的一个与国内补贴和生产补贴相类似的术语，它是指政府以农业和农产品生产者为扶持资助对象而进行的各种财政支持措施。既包括对农产品的价格支持、对农业生产要素（投入品）的补贴、对农产品生产者的直接补贴，也包括政府用于农业科研推广培训、基础设施建设、扶贫、生态环境建设等方面的财政支出。国内支持会对农产品生产和贸易产生不同程度的扭曲作用，WTO《农业协定》按照对农产品生产和贸易产生扭曲作用程度的大小，把国内支持分为"黄箱补贴措施"（Amber Box Policies）、"蓝箱补贴措施"（Blue Box Policies）和"绿箱补贴措施"（Green Box Policies）等，它们对农产品生产和贸易的扭曲程度依次递减。这一分类方法的宗旨仍然是鼓励各国采取对生产和贸易没有或仅有微小扭曲作用的农业补贴措施。绿箱政策是指政府在执行某项农业计划时，其费用由纳税人负担而不是从消费者转移而来，没有或仅有最微小的贸易扭曲作用、对生产影响很小以及不具有给生产者提供价格支持作用的措施。黄箱补贴措施指对农业生产和贸易有显著扭曲作用的政策措施，包括政府对农产品的价格支持、农产品营销贷款、面积补贴、牲畜数量补贴、种子、肥料、灌溉等农业投入品补贴和某些有补贴的贷款计划。蓝箱政策是黄箱补贴措施中的特例，它虽然对农产品生产和贸易有扭曲作用，但是其扭曲程度比黄箱补贴措施低，并且是以限制生产面积和产量为条件的国内支持政策，它是美国和欧盟妥协的产物。目前，只有欧盟、冰岛、挪威、日本、斯洛文尼亚等少数国家使用蓝箱支持。

WTO 框架下的农业补贴是指针对于国内农业生产与农产品的综合支持。本研究的农业补贴主要界定为农业直接补贴，主要包括粮食直接补贴、农机购置补贴、良种补贴、农资综合直补、粮食最低收购价等 2002 年以后陆续实施的具体补贴项目。

三、农业补贴的基本特征描述

农业补贴是各级政府为保障粮食安全、提高农民收入水平和实现农业可持续发展等目标，按照一定的补贴依据和补贴标准，支付给农业生产者，能够改变既有的农产品和农业生产要素（柴油、化肥、农药、种子、农膜等）相对价格结构，从而产生收入效应和替代效应的具有导向功能的转移性财政支出。农业补贴主要呈现如下特征：

第一，农业补贴实施的主体是政府，农业补贴是一种财政行为。无论采取哪种农业补贴方式，其补贴资金最终来源于财政收入，而政府的非财政行为即使会影响生产或出口条件，也不属于《补贴与反补贴措施协议》所规范的补贴行为。

第二，农业补贴属于政府的转移性支出，即农业补贴是政府按一定的依据和标准，将财政资金单方面、无偿地转移给农业生产者。获得农业补贴的农业生产者必然会由此获得一定的利益，而且这种利益是非等价的，补贴额是一种纯粹的利益增加或成本减少额，因此，农业补贴必然是一种转移支付行为。

第三，农业补贴的最终接受者或受益者一般为农业生产者。我国正在实施的粮食直接补贴、农机购置补贴、良种补贴、农资综合直补、粮食最低收购价、政策性农业保险补贴、生态补贴等补贴项目的最终受益者无一例外均为农业生产者。

第四，农业补贴所要实现的政策目标往往具有多元化和阶段性的特征。农业补贴政策的目标主要有三个：一是保障粮食安全，当然粮食安全包括数量安全、结构安全和质量安全三个层面；二是提高农民收入水平，缩小城乡居民收入差距，统筹城乡发展；三是实现农业与农村经济的可持续发展。毋庸置疑，农业补贴的政策目标会随着经济发展水平、产业结构等相关宏观经济变量的变动而进行相应调整。

第五，农业补贴方式具有多样性和灵活性。农业补贴政策目标的多元化和阶段性特征必然需要农业补贴方式的多样性与灵活性作为保障，所以农业补贴方式丰富多彩，例如，中国实施农业补贴政策主要有粮食直接补贴、农资综合直补、良种补贴、农机具购置补贴、政策性农业保险补贴、生态补贴等。

四、农业补贴、农业支持与农业保护

农业保护有狭义和广义两种含义。狭义的农业保护，亦称为边境保护，是指对国外农产品实行高关税和其他严格市场准入的政策，以保护本国农产品不受外部冲击。广义的农业保护，包含两层意思：一是在国际贸易中对本国农业进行保护，称为贸易保护，包括关税壁垒、非关税壁垒和出口补贴；二是国内农业支持，即在国内的生产和流通领域采取一系列直接或间接的措施支持本国农业，提高农产品的竞争力，使之能与其他产业协调发展（国家发改委宏观经济研究院课题组，2004）。

在国内学术性论文中，尤其是加入 WTO 前，国内学者把农业支持与农业保护混为一谈，认为都是对农业的扶持，但更偏向使用农业保护。例如，国务院发展研究中心、中共中央政策研究室农业投入总课题组（1997）认为，农业保护是指政府为使农业有效支持国民经济持续、稳定、协调发展，保证社会稳定和生态环境良好，通过对农业生产和贸易等环节的支持与保护，以提高农业综合生产能力为目标，以保护农民利益为落脚点，由此而采取的一系列支持与保护农业的政策措施的总称。

农业保护包括市场准入壁垒（market access barriers）、国内支持（domestic support）及出口补贴（export subsidies）。我国加入 WTO 后，农业保护使用的频率明显下降，甚至有学者如卢锋（2001）曾建议以后不再使用"农业保护"这一术语，以免引起国外的误会。

出口补贴，即政府对出口的支持规则。国内支持和出口补贴共同构成一个国家的农业补贴，是一个国家农业补贴规则的对内、对外两个方面，由于我国在加入 WTO 时承诺放弃使用出口补贴，所以本研究提到的农业补贴除特别说明外均指国内支持。

在公开讨论中，支持（support）、补贴（subsidy）、补助（assistance）及对生产者的援助（aid to producers）等术语经常可以互换着用来描述源于以提高农民收入或降低生产成本为目标的政府政策对农户（农业）的转移支付总和。OECD 则使用了中立术语"支持"来测度源于农业政策的年度转移支付的货币价值总额，而不论其目标是什么。由此可见，从外延比较来看，国内支持的外延最小，农业补贴次之，而农业保护最大。农业补贴和农业支持基本相同，而农业保护包含农业补贴和农业支持。

第三节　农业补贴的理论支撑

本部分从公共财政学说、福利经济学、制度经济学和农业多功能性理论等多维视角解释了实施农业补贴的一般性理由。

一、粮食安全的公共物品属性

公共财政理论一般认为，财政应主要在市场失灵领域有所作为，因此，政府的公共支出范围主要集中于公共物品提供及其他市场失灵的领域。政府实施农业补贴是一种调节经济的行为。那么，政府是否应该推行农业补贴，一是判断农业作为一个基础产业在完全竞争市场条件下能否独立存续，即在农业生产和经营中是否存在着市场失灵，因为政府只有在市场失灵领域才有可能介入和干预；二是判定农产品是否具有公共物品属性，因为政府负有提供公共物品的责任。

农业属于自然风险和市场风险相互交织的弱质产业。一方面，农业生产受气候、土壤、地形等自然生态条件的影响和约束，并且农业生产对象是有"生命"

的动植物，其生产过程具有"生命"特质，从而形成农业生产的自然风险。另一方面，自然因素的制约使农业生产承受着巨大的市场风险。这是因为，农业生产的周期较长，对市场信息的反应相对迟缓或滞后，不像其他产业生产者那样能够依据市场需求信息及时调整生产规模。另外，受农产品需求弹性小、不耐储藏等特点的影响，一旦农产品供过于求，必然引发市场价格的急剧下跌，致使生产者遭受巨大的经济损失。这种弱质性决定了农业几乎不可能在完全竞争的市场条件下独立生存。此为各国农业的共同特征。同时，与发达国家相比，中国农业还具有经营规模小、经营成本高、科技转化率与商品化率低等诸多缺点，使其不仅在国际农产品竞争中处于相对劣势，即使在国内市场也较难实现平均利润率（徐全红，2006）。在农业经营风险远远高于其他产业又难以获取平均利润的情况下，倘若再没有政府的必要支持，就几乎无法在完全竞争市场中谋求生存和发展。

接下来，我们将探讨农产品的公共物品属性。我们不能说所有的农产品都是公共物品，但某些农产品具有公共物品的属性。农产品尤其是粮食的供给问题十分复杂，既不能"高产"，因为"高产"必将"伤农"；也不能"减产"，因为"减产"会危及国家粮食安全；因此只能是"稳产"，即随着国内外农产品供求状况的变化，粮食产量保持适度、稳定的增加。更为复杂的是，农业生产中存在着内部矛盾，即粮食生产和经济作物的生产等其他农业经济活动之间的矛盾越来越尖锐，强调粮食生产可能会牺牲农业的比较优势，影响农民致富；然而片面强调农业的比较优势，可能导致国家粮食安全无法得到保障。这种很符合公共需要（社会安定和粮食安全）、私人又不愿单独提供（没有经营上的比较优势，从而减少提供者的预期收益）的产品，应当说具有了公共物品的某些属性。从这个角度看，对农业的补贴是符合常理的。

在粮食安全得到保障和粮食生产资源可以通过市场机制实现最优配置两个基本前提下，粮食具有纯私人物品的属性。在市场经济条件下，这两个前提并不存在或并不稳定。诸如粮食等生产周期较长商品的市场均衡一般用蛛网模型进行考察。其基本假定是：商品的本期供给量 Q_t^s 由上一期价格 P_{t-1} 决定；本期需求量 Q_t^d 由本期价格 P_t 决定。蛛网模型由以下三个联立方程式表示：

$$Q_t^d = \alpha - \beta \cdot P_t \qquad\qquad (2-1)$$

$$Q_t^s = -\delta + \gamma \cdot P_{t-1} \qquad\qquad (2-2)$$

$$Q_t^d = Q_t^s \qquad\qquad (2-3)$$

将式（2-1）、式（2-2）代入式（2-3）得：

$$\alpha - \beta \cdot P_t = -\delta + \gamma \cdot P_{t-1} \qquad\qquad (2-4)$$

因为在市场均衡时，$P_e = P_t = P_{t-1}$

所以由式（2-4）可得，$P_e = \dfrac{\alpha + \delta}{\beta + \gamma}$

$\alpha - \beta \cdot P_t = -\delta + \gamma \cdot P_{t-1}$，由此式通过运算可得：

$$P_t = (P_0 - P_e)\left(-\dfrac{\gamma}{\beta}\right)^t + P_e \qquad\qquad (2-5)$$

因为农产品供给弹性大于需求弹性，所以 $\dfrac{\gamma}{\beta} > 1$。从而 $\lim\limits_{t\to\infty} P_t = \lim\limits_{t\to\infty}$

$\left[(P_0 - P_e)\left(-\dfrac{\gamma}{\beta}\right)^t + P_e\right] = \infty$。这说明，随着时间 t 的推移，实际价格 P_t 偏离均衡价格 P_e 的幅度将越来越大。即在完全竞争市场条件下，粮食的均衡产量和均衡价格是波动的，而且这种波动幅度将越来越大，表现为一个发散型蛛网。这充分说明，粮食供求平衡不能完全由市场机制实现，粮食安全也不能完全依靠市场机制保障，它是市场失灵的表现，靠"看不见的手"无法确保粮食安全，需要政府加以矫正和弥补，这正是马克思所论述的应由政府来满足的"共同需要的那部分物品"，也是迈莫罗所论述的必须由"政府提供"的物品和"发挥作用"的领域。

另外，农业在国民经济中的基础性地位，又决定了农业存续和发展的必要性。这一对矛盾的存在，决定了农业在一定程度上具有公共性特征（王朝才，2003）。既然粮食安全的公共物品特征突出，并且农业本身又具有相当程度的公共性特征，因此，由政府出面对农业和粮食生产给予适当补贴并提供其他政策保护，也就理所当然地合乎客观规律的要求。

农业补贴的本质是政府花钱向农民购买粮食安全的行为。因此，从这个意义上讲，补贴的字面含义是不准确的，它容易导致对其内在经济性质的误解，似乎补贴是政府对比较贫困的农民的同情。这种误解使得政府和媒体容易从道义、情感和政治等角度去诠释农业补贴行为，从而忽略了内在的经济必然性。但实际上补贴内含必然的经济逻辑，它是政府与农民之间的交易行为。这是其不可能也无法被取消的根本原因。如果政府不愿意补贴农民，实际上就是政府不愿意购买由农民创造或控制的公共品意义上的粮食安全，那么，作为市场"理性人"的农民也就没有必要生产粮食。但问题在于政府不愿意购买，不等于社会就没有需求。正是由于存在公共农产品的社会需求，而市场机制又不能自动充分供给，所以政府才不得不出面以"补贴"的方式向农民购买公共品（胡靖，2005）。

二、统筹城乡发展、缩小城乡收入差距与完善农业补贴

福利经济学之父庇古依据边际效用基数论提出了两大福利经济学的基本命题。其一，国民收入总量越大，社会经济福利就越大，在其他条件保持不变时，社会经济福利总量与国民收入总量成正比；其二，国民收入的分配越均等（公平），社会经济福利就越大。在边际效用递减规律的作用下，等额货币对穷人的效用明显大于对富人的效用。因此，国家可以考虑采取收入转移的方式"劫富济贫"，直到穷人与富人的货币边际效用相等为止。国民收入的总量及其在社会成员之间分配的均等化格局是决定社会经济福利的两大重要变量。因此，可以在两个环节增加社会的经济福利：一是在生产环节尽量创造更多的国民收入总量，二是在分配环节千方百计地消除国民收入分配不均等的状态。

上述福利经济学的两大基本命题可以相应地运用于对我国工农和城乡关系两个阶段的分析中来。一般认为，我国工农和城乡关系发展的第一阶段是"农业支持工业，农村支持城市"阶段，时间跨度为1950～2006年[①]。在此阶段，国家为优先实现工业的现代化，采取了近乎于"掠夺"农业的政策，通过工农产品价格"剪刀差"，将大量农业积累资金"抽调"到工业与城市建设上。从1952年到1978年，中国农业通过"剪刀差"的方式向工业转移的剩余超过6320亿元，加上农业税贡献共计7264亿元，扣除国家对农业的发展、建设等方面的投入1730亿元，农业实际向工业提供资金的净额高达5534亿元，平均每年205亿元（李茂岚，1996）。1979～1994年，通过"剪刀差"的方式从农民那里取走的财力约为15000亿元，同期农业税收入1755亿元，各项支农支出3769亿元，政府通过农业税费制度提取剩余约12986亿元（徐全红，2006）。农民平均每年的总负担高达811亿元。通过"剪刀差"政策对农业剩余的过度抽取，在一定时期内加速了我国的工业化进程，在一定程度上实现了工业化水平的不断提升和国民收入总量的迅速增长。从福利经济学第一命题的角度看，我国的工业化过程中农民通过价格"剪刀差"做出的巨大贡献应是值得肯定的。

2004年在全国铺开粮食直补政策及2006年在全国范围取消农业税，标志着我国总体上步入了"以工促农、以城带乡"、城乡统筹发展的崭新阶段。在经济社会迅速发展为世人称道的同时，城乡居民收入分配差距不断扩大并迅速积聚为一种公共风险的问题也令人担忧。据统计，1978～2012年，城镇居民人均可支

---

① 也有学者认为是1950～2004年。

配收入与农村居民人均纯收入的绝对差距由 209.8 元增加到 16648.1 元，年均增长 483 元；相对差距由 2.57：1 扩大到 3.10：1，年均增长约 3%[①]（见图 2-5）。值得指出的是，若将城市居民的隐性福利、优惠折算成收入，则城乡居民的实际收入差距会更大。根据福利经济学第二个基本命题，收入分配的差距越大，则对国民整体福利水平的损害程度越严重。庇古曾经主张，国家运用累进所得税和转移性支出等财税政策调节收入分配，以期实现国民收入分配的大致均等，从而提高社会的整体经济福利水平。在西方发达国家，农业补贴政策力求遵循"农民收入平价"的原则，即试图通过大规模补贴将农民收入提高到与城镇居民收入大体相当的水平，从而提升整个社会的经济福利水平。这些国家的实践表明，农业补贴政策正是实现国民收入均等化最为有效的转移性支出手段。

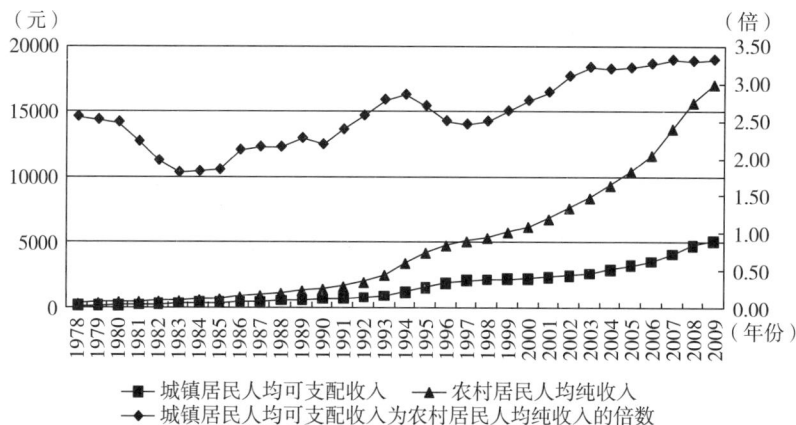

图 2-5　城乡居民人均收入对比关系

三、农业生产要素的非自由流动与农业补贴

抛开农业补贴理论上的概念，我们发现，农业补贴实质上是由于农民作为个人的偏好（追逐利益的取向）与国家作为公共利益代言人的公共偏好冲突时，双方通过妥协谈判签订的给予农民经济上补偿的协议。

显然，农民作为农业生产用地的承包经营者，其利益偏好显然应该是经营收益最大化（如果忽略现在贫困地区仍存在以生存为主要目标的农业生产活动），

---

① 数据来源于国家统计局官网。

会根据各自的比较经营优势，宜粮则粮，宜经则经（济），宜工则工，宜商则商，只要农民经营耕地的经济效益好，农民可随时改变耕地用途和自身的经济身份，甚至将经营权出租给工商业资本。但问题的关键是，在当前政治经济格局下，粮食仍然是一种不可或缺的战略物资，无粮不稳不仅是几千年来中国统治阶层的口头禅，也成为当今世界最发达国家恪守的一条戒律。无论经济有多么发达，国家必须保障一定数量的土地用于农业，尤其是用于粮食生产，一定要有一定数量的公民滞留于土地并从事农业生产。显而易见，农民在这个问题上是利益的受损者，会强烈要求政府做出一定的制度安排，保障经营农业能获得社会平均的利润率，保障自己获得和城镇居民大致相同的收入水平，这就需要谈判，需要妥协。此时，关于农业补贴的三点表述已十分明晰。第一，农业比较收益低，并非单纯是由农业自然风险造成的，更为重要的是政府限制了农业生产要素的自由流动。第二，提高农业比较收益，必须放开农村要素市场；政府若考虑粮食安全就必须限制农业生产要素的自由流动，那么就得对农业实施补贴。第三，补贴农业不是政府的单向支出，而是一种互利的交换。既然是交换，补多补少就不能完全由政府来确定，应该和农民商量确定。否则，有钱多补，没钱少补或不补，就称不上是公平的交换了（王东京，2005）。

为调动农民种粮积极性、保障粮食安全和确保国家长治久安，政府必须采取措施将耕地和农村劳动力等农业生产要素限定于粮食生产，导致农民从事农产品生产的比较收益低于相同条件农业生产要素的竞争性用途[①]所获取的收益。为了弥补这一收益差额，客观上就需要给予从事农产品生产的农民一定数额的财政补贴。限制农业生产要素自由流动的措施有很多，其中包括限定全国绝大部分耕地（坚决守住18亿亩耕地红线）只能用于农作物的种植，不得挪作他用；通过户籍制度将农民限制在土地上从事农业生产，即使进城务工，也受到一系列限制和歧视，如农民工的社会保障、农民工子女的上学等问题。由此可见，农业生产比较收益低是由内因和外因共同作用导致的。前者是指农业自然风险和弱质性等，后者指即政府为保障粮食安全而人为地限制了农业生产要素的自由流动，从而阻碍了粮农收益的提高（王东京，2009）。农业补贴是政府义不容辞的责任，而不是政府对农业的政策倾斜，其实质是政府花钱向粮农购买粮食安全。既然是一种互惠互利的购买，就必须遵循等价交换原则进行公平交易，补贴标准不应由政府单方决定，而应由政府与粮农双方共同协商确定。

---

① 竞争性用途主要指种植经济作物、转让土地经营权、到城市务工等。

既然农业补贴的过程是政府与农民之间的博弈，纵观西方发达国家农业补贴的历史可以发现，农民获得与政府"对等"的谈判权利一般必备两个基本条件：一是土地归私人所有，并且对于政府的决策，农民有用"脚"投票的自由；二是农民有选举权，任何政治家均不能忽视农民用手投票的权利。在对等谈判条件下，才能形成真正有效的农业补贴机制。因此，有效的农业补贴政策将是政府与农民共同选择的结果。在此框架下，政府与农民将在农业补贴上构成一种多次重复博弈机制，形成一个新的农业补贴政策框架，双方在此规则下获取各自的行为信息，并决定其合作态度，当特定环境改变时，双方可以成功地采取策略加以应对，及时获得竞争优势。

根据新制度经济学理论，中国农业补贴政策的演化是由政府主导的强制性制度变迁，政府垄断性供给农业补贴制度，由于农民的财产所有权和独立人格尚未完全确立，政府与农民在补贴及其他福利上的博弈是一次性的，农民处于劣势，导致其政策效率较低。我国农业的补贴始于20世纪50年代末，最早以国营拖拉机站的"机耕定额亏损补贴"形式出现，之后逐渐扩展到农用生产资料的价格补贴、农业生产用电补贴、贷款贴息补贴等方面。1979~1980年财政用于农用塑料薄膜的补贴就达16多亿元（谢阳，2005）[1]，对当时农业的增产增收起到重要作用，但农民并未从中享受到多少好处。20世纪90年代高价收购粮、棉农产品政策，固然兼有提高农民收入意图，但根本目的是控制1994~1995年发生的严重通货膨胀。因而，我国20世纪90年代的农业补贴，本质上不是一个长期性政策，而是特定环境下的一种短期宏观稳定政策。在通货膨胀不再是主要宏观问题之后，粮食价格干预虽仍保留"保护价"名称，但实际收购价水平不断降低，目前已基本失去经济学意义上的保护含义。这类流通干预政策确实在一定程度上具有保护性补贴效果。但结果是粮棉国有部门亏损挂账高达数千亿元，农民并未得到多少实惠。

四、农业的环境保护功能与价值补偿

农业多功能性是指农业除了提供食品、纤维等商品产出的经济功能外，还具有与农村环境、农村农业景观、生物多样性、农村生存与就业、食品质量卫生、国家粮食安全保障、农村农业文化遗传以及动物福利等非商品产出相关的社会、文化和环境功能。这些非商品产出也被定义为农业多功能性所包含的因素。农业

---

① 转引自徐全红. 我国农业财政补贴的经济学分析［J］. 经济研究参考，2006（93）：21-26.

多功能性概念已经在国际上引起广泛关注，尤其在国际贸易谈判以及欧盟农业共同政策制定中（陈秋珍和 Sumelius，2007）。农业多功能性问题，最初是世界贸易保护主义范畴的问题。经过近年来的发展，其内涵更为丰富，并被赋予了重大的经济和社会意义，是对传统农业理论的深化和拓展。

农业多功能性理论既是经济社会发展和农业产业不断变化的产物，也为自由贸易背景下农业补贴政策提供了重要的理论依据与支撑。由于比较优势的作用，农产品进口国农业萎缩影响的不仅是农业发展，还包括了国内农业所产生的社会效应、生态效应以及文化效应等一系列非商品产出功能，最终减少或恶化了农产品进口国的国内净福利。对农产品出口国而言，扩大农产品出口，则导致了国内农业生产规模的扩大以及因此而带来的生态环境效应和社会文化效应等非商品供给的增加，农产品出口国的整体福利得到改进（梁世夫和姚惊波，2008）。正是由于上述原理，农业资源稀缺性比较突出，农业生产处于比较劣势的日本、韩国和欧盟的部分国家才提出了农业多功能性理论以维持其国内农业保护政策（张红宇和刘德萍，2001；赵敏，2005；尹成杰，2007）。农业多功能中的生态功能外部性较强，农业充当净化器、洗涤槽、培养基、平衡体的功能，发挥着保护环境的积极作用。

总之，农业生产是生物生产活动，它利用了生命活动的规律，在一定程度上能够恢复或平衡工业生产和人类生活造成的环境破坏。农业的环境保护价值对于人类环境至关重要。但是农业产生的环境保护这一正外部性（外部收益）并未获得相应的价值补偿，只有政府安排包括农业财政补贴在内的农业支出时，才能使其得到一定额度的价值补偿。

第四节　开放经济条件下农业补贴对福利的影响分析[①]

近来贸易自由化趋势与世界经济的日益全球化引发了对全球化到底是经济增长与发展的助推器还是社会进步绊脚石的争论。学者们包括最受世人尊敬的经济学家见仁见智。Stiglitz（2002）认为全球化对发展中国家的影响是破坏性的；然

---

① Koo W W, Kennedy P L. The Impact of Agricultural Subsidies on Global Welfare [J]. American Journal of Agricultural Economics, 2006 (5): 1219 – 1226.

而 Bhagwati（2004）则坚持认为全球化对发展中国家和发达国家均是有利的。原因在于，会有一系列新的政策和制度以帮助发展中国家处理经济全球化造成的日益剧烈的经济波动。

由于农业补贴一度成为最近贸易谈判争论的焦点，农业部门就成为此次争论的核心。大多数国家采取各种各样的农业补贴以保护农业部门。然而，虽然发展中国家的农业产值占 GDP 比重高于发达国家，前者农业补贴水平却远远低于后者的农业补贴水平。除国内补贴外，出口补贴常用来增加和促进农产品出口（如欧盟）。

发展中国家极力反对发达国家实施国内农业补贴和出口补贴。由于发展中国家无力以发达国家的补贴水平支持本国的农业生产者，所以农业补贴限制了公平竞争。一般而言，国内农业补贴和出口补贴扭曲了农产品的生产模式。有学者认为发达国家对农业生产者的补贴导致农产品的生产过剩及其世界价格较低，这对发展中国家的农业发展是不利的。还有学者如 Bhagwati（2004）认为尽管农业补贴影响了贸易量，但是它对农产品进口国和出口国的消费者都是有利的，从而导致全球净福利的增加，尤其是在发展中的进口国。其主要原因在于农业补贴降低了农产品的世界价格。

在 WTO 多哈回合贸易谈判中，美国、欧盟及巴西、印度等国家强烈呼吁大幅削减国内农业补贴并取消出口补贴。例如，美国提出削减支付限额的 60%，而其他国家呼吁更大幅度地削减。此外，欧盟呼吁到 2012 年取消出口补贴。然而这些提案是以限制美国出口信贷为条件的。

对大多数经济学家而言，工业化国家为什么实施农业保护至今仍是一个谜，因为诸多研究表明农业保护所需成本超过了农业保护带给本国的利益（Blake et al.，1999；Diao et al.，1999，2002；CBO，2006）。无论是进口国还是出口国实施的国内补贴和出口补贴均会影响农产品生产资源的最优配置并扭曲贸易流量（Heckscher - Ohlin）。其扭曲程度取决于该国实施农业补贴规模的大小。本部分主要分析出口国实施国内补贴和出口补贴对本国及进口国福利的影响。

一、农产品出口小国农业补贴的福利影响

如果小型出口国实施国内农业补贴和出口补贴，由于因补贴而导致的出口增加量不够大，不足以影响农产品的世界价格，所以这些补贴不会影响其他国家的福利。

（一）国内农业补贴

假定该小型出口国面临其他国家的进口需求是完全弹性的。例如，以目标价

格制度（美国）提供的国内补贴，将生产者的接受价格设定在某一期望水平，而国内消费者的支付价格仍保持在世界价格水平不变。补贴使农产品的国内生产量增加，但是国内消费量仍保持不变。这将导致出口剩余的增加。在这种小型农产品出口国的情形下，出口剩余的增加不会影响世界价格，也不会扭曲农产品的贸易流量（Houck，1992；Koo and Kennedy，2005）。

（二）出口补贴

农产品出口补贴的目的与国内补贴有所不同。出口补贴的意图是通过为出口者提供补贴来增加农产品的出口量。其出口补贴的方式有，对出口者运输农产品的直接现金支付、国内销售税或流转税的退税或豁免、对出口信贷的补贴（以降低出口成本）等（Houck，1992）。小型农产品出口国的出口补贴同样不会影响农产品的世界价格。

二、农产品出口大国农业补贴的福利影响

考虑农产品出口大国面临的其他国家进口需求曲线是向下倾斜的。出口国给农产品生产者提供农业补贴必然使国内农产品的产量增加，从而导致世界市场总供给量的增加和世界价格的下降。与此类似，如果一农产品进口大国给农产品生产者提供国内补贴，国内产量增加，其结果是农产品进口量的下降和世界市场对此农产品的总需求量减少，从而使其世界价格下降。在这两种情况下，大国实施农业补贴均影响了贸易量并降低了世界价格。例如，发达国家和发展中国家（欧盟、日本、韩国、美国）的国内农业补贴导致农产品生产过剩。结果，很多国家农产品的世界价格低于其生产成本。WTO对美国棉花生产补贴的规制反映了国内补贴对棉花产业的影响（Sumner，2005）。

（一）国内补贴

图2-6描绘了国内农业补贴（如美国实施的目标价格制度）对国内生产、消费和进出口的影响。在自由贸易条件下，农产品世界均衡在进口需求和出口供给曲线的交点上实现，如图2-6（b）所示，在均衡价格 P_{w1} 上实现的均衡贸易量为 Q_1。现在假定出口国实施了补贴政策。出口国设定了一个高于自由市场世界价格的支持价格水平并确保支持价格给农产品生产者。由于农产品生产者接受价格 P_s 高于世界价格，所以国内供给量会增加至 S_2。相应的出口供给曲线向右下方旋转。

新的均衡点在进口需求曲线与新的供给曲线交点——g 点（Q_2，P_{w2}）。世界价格从 P_{w1} 下降为 P_{w2}，并且总的均衡贸易量由 Q_1 上升至 Q_2。由于出口国的国内价格等于世界价格（世界价格从 P_{w1} 下降为 P_{w2}），所以国内消费量从 D_1 增加到 D_2。消费者剩余增加量等于 D 和 E 的面积。由于对生产者补贴的实施导致他们的接受价格 P_s 高于世界价格，所以生产者的福利同样有所改善。生产者剩余增加了 A 和 B 的面积部分。然而政府补贴支出总额为每单位产品补贴额与全部产量的乘积，等于 $A+B+C+D+E+K+F+G+H+I$ 的面积。因此，农产品出口国的净福利损失为 $K+F+G+H+I+C$ 的面积。

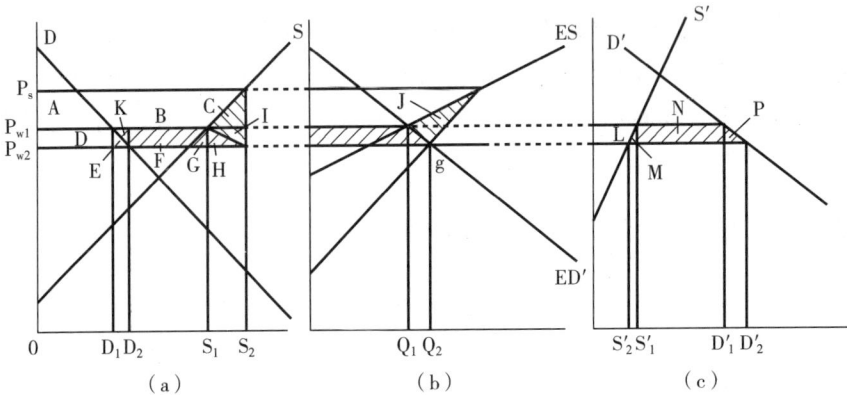

图 2-6　农产品出口大国实施国内补贴对其他国家的福利影响

这一补贴政策还会影响农产品进口国消费者和生产者的经济福利。由于补贴政策的实施导致世界价格下降，进口国生产者的福利恶化，而消费者的福利得到改进。生产者剩余减少部分等于 L 的面积，然而消费者剩余增加了 $L+M+N+P$ 的面积。这意味着进口国享受了社会净福利的改善，其增加额为 $M+N+P$ 的面积，也等于 $K+F+G+H$ 的面积，如图 2-6（a）所示。这意味着出口国的全部福利损失分为 $K+F+G+H$——出口国对进口国的收入转移支付和 $I+C$——由于补贴导致的无效产量增加带来的社会福利的净损失两部分。$I+C$ 也等于面积 J，如图 2-6（b）所示。其中，面积 C 代表由于用于增加生产的国内资源不当配置而产生的社会净福利损失，而面积 I 表示由于国内补贴实施导致世界价格下降带来的福利损失。

（二）出口补贴

1. 出口国福利分析

如果一农产品出口大国通过实施出口补贴使其国内价格位于 P_d（类似于欧盟实施的出口补贴），这样，由于世界价格低于国内价格 P_d，新的均衡国内需求量和供给量向上方移动（Houck，1992）。在 P_d 价格水平上，国内需求量从 D_1 减少至 D_2，而国内供给量从 S_1 增加至 S_2，如图 2-7（a）所示。由于世界价格低于国内价格 P_d，相应出口供给量曲线变为垂直于 Q 轴的直线，如图 2-7（b）所示。如果 P_d 是农产品出口国确保的国内价格，则出口量由 Q_1 增加至 Q_2，显然出口量大于自由贸易条件下的出口量。由于世界市场上的出口量增加，所以世界价格会做出向下的调整。一个新的均衡条件在 g 点（Q_2，P_{w2}）处——新的垂直供给曲线与其他国家进口需求曲线的交点实现。世界价格由 P_{w1} 下降至 P_{w2} 容纳出口的增加量（$Q_2 - Q_1$）。国内价格 P_d 与新的世界市场价格 P_w 的差额是每单位农产品的补贴额。单位补贴销往国外以维持国内价格在 P_d 水平上。由于国内价格（P_d）设定在高于世界价格的水平上，所以出口国的消费者福利遭受损失，而生产者福利得到改进。消费者剩余的减少量为 A + B 的面积；生产者剩余增加量为 A + B + C 的面积。政府出口补贴支出总额为单位产品补贴额与出口总量的乘积——B + C + D + E + F + G + H + I 的面积。出口国社会福利净损失为 B + D + E + F + G + H + I 的面积。

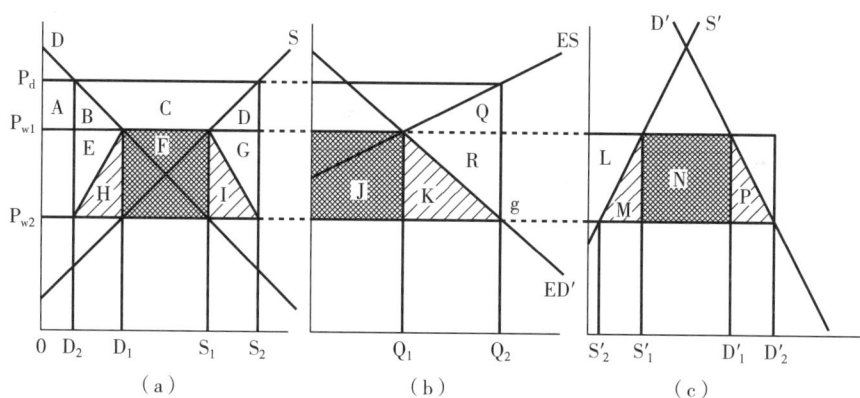

图 2-7 农产品出口大国实施出口补贴对其他国家的福利影响

2. 进口国福利分析

因为农产品世界价格下降，进口国生产者福利恶化，而消费者福利改善。在世界价格水平 P_{w2} 上，国内产量从 S_1' 下降至 S_2'，而国内消费量从 D_1' 增加至 D_2'，如图 2-7（c）所示。消费者剩余的增加量为 L + M + N + P 的面积；生产者剩余减少量为 L 的面积。社会福利的净增加额为 M + N + P 的面积，它等于 J + K 的面积，（见图 2-7（c）），还等于 H + F + I 的面积，意味着进口国社会福利净增加额（M+N+P）还等于 H+F+I，出口国净福利损失部分转移给了进口国。剩余部分（B+D+E+G）代表由于补贴计划实施而导致的无效生产的增加、消费量下降，主要是出口的增加带来出口国社会福利的净损失额。这部分损失额还等于 Q+R 面积，如图 2-7（b）所示。面积 Q 等于 B+D，表示出口国实施补贴导致的生产和消费变动产生的无效。另外，R 等于 E+G。它代表源于世界价格下降以容纳增加出口量的福利损失。因此，Q+R 为实施出口补贴而引致的全球社会福利损失。

正如图 2-6（b）和图 2-7（b）所示，由于出口国实施出口补贴和国内补贴导致的出口供给曲线的变动方式是不同的，前者使出口供给曲线变为一条垂直于 Q 轴的直线，而后者则使出口供给曲线向右下方旋转变为一条向右上方倾斜的直线，所以在其他国家的进口需求曲线相同的情况下，两种不同的补贴方式对世界价格影响的方向是相同的，但影响的幅度是有差异的。两者均使世界价格拉低，并低于自由贸易条件下的世界价格水平。但是前者导致的世界价格下降的幅度远远大于后者。这就是说，如果对国内补贴和出口补贴实施相同的单位支持价格，出口大国实施的出口补贴使世界价格降低的幅度大于国内补贴。这意味着，出口大国实施出口补贴产生的贸易扭曲度大于国内补贴导致的贸易扭曲度。

表 2-2　国内补贴与出口补贴的福利影响比较分析

补贴方式	出口国			进口国			全球福利	贸易扭曲度
	生产者剩余	消费者剩余	总社会福利	生产者剩余	消费者剩余	总社会福利		
国内补贴	增加	增加	减少	减少	增加	增加	减少	小
出口补贴	增加	减少	减少	减少	增加	增加	减少	大

注：贸易扭曲度衡量的是在农产品单位补贴额相同时的扭曲度。

通过上述分析，我们可以得到如下结论：农产品出口大国不论实施国内补贴还是出口补贴，均会导致本国社会福利的净损失，而且对其他出口国也不利，但对进口国有利。既然实施农业补贴让本国遭受福利上的净损失，那么，为什么会有那么多国家争先恐后地实行高额农业补贴呢？原因可能在于，农业补贴政策在支持和保护本国农业这一基础性产业的发展、保障农民的根本利益、确保本国粮食安全等方面发挥着无可替代的积极作用。

第五节　农业补贴水平的主要测度方法

政府向农业生产者提供补贴的方式多种多样。总体而言，可大致将其分为三大类。一是一系列的国内或国外政策，可以使国内耕种者接受较高的农产品价格，该价格在自由贸易情况下能够实现，主要包括国内支持价格政策（domestic support price policies）、进口关税、配额（quotas）、出口增加计划（export enhancement programs）、价格稳定措施（price stabilization measures）、进口许可（import licensing）以及与国外贸易相关的其他政策（Gulati and Sharma，1992）。如果这些政策使农产品的国内价格高于其相应的国际市场价格，我们就认为耕种者得到了保护或获得了暗补。相反，如果农产品价格低于自由贸易条件下的价格，则认为耕种者被课税或未被保护。我国在粮食主产区实施的最低保护价收购就属于此类补贴。二是以低于供给成本的价格向耕种者提供要素投入，如对农村电力、信贷、肥料、交通运输、灌溉、农用燃油税减免提供的补贴、牲畜饲养和农作物种植保险等。我国现行农业补贴属于此类的有农资综合补贴、良种补贴、农机具购置补贴。三是向耕种者提供的直接支付（direct payments），如脱钩支付（diversion payments）、灾害支付（disaster payments）以及营销贷款（marketing loans）。我国目前实施的粮食直补就属于此类补贴。为了捕捉各种补贴政策的总影响，我们有必要介绍几种测度农业补贴水平的主要方法和指标。

一、名义保护系数

名义保护系数（Nominal Protection Coefficient，NPC）由世界银行经济学家Balassa 于 1965 年提出，通过计算农产品国内市场价格与世界市场价格之间的差额的百分比来衡量农业保护水平。其公式为：

$$NRP = \frac{P_d - P_w}{P_w} \times 100\% \tag{2-6}$$

$$NRP = NPC - 1 \tag{2-7}$$

$$NPC = \frac{\text{以国内价格计算的农产品价值}}{\text{以边境价格计算的农产品价值}} \tag{2-8}$$

其中 P_d、P_w 分别为农产品的国内市场价格和世界市场价格。如果 $NRP > 0$，表明该国的农业政策为正保护，其数值越大，则表明保护力度越强；$NRP < 0$，

表明该国的农业政策为负保护，其绝对值越大，则表明负保护力度越强。

NRP 是一种比较简单的测试方法，只要国内价格和世界价格的数据可靠，就很容易计算，并且当保护政策只限于关税政策时，名义保护率就等于产品的关税率。因此，它可以比较准确地反映边境措施对农业保护的效应及政府对价格的影响情况，相关资料的收集也较容易。其最大的不足是仅集中在农业保护政策的价格效应，而现实的农业保护政策早已突破了边境手段和价格支持措施，因此，其在现实中的运用受到很大限制。

二、有效保护系数

有效保护系数（Effective Protection Coefficient，EPC）由澳大利亚学者 Corden 于 1966 年提出，以国内价格计算的单位农产品产出的增值与以世界市场价格计算的单位农产品增值之间差额的百分数来测算农业补贴水平。其公式为：

$$ERP = \frac{VA_d - VA_w}{VA_w} \times 100\% \qquad (2-9)$$

其中 VA_d 为按国内价格计算的单位农产品的增值，VA_w 为按世界价格计算的单位农产品的增值。如果 $ERP > 0$，表明一国的农业政策为正保护政策；相反，则为负农业保护政策。尽管此法在原理上与 NRP 基本相同，但它不仅考虑了保护政策对最终产品的价格影响，同时还考虑了对中间投入品价格的干预效应，从而把国内支持政策纳入了农业保护水平的测算。其不足主要有两点：一是对农业所投入的大量生产成本资料不易获得；二是有关政府对农业生产者的收入支持政策和投入品补贴并不直接影响农产品的增值，这种方法也就无法去测量，所以其应用同样受到一定限制。

三、生产者支持估计值

农业支持水平的评估方法有很多，但是应用最广泛的当属 OECD 设计的生产者支持估计（Producer Support Estimate[①]，PSE）和世界贸易组织提出的综合支持量（Aggregate Measureof Support，AMS）。PSE 与 AMS 既高度相关又存在明显差异。第一，PSE 的主要目的是监测和评估农业政策改革的进程，它更能综合反映农业支持水平及其构成的全貌；然而 AMS 是 WTO 农业协议要求削减农业国内支持这一法定承诺的基础，它是一个多边贸易谈判工具。第二，两者的政策涵盖范围不同。前者涵盖了所有源于农业政策对农民的转移性支付，而后者仅包括产生

---

① 1999 年以前，生产者支持估计值被称为生产者补贴等值（Producer Subsidy Equivalent）。

最大程度产出和贸易效应的国内农业支持政策（黄箱补贴措施），排除了 WTO 有关市场准入贸易政策及出口补贴规则（export subsidy disciplines），它还排除了限制产量政策（蓝箱政策），部分没有或仅有很小程度的贸易扭曲政策（绿箱政策），当特定产品和非特定产品的国内支持水平低于一个特定的最低支持水平（a specified de minimis level）时，还排除了一定的贸易扭曲政策（如投入补贴）。因此，对于同一评估对象，PSE 要高于 AMS。例如，美国 1995～1998 年间 PSE 平均值比 AMS 高出 5 倍多。第三，测度市场价格支持的方法存在差异。PSE 中的市场价格支持是使用某一既定年度的农产品实际生产价格和参考价格（边境价格）计算的农户水平（at the farm gate level）测度的，而 AMS 中的市场价格支持是运用由政策制定者确定的年度价格（管制定价，administered prices）与 1986～1988 年世界价格的差额计算的。因此，OECD 政策评价方法更能全面反映一国的农业支持情况，体现了国内支持政策和贸易政策的互联性，而且能够很好地为政策分析服务。

这种方法最初由美国 T. Jostling 教授于 1973 年提出，1977 年和 1981 年得到发展而成。1987 年经合组织、关贸总协定和美国农业部经济研究局等又进行了不同程度的修正与完善。FAO（1975）建议使用生产者补贴等值来衡量农业补贴的水平。在公开的讨论中，支持、补贴、补助及对生产者的援助等术语经常可以互换着用来描述源于以提高农民收入或降低生产成本为目标的政府政策对农户的转移支付。OECD 则使用了中立术语"支持"来测度源于农业政策的年度转移支付的货币价值，而不论其目标是什么。OECD 有几个指标来测算农业支持，OECD 的方法将所有与农业政策相关的转移支付分为三类：对生产者的转移支付、对消费者的转移支付（CSE）及对农业部门一般服务的转移支付（GSSE），如表 2－3 所示。其中，最主要和核心的一个是生产者支持估计值，PSE 是其他几个相关测度指标[①]的基础，其他几个相关指标是由 PSE 演变而来的。

生产者支持估计值是一个衡量以生产者接受价格计算（at the farm－gate level）的从消费者和纳税人到农业生产者所有转移支付年度货币价值总额的指标。这些转移支付源于支持农业的政策措施，无论这些政策措施的性质、目标或者对农业生产以及收入的影响如何（OECD，2002）。PSE 主要由如下几个部分构成：

（1）预算转移支付：基于农产品产量、使用的投入要素数量、饲养的牲畜

---

① 名义保护系数（Nominal Protection Coefficient）、名义补助系数（Nominal Assistance Coefficient）、消费者支持估计值（Consumer Support Estimate）、一般服务支持估计值（General Services Support Estimate）、总支持估计值（Total Support Estimate）。

数量、耕种面积、农户收益或收入等标准提供给农户的转移支付、为补偿供应商将投入品以低价出售给农户而对供应商的转移支付以及对提供农场服务的补贴的政策措施。

表 2-3 中国农业政策措施按 OECD 口径分类

OECD 代码	政策分类	中国农业政策措施
III	生产者支持估计值（PSE）	A＋B＋C＋D＋E＋F＋G
A	基于产出的支持（包括市场价格支持和基于产出的支付）	农产品的口岸政策和国内市场干预政策、烟叶税（负值）
B	基于投入使用的支付	良种补贴、农机具购置补贴、国内市场干预政策、优质生猪饲养补贴、能繁母猪保险保费补贴、粮食保险保费补贴
C	基于当前种植面积、牲畜数量、收入且有生产要求的支付	粮食直接补贴、自然灾害救济、优质后备母牛补贴、能繁母猪补贴、优质母牛饲养补贴、农资综合直补
D	基于非当前种植面积、牲畜数量、收入且有生产要求的支付	无
E	基于非当前种植面积、牲畜数量、收入且无生产要求的支付	扶贫项目
F	基于非产品标准的支付	退牧还草、退耕还林
G	其他	
IV	一般服务支持估计（GSSE）	H 到 N 的总和
H	研究开发	农业科技三项费
I	农业教育	农业职业教育
J	农产品质量检验	农业检验检疫、病虫害控制
K	基础设施建设	农村基础设施建设投资
L	流通和市场促销	无
M	公共储备	国家粮食和棉花储备费用
N	杂项	农业、农机、畜牧业事业费
V	消费者支持估计值（CSE）	消费者价格补贴

资料来源：http://www.oecd.org/tad/support/psecse。

（2）市场价格支持（MPS）：维持农产品国内价格高于其边境价格的政策措施。

（3）放弃的财政收入（Revenue Forgone）：通过税收优惠、费用减免等隐性转移支付以降低农户投入成本的政策措施。

PSE 是市场价格支持（MPS）与对生产者的预算支付之和。MPS 衡量的是由于实施造成某种农产品国内市场价格与边境价格价差的政策措施，而引起的消费者和纳税人向农产品生产者转移的价值总量。对生产者的预算支付主要包括基于产出的转移支付、基于种植面积/牲畜数量的转移支付、对投入品的补贴和对农业总收入的转移支付等。生产者补贴等值计算公式为：

$$PPSE = \frac{总转移支付额}{农产品总价值} = \frac{Q \times (P_d - P_w \times X) + D + I}{Q \times P_d + D} \times 100\% \qquad (2-10)$$

其中，Q 为农产品产量，P_d 为以本国货币表示的生产价格，P_w 为以世界货币表示的世界价格，X 为汇率，D 为政府的直接支付，I 为通过投入品补贴（input subsidies）、营销补助（marketing assistance）、汇率扭曲（exchange rate distortion）等政策实现的间接补贴。

从上式可以看出，即使政府补贴保持不变，世界价格、汇率以及农产品产量等任一因素发生变化均会引起农业生产等值的变化。进一步分析，各组成部分在农业生产等值计算中所占的权重是不同的。例如，农产品价格支持包含在 P_d 中，直接转移支付（D）在分子和分母中同时出现，而间接转移支付（I）只出现在分子中。因此，这就为各国在不改变对耕种者补贴总额且降低农业生产者等值的条件下改革农业补贴政策工具提供了可能。美国农业部（USDA）运用此法估计了 1982~1987 年诸多国家的农业生产等值。由于农业生产等值的估计过程是相同的，所以此法得到较为广泛的应用。

四、综合支持量

WTO 主要使用综合支持量（Aggregate Measureof Support，AMS）来衡量成员国的农业支持水平，并以此作为国际贸易谈判时削减国内支持的主要依据。综合支持量是指对生产者生产某种特定农产品或者给全体农业生产者生产非特定农产品提供的支持措施的年度货币价值，主要由市场价格支持和政府预算支出组成。政府预算支出又可以细分为特定产品综合支持量和非特定产品综合支持量。综合支持量衡量的是对生产和贸易产生扭曲作用的农业支持政策措施，也就是通常所称的"黄箱"措施。具体包括：①价格支持；②营销贷款；③面积补贴；④牲畜数量补贴；⑤种子、肥料、灌溉等投入补贴；⑥某些有补贴性质的贷款计划。乌拉圭回合农业协议规定了成员国削减 AMS 的义务，以 1986~1988 年基期 AMS 为基础，从 1995 年开始，发达国家在 6 年内削减 20%，发展中国家在 10 年内削减 13%，最不发达国家无须做出削减承诺。

AMS 作为一国国内支持的尺度或标准，等于农产品的国内价格与世界市场价格的差额与符合支持标准的商品量的乘积，再加上不按产量或价格提供的国内补贴的总和。综合支持量包括所有特定农产品的综合支持量、所有非特定农产品的综合支持量及所有特定农产品的支持等值。

不同国家对农业补贴测度方法的认可度是有差异的。日本赞同使用 AMS，美国和凯恩斯集团①特别认同 PSE，如果考虑产出控制计划，欧盟更愿意接受 PSE，北欧由于更加支持取消相关贸易扭曲，所以赞成使用加拿大的贸易扭曲等值（trade distortion equivalent）。

第六节　中国农业补贴的现实依据：农业补贴特殊性分析

我国实行农业补贴政策，除经济学的一般理论依据，还必须考虑全球化背景与我国国情。作为 WTO 成员国，中国面临的农业补贴国际环境严峻、复杂而又不公平。作为一个发展中国家，农业补贴战略的制定还囿于人口、资源以及快速工业化和城镇化进程所带来的重重制约。在世界农产品贸易体制下，"发展中国家应该享有更多的灵活性，以满足在粮食安全和农业发展等方面的要求"②。但事实并非如此，广大发展中国家在某种程度上面临着比发达国家更为严峻的国际国内形势。

---

① 由 14 个农业生产和出口国于 1986 年 8 月在澳大利亚凯恩斯成立。它包括大部分从事农产品出口的发展中国家，它们因生产效率低和资金缺乏而深受欧美国家出口补贴之苦，强烈要求纠正在农产品贸易上的扭曲现象，又称为碑石组织。在乌拉圭回合多边贸易谈判中凯恩斯集团是一个坚强的联合体，它要求撤消贸易壁垒并稳定削减影响农业贸易的补贴。这些国家有澳大利亚、阿根廷、巴西、智利、哥伦比亚、匈牙利、印度尼西亚、马来西亚、菲律宾、新西兰、泰国、乌拉圭、斐济和加拿大 14 个国家，其农产品出口占世界出口总量的 25%，但是这些国家都没有对其农产品给予补贴。1999 年 11 月 29 日，该集团决定吸收玻利维亚、哥斯达黎加和危地马拉 3 个美洲国家为其成员。现在其 19 个成员国包括：阿根廷、澳大利亚、巴西、加拿大、智利、哥伦比亚、秘鲁、巴基斯坦、玻利维亚、哥斯达黎加、危地马拉、印度尼西亚、马来西亚、新西兰、巴拉圭、菲律宾、南非、泰国和乌拉圭。这 19 国占有四分之一的世界农业出口量。

② Proposal for WTO Negotiations on Agriculture Submitted by the Republic of Korean, 9 January, 2001, G/AG/NG/W/98.

一、中国农业自然禀赋差，弱质性更明显

农业先天弱质性是由农业的自然特性决定的，中国农业发展由于受自身环境、经济发展条件的限制，其弱质性比其他国家更为突出。首先，农业具有自然风险。农业生产对象是有生命活力的生物有机体。农业再生产过程始终是生物有机体生命力的保持和延续，因此，农业再生产过程是自然再生产过程与经济再生产过程的融合，这是农业生产的根本特征（李建平，2007）。农业生产在很大程度上受制于自然环境条件，而自然条件往往是难以预料的，当农业生产面临自然灾害侵袭时，农民很难采取有效防护措施。在中国的大部分农村地区，农业种植大都望天收成，水利、交通等基础设施不齐全、农业生产科技水平较低以及农业生产的组织化程度低，导致农业抵御自然灾害和市场风险的能力较弱。

尽管从农业经济总规模看，中国堪称世界农业大国，但与欧美等一些发达国家相比，中国农业基础显得更为薄弱。无论从农业生产基础、生产方式还是生产效率上比较，中国与发达国家均存在较大差距。中国人均耕地面积仅为 0.1 公顷，不到世界平均水平的 1/2、美国的 1/6、加拿大的 1/4。就农业生产方式而言，美国、加拿大等发达国家在 20 世纪 70 年代就基本实现了农业生产的全面机械化和现代化，20 世纪 90 年代全球卫星定位系统被广泛应用于农业生产，农业工人的装备水平已接近甚至超过产业工人。与此形成鲜明对比的是，中国依然实行以农户家庭为单位的小规模经营，农业机械化总体水平较低，2007 年底，耕种收综合机械化水平仅为 42.5%，相当于日本 20 世纪 70 年代中期、韩国 20 世纪 80 年代初期的水平。水稻机械化栽植水平为 11.1%，玉米机收水平仅为 7.2%，油菜和棉花生产机械化水平更低，许多经济作物、林果业、畜牧水产养殖、设施农业的机械化水平还处于起步阶段（张桃林，2009）[1]。人力、畜力及传统的耕作工具和种植方式仍占主导地位。落后的农业生产条件和生产方式阻碍了农业生产效率和农产品竞争力的提高。因此，必须加强农业保护，采用农业补贴方式，加大对农业的投入，提高农民生产积极性。

二、中国粮食安全问题更为突出

发展中国家的农村人口占比较高，且绝大多数贫困人口主要集中在农村。像中国这样一个人口大国，如果纯粹从经济效益角度出发一味地发展第二、第三产

---

[1]　张桃林．努力推动农机化工作再上台阶［J］．中国农民合作社，2009（3）：4-6．

业，而使国民赖以生存的粮食供给完全依靠国际农产品市场（进口），显然是有失理性的。中国每年的粮食消费量约为全球粮食进出口量的 4 倍。世界市场的粮食价格与中国的粮食消费极度相关。中国粮食进口量的增加，将会引发世界市场粮食价格的飙升。一旦国际形势发生变化，极可能陷入受制于人的被动局面，甚至有可能危及国家的独立和安全。基于此，中国面临的农业生产和粮食进出口问题比其他国家都更为严峻。因此，有效保障农产品战略物资，正是中国乃至世界大国实施农业补贴、促进农业发展的根本原因。

三、中国农业人口众多，农业补贴承载巨大财政压力

2014 年末，全国总人口为 136782 万人，其中农村人口为 61866 万，占总人口的 45.23%[①]。中国用世界 8% 的耕地养活了约 20% 人口，这是中国的基本国情。中国不仅是世界人口之最，而且也是世界农业人口之最，中国农业承受着比其他国家都要大的压力。在美国，由于农业人口仅占全国人口的 3%，每年给 2.5 万棉农大约 30 亿美元的补贴，平均每户棉农得到的补贴高达 1.2 万美元，这相当于中国一户棉农 7~10 年的产值。然而对于中国全部农业人口而言，即使每年给予每个中国农民几十元的补贴，对于财政实力尚不足够充裕的中国而言也是一笔很重的负担，何况几十元的补贴也不可能从根本上解决贫困农民的增收问题。所以，仅从这个意义而言，中国农业补贴面临的财政压力远远大于其他国家。

四、中国农业方面的"加入 WTO"承诺使中国农业补贴面临的国际形势更加严峻

对农业提供巨额补贴仍然是目前发达国家保护本国农业发展的基本策略。尽管 WTO《农业协定》在一定程度上规制了国际农业补贴纪律，改善了国际农业竞争环境，但目前发达国家仍然普遍实施高额农业补贴政策，这既不利于公平竞争国际农业环境的建立，也严重损害了中国及其他发展中国家的经济福利。即使如此，就整体农业补贴的国际环境而言，中国为加入 WTO 做出了诸多不利承诺。首先，中国作为发展中国家却只能享有包括发展性支持在内的 8.5% 的综合支持量，并且承诺放弃各国尤其是欧盟普遍采用的对所有农产品的出口补贴。其次，面临反倾销指控和"绿色贸易壁垒"。目前，由于中国大多数农产品多年来过量

---

① 数据来源于国家统计局官方网站。

使用农药、化肥等化学品，有害物质的残留较严重，致使大部分农产品质量低，与国际市场绿色产品标准相去甚远，造成农产品出口受挫。最后，中国部分农产品由于受劳动力密集因素的影响，农产品价格低于国际市场的一般价格，将面临反倾销指控，不利于中国农产品打入国际市场。由此可见，WTO 相关国际法律规则对中国农业国内支持和农产品出口补贴的限制比其他国家更为严格，中国农业补贴面临的国际环境更为严峻。

第七节　农业补贴的国际环境：WTO 农业补贴规则

在加入 WTO 后农产品市场全面开放的环境下，中国农业不可避免地要参与国际农业竞争。尽管乌拉圭回合达成的《农业协定》一定程度上改善了国际农业贸易环境，但目前发达国家仍然普遍实施高额农业补贴政策，既不利于建立公平竞争的国际农业发展环境，也严重损害了中国和其他发展中国家农业的利益。在 WTO 新一轮农业多边贸易谈判中，农业补贴问题再度成为各国谈判的焦点。抑制发达国家农业保护主义，争取公平竞争的国际农业贸易环境，对 WTO 背景下中国农业发展有着深远的战略意义。

2004 年 8 月 1 日，WTO 成员就"多哈回合"全球多边贸易谈判的主要议题达成框架性协议，其中最重要的成果就是，明确规定在全球范围内逐步取消农产品的出口补贴、降低进口关税，发达国家承诺最终取消出口补贴、大幅度削减国内支持、实质性改进市场准入条件。欧盟部长理事会也通过了农业政策改革决议，改革的方向是"彻底地改变欧盟对农业的支持方式"，改革的核心内容是将原来与生产挂钩的"蓝箱"支持转变为与生产不挂钩的"单一的农场补贴"，即"绿箱"支持，逐步取消对农产品的直接补贴。改革政策的各项具体措施，分别从 2004 年和 2005 年开始执行。

一、农业补贴法律制度溯源：GATT 农业补贴规则

1947 年 10 月 30 日，签署的《关税与贸易总协定》（GATT1947）是真正意义上有关补贴的多边国际规则。但由于 GATT1947 并未对农产品与工业品做出明确区分，因此，对于缔约方而言，它既适用于工业制成品贸易，也适用于农产品贸易，可以视为农业补贴国际规则的源头。GATT1947 对补贴的明确规定主要体

现在第 16 条及第 6 条的相关条款中。GATT1947 第 16 条界定了一般补贴和出口补贴，从表述上看，并没有原则上禁止使用补贴，仅仅是要求缔约国将补贴的性质、范围等有关信息通知缔约国大会。即使一缔约国实施补贴并给另一缔约国造成严重损害，实施补贴的缔约国也只负有与有关缔约国或全体缔约国进行协商的义务。对农产品出口补贴也未做出严格的限制，只是模糊地指出"应力求避免"，并且规定缔约方只要不使自己的初级产品在世界出口贸易中占有不合理份额，即可对该初级农产品实施出口补贴，但并没有明确指明不合理份额应如何界定。从 GATT1947 第 16 条的补充规定中不难看出，GATT 对农业获得的国内支持（财政政策、投入补贴、税收减免等）是持容忍态度的。该补充规定指出，凡与出口价格无关，为稳定国内价格或为稳定某一初级产品的国内生产者收入而建立的制度，即使它有时会导致出口产品的售价低于相同产品在国内市场销售时的可比价格，也不应视为出口补贴。这一点在 GATT1947 第 6 条中同样得到了体现。GATT1947 第 6 条对反补贴措施的适用条件、方式和范围做出规定，但对农业补贴做了例外的规定。GATT1947 第 6 条第 7 款规定，各缔约方只要将农产品及其加工品纳入初级产品之列，那么他们为稳定农民收入及农产品价格而实施的农业补贴措施就具有合法性，不会遭到其他缔约方征收反补贴税的抵制（马述忠和冯冠胜，2010）。

通过上述分析可以看出，GATT1947 第 16 条及第 6 条之规定开创了国际补贴及反补贴法的先河，但并没有针对农产品贸易制定专门的行业协定，而只是泛泛地将农产品贸易纳入关税与贸易总协定的框架之下，与工业制成品适用同样的规则。由于农业问题的敏感性，使农产品贸易具有一定的特殊性，GATT1947 针对农产品贸易问题做了一些例外规定和免责安排，从而使农产品贸易一直游离于关税和贸易总协定之外，对农业补贴的约束成为空谈，各国对农产品及加工品的补贴行为日趋激烈，农产品贸易冲突越来越尖锐，国际农产品贸易的公平竞争秩序遭到严重破坏。正因如此，将农业补贴问题纳入 GATT 规则的有效约束之下就成为一种客观要求，经过长期努力，乌拉圭回合《农业协定》应运而生（马述忠和冯冠胜，2010）。

二、农业补贴法律制度的正式起步：乌拉圭回合《农业协定》有关农业补贴的规则

始于 1987 年 2 月的乌拉圭回合农业谈判历经波折，于 1993 年 12 月 15 日达成最终协定方案——《农业协定》（*Agreement on Agriculture*），这标志着 WTO 有关农业补贴规则正式诞生。《农业协定》由序言、正文等 13 个部分 21 个条款和 5 个附件构成。WTO《农业协定》是目前规范和约束各成员国农业补贴政策措施和农产品贸易的基本准则。然而事实上，"农业补贴"这一术语并未出现在 WTO《农业协定》中，WTO 在处理农业补贴问题时，将其分为国内支持和出口补贴两个问题分别加以规范。由于我国在加入 WTO 时承诺放弃出口补贴，所以本项目所研究的农业补贴除特别说明外均指国内支持。概括而言，WTO《农业协定》按照对生产和贸易影响的不同将农业补贴措施分为两类：一类是绿箱政策，不要求各成员国做削减承诺的措施；另一类是黄箱补贴措施，要求各国做削减和约束承诺的措施。协定还专门规定了对发展中国家农业国内支持与补贴的特殊差别待遇（马述忠和冯冠胜，2010）。

但在《农业协定》文本中，并未对农业补贴做出明确的界定，而是通过对国内支持和出口补贴的限定来规范农业补贴问题。本部分主要从上述两个方面阐述《农业协定》有关农业补贴的规则。

（一）国内支持

《农业协定》按照对生产和贸易影响程度的不同，将国内支持分为两类：一类是绿箱补贴措施，对生产和贸易不产生扭曲效应或效应非常微弱，不要求各成员国做出削减和约束承诺；另一类是黄箱补贴措施，对生产和贸易有直接扭曲作用，要求各成员国做出削减承诺。此外，还有一种蓝箱补贴措施，是指在限制生产面积、牲畜头数和产品产量等条件下实行的价格支持措施，它是黄箱补贴措施的特例，无须成员国做出削减承诺。

1. 绿箱补贴措施

《农业协定》规定政府执行某项农业计划时，其费用由纳税人负担，而不是从消费者转移而来，没有或仅有最微小的贸易扭曲作用且对农产品生产影响很小的支持措施以及不具有给生产者提供价格支持作用的补贴措施，均被认为是"绿箱补贴"，因此《农业协定》规定成员方无须承担约束和削减义务。

（1）绿箱补贴措施的一般要求和基本标准。《农业协定》附件 2 规定，免除削减承诺的国内支持措施应满足如下基本要求，即没有或仅有很小的贸易扭曲作用或对生产没有或只有极小的影响。因此，要求免除削减承诺的所有措施应符合下列基本标准：①所涉支持应通过政府供资的政府计划提供（包括放弃的政府税收），而不涉及来自消费者的转移；②所涉支持不应具有对生产者提供价格支持的作用。

（2）绿箱补贴措施的具体范围。按照《农业协定》的规定，绿箱补贴措施具体包括一般服务、用于粮食安全目的的公共储备、国内粮食援助和对生产者的直接支付四大类，共计12项，具体如表2-4所示。

表2-4 《农业协定》对绿箱补贴措施具体措施的分类

大类项	小类项
一般服务	农业科学研究；病虫害控制；培训服务；推广和咨询服务；检验服务；营销和促销服务；农业基础设施建设
用于粮食安全目的的公共储备①	
国内粮食援助②	
对生产者的直接支付	不挂钩的收入支持
	收入保险和收入安全网计划中政府的资金投入
	自然灾害救济
	通过生产者退休计划提供的结构调整援助
	通过资源停用计划提供的结构调整援助
	通过投资援助提供的结构调整援助
	环境计划下的支付
	地区援助计划下的支付
	其他对生产者的直接支付

资料来源：根据WTO *Agreement on Agriculture* 整理。

2. 黄箱补贴措施

（1）黄箱补贴措施的范围。黄箱补贴措施是指有利于农产品生产者，对农产品生产和贸易产生扭曲作用的政策措施，《农业协定》要求各成员国必须承担约束与削减义务。《农业协定》附件3对黄箱补贴措施范围做了较为严格、细致的界定，主要包括以下支持措施：①价格支持；②营销贷款；③按农产品种植面积实施的补贴；④牲畜数量补贴；⑤种子、肥料、灌溉等投入补贴；

---

① 就附件2第3款而言，发展中国家为粮食安全目的而实施的政府储备计划，如运营是透明的并依照正式公布的客观标准或准则实施，则应被视为符合本款的规定，包括按管理价格收购和投放的、用于粮食安全目的的粮食储备计划，只要收购价格与外部参考价格的差额在综合支持量中加以说明。

② 以定期和按合理价格满足发展中国家中城乡贫困人口的粮食需要为目标的按补贴价格提供的粮食，应被视为符合本款的规定。

⑥某些有补贴的贷款计划；⑦其他无免除直接支付或任何不在免除削减承诺之列的补贴。

（2）计算标准与方法。《农业协定》要求各成员方用综合支持量来衡量黄箱补贴措施的年度货币价值总额，并以此作为国际贸易谈判时削减国内支持的主要依据。综合支持量是指对生产者生产某种特定农产品或者给全体农业生产者生产非特定农产品提供的支持措施的年度①货币价值，主要由市场价格支持和政府预算支出组成。具体来说可以分为四种测算口径（见表2-5），其中综合支持量是《农业协定》规定的黄箱补贴措施支持削减承诺的表现形式之一，如果综合支持量为正值，则表明农业获得了正保护；相反，则表示农业得到负保护。综合支持量包括所有特定农产品的综合支持量、所有非特定农产品的综合支持量，以及所有特定农产品的支持等值。关于综合支持量和特定农产品支持等值的具体计算方法，在《农业协定》附件3及附件4中做出了相应的规定（见表2-6）。

表2-5　综合支持量的四种测算口径及内涵

序号	测算口径	内涵
（1）	特定农产品综合支持量（Product – Specific Aggregate Measurement of Support）	主要指政府通过市场价格支持、非免除直接支付等手段向具体农产品提供的货币支持
（2）	非特定农产品综合支持量（Non – Product – Specific Aggregate Measurement of Support）	没有或不能包括在特定农产品综合支持量中的措施，包括通过投入补贴、信贷以及其他财政援助等措施提供的货币支持
（3）	特定农产品支持等值（Product – Specific Equivalent Measurement of Support）	指以货币表示的、通过使用一项或多项措施向基本农产品生产者提供的、不能依照 AMS 方法计算的年度支持水平
（4）	综合支持总量（Total Aggregate Measurement of Support）	指有利于农业生产者的所有国内支持的总和，包括特定农产品综合支持量、所有非特定农产品综合支持量及所有特定农产品支持等值的总和：（4）=（1）+（2）+（3）

资料来源：根据 WTO *Agreement on Agriculture* 整理。

（3）约束与削减承诺。①一般削减承诺。《农业协议》第6条第1款规定，各成员方的国内支持措施削减承诺是以综合支持量和"年度和最终承诺水平"表

---

① 年度是指在成员减让表中列明的日历年度、财政年度或销售年度。

表2-6 综合支持量的计算方法

项目	类别	计算方法
特定农产品 AMS	市场价格支持	市场价格支持的计算应使用固定外部参考价格①与实际管理价格之间的差额乘以有资格接受该实际管理价格的农产品数量。为维持该差额的预算支出，如购进或储存费用等，不得计入综合支持量。
	不可免除直接支付	方法一：固定参考价格与实际管理价格之间的差额乘以有资格接受该管理价格的农产品数量计算；方法二：使用预算支出计算
非特定农产品 AMS		其他不可免除的措施，包括投入补贴和降低销售成本等其他措施价值应使用政府预算支出计算；如果使用预算支出不能全面反映有关补贴的情况，则计算补贴的基础应为补贴货物或服务的价格与类似货物或服务的有代表性的市场价格之间的差额乘以货物或服务的数量
特定农产品 EMS		应使用实施管理价格和有资格接受该价格的产量计算市场价格支持等值；在不可行的情况下，应使用维持生产者价格预算支出计算

资料来源：根据 WTO *Agreement on Agriculture* 翻译整理。

示的。《农业协议》规定了成员国削减 AMS 的义务，以 1986~1988 年为基期，计算基期综合支持总量。要求从 1995 年开始，发达国家在 6 年内（1995~2000年）每年以相同的比例削减20%的综合支持量，发展中国家在 10 年内（1995~2004 年）每年以相同的比例削减13%综合支持量，最不发达国家无须做出削减承诺。②微量允许水平（*de minimis*）。《农业协定》第 6 条第 4 款规定，成员方无须将下列两项内容包含在其现行综合支持总量的计算中，也无须削减：首先，在计算某一特定农产品综合支持量时，如计算结果不超过该农产品生产总值的5%（发展中国家为10%）；其次，在计算非特定农产品综合支持量时，如计算结果不超过全部农业生产总值的5%（发展中国家为10%）。③对发展中国家的特殊和差别待遇。WTO 承认在履行《农业协定》规则和纪律的义务时各成员之间的能力存在较大差异，因此，降低了对发展中国家的要求，以促进其农业稳定发展。除在一般削减承诺和最低减让标准给予发展中国家特殊待遇外，《农业协定》第 6 条第 2 款，依照中期审评协议，政府直接或间接鼓励农业和农村发展的

---

① 固定外部参考价格应以 1986~1988 年为基期，在净出口国一般应为基本农产品的平均离岸价，在净进口国一般应为基本农产品的平均到岸价。如必要，可按质量差异调整固定参考价格。

援助措施属发展中国家发展计划的组成部分，对于发展中国家成员中农业可普遍获得的投资补贴和发展中国家成员中低收入或资源贫乏生产者可普遍获得的农业投入补贴，以及鼓励对以生产多样化为途径停止种植非法麻醉作物而给予生产者的国内支持也应免除削减承诺。符合本款标准的国内支持无须包括在综合支持总量的计算之中。

3. 蓝箱补贴措施

蓝箱补贴措施是《农业协定》中对那些与生产限制相关的可免予减让承诺的一些"黄箱"支持政策的统称。《农业协定》第6条第5款规定下列条件下的限产计划下的直接补贴不在削减国内支持的承诺之列：①按固定面积和产量实施的补贴；②按基期生产水平的85%或85%以下提供补贴；③按牲畜固定头数提供的补贴。在计算某一成员综合支持总量时，应将符合上述标准的直接支付的价值总额排除在外。

（二）出口补贴

1. 出口补贴削减的适用范围

《农业协定》第1条第5款对出口补贴做出如下界定："出口补贴"指视出口实绩而给予的补贴，包括本协定第9条所列的出口补贴。《农业协定》第9条第1款罗列了农产品出口补贴削减承诺的适用范围，如表2-7所示。

表2-7　《农业协定》对农产品出口补贴削减承诺的适用范围的规定

序号	适用于削减承诺的农产品出口补贴适用范围
（1）	政府或其代理机构视出口实绩而向公司、行业、农产品生产者、农产品生产者的合作社或其他协会或销售局提供的直接补贴，包括实物支付
（2）	政府或其代理机构为出口而销售或处理非商业性农产品库存，价格低于向国内市场中同类产品购买者收取的可比价格
（3）	依靠政府措施供资的对一农产品出口的支付，无论是否涉及来自公共账户的支出，包括由对有关农产品或对产生该出口产品的农产品征税的收入供资的支付
（4）	为减少出口农产品的营销成本而提供的补贴（可广泛获得的出口促进和咨询服务除外），包括处理、升级和其他加工成本，以及国际运输成本和运费
（5）	政府提供或授权的出口装运货物的国内运费，其条件优于国内装运货物
（6）	视出口产品所含农产品的情况而对该农产品提供的补贴

资料来源：根据WTO *Agreement on Agriculture* 第9条第1款翻译整理。

2. 出口补贴削减的原则与具体规定

（1）《农业协定》确立的出口补贴削减规则。《农业协定》第3条第3款确立了农产品出口补贴的具体规则，即"在遵守第9条第2款（b）项和第4款之规定的前提下，一成员对其减让表第四部分第二节中列明的农产品或产品组提供第9条第1款所列的出口补贴，不得超过减让表中列明的预算支出和数量承诺水平，也不得对其减让表中该节未列明的任何农产品提供此类补贴"。

（2）出口补贴削减的具体规定。《农业协定》对农产品出口补贴削减的具体规定如表2-8所示，计算出口补贴的基期为1986~1990年，这与本协定在规定有关国内支持削减等方面所使用1986~1988年的基期是不同的。其原因主要是各成员方（主要是发达国家）在1986~1990年的出口补贴大幅度增加，将此时间段作为计算基期，可以提高出口补贴的基期总量，按一定比例削减后仍可保持一个较高的出口补贴比例；削减出口补贴的实施期限是发达国家为6年，发展中国家为10年，最不发达国家无须做出任何削减，自然没有期限的规定。出口补贴的减让方式有两种：一是补贴预支出减让。即以1986~1990年的平均水平为尺度，在实施期结束时，发达国家将出口补贴支出减少36%，发展中国家减少24%。二是数量减让。即以1986~1990年的平均水平为尺度，在实施期结束时，发达国家将得到补贴的农产品出口数量减少21%，发展中国家减少14%。

表2-8 农产品出口补贴削减的具体规定

项目		发达国家	发展中国家	最不发达国家
基期		1986~1990年	1986~1990年	1986~1990年
实施期		1995~2000年	1995~2004年	—
削减比例	补贴支出	36%	24%	0
	补贴数量	21%	14%	0

资料来源：根据WTO *Agreement on Agriculture* 第9条第2款翻译整理。

此外，在实施期第二年至第五年的任何一年中，一成员在给定年度提供的表2-8所列的出口补贴可超过该成员减让表第四部分列明的该产品或产品组的相应年度承诺水平，但必须满足以下条件：①自实施期开始起至所涉年份止，此类补贴的预算支出累计数额与完全符合该成员减让表列明的相关年度支出承诺水平所产生的累计数额相比，未超过此类预算支出基期水平的3%；②自实施期开始起至所涉年份止，得益于此类出口补贴的累计出口数量与完全符合该成员减让表列明的相关年度数量承诺水平的累计数量相比，未超过基期数量的1.75%；③在整个实施期内，此类出口补贴的预算支出和得益于此类出口补贴的数量的累计总和，不高于完全符合该成员减让表列明的相关年度承诺水平时的总和；④在实施期结束时，该成员出口补贴预算支出和得益于此类出口补贴的数量分别不高于1986～1990年基期水平的64%和79%。对于发展中国家成员，这些百分比应分别为76%和86%。

《农业协定》第9条第4款对发展中国家的免除义务做了规定，即在实施期内，发展中国家成员无须就为减少出口农产品的营销成本而提供的补贴和在农产品国内运输方面提供的补贴做出承诺，只要这些补贴不以规避出口削减承诺的方式实施。

三、农业补贴法律制度的发展：多哈回合《农业框架协定》有关农业补贴的规则

乌拉圭回合《农业协定》所建立的农业补贴规则，为削减具有生产和贸易扭曲作用的农业保护与支持政策措施确立了基本框架与准则，很大程度上推动了农产品贸易自由化的进程，但不可否认的是该协定有关农业补贴规则体现了一定的过渡性。根据《农业协定》第20条"改革进程的继续"的规定，各成员方应在实施期结束前一年继续改革进程的谈判，以达到实质性削减农业保护和支持之长期目标。2004年8月1日达成的多哈回合《农业框架协定》就是农业改革进程继续深化的成果。该协定对国内支持和出口补贴等问题做出了进一步削减的规定与指导性原则，是对WTO有关农业补贴法律制度的进一步完善。

（一）国内支持

1.《农业框架协定》对绿箱政策的约束

乌拉圭回合《农业协定》对有关绿箱政策的约束在实施过程中存在一些缺陷，如有些直接支付类绿箱政策对生产和贸易有明显的扭曲作用，有些政策看似对贸易扭曲作用较小，但在"绿箱"支付额很高、农业生产相对集中和专业化水平较高的情况下，其贸易扭曲作用相当大（Stuart and Fanjul，2005），并且《农业协定》对"绿箱"标准的规定过于宽松，导致各成员方在实际操作中把一些贸易扭曲作用较大的黄箱补贴措施纳入了"绿箱"范畴，以规避国内削减义务。因此，多哈回合《农业协定》要求对"绿箱"的标准重新审议。然而，绿箱政策具有其他国内支持政策无法替代的重要作用，正如Stuart和Riechert（2005）所言，"绿箱"措施有利于WTO成员向更为透明的政策转变，也有利于成员国实现一些重要的社会目标，所以导致多哈回合谈判各方在"绿箱"超标

准的审议和澄清时都格外小心，造成各方达成的《农业框架协定》对绿箱政策的约束也仍然限于原则性规定。

2.《农业框架协定》对黄箱补贴措施削减的新规定

《农业框架协定》主要从总体支持水平（OTDS）削减、综合支持总量约束水平（TAMS）削减及特定产品综合支持量封顶三个方面对黄箱补贴措施削减做出新的规定，同时提出了对微量允许水平削减的要求。

（1）总体支持水平削减。《农业框架协定》将对贸易产生扭曲作用的所有支持措施均纳入削减范围，具体包括"黄箱"、5%的"蓝箱"水平①、5%的特定产品和5%非特定产品微量允许（发展中国家为10%），并引入总体支持水平这一术语来涵盖上述范围。总体支持水平指在某一时期一国的综合支持量、"蓝箱"和微量允许水平的总和。《农业框架协定》规定要按照有待议定参数的分层公式进行总体削减扭曲贸易的"黄箱""蓝箱"和微量允许等国内支持措施，在第一年内总体支持水平至少削减20%。

（2）综合支持总量约束水平的削减。《农业框架协定》第8段规定，总体削减不能减免成员单项削减扭曲贸易的国内支持的义务。国内支持的削减必须同时满足总体削减和单项削减的要求。如果成员按一定公式对"黄箱"最终约束水平、微量水平以及"蓝箱"支付进行单项削减，且三者削减之和超过了总体削减幅度，则总体削减承诺不得视为扭曲贸易国内支持削减的上限。反过来讲，成员除了必须满足总体削减要求外，必须按照将来确定的削减公式分别削减"黄箱""蓝箱"及微量允许，如果单项削减之和小于总体削减，则各单项仍需进一步削减。

（3）特定产品综合支持量封顶。《农业框架协定》要求对特定产品的综合支持量进行封顶，一个比较简单的办法是将在基期内该产品支持量占农业产值的比重作为封顶指标，从而避免年度农业产值波动对削减带来的影响（Jales，2005）。对特定产品的削减幅度应与总体削减幅度持平，同时每个产品的削减幅度应成比例。虽然特定产品封顶可以限制各成员国在不同产品间转移扭曲贸易支付的能力，但并未要求对蓝箱的特定产品进行封顶。

（4）对微量允许水平削减的规定。《农业框架协定》第11段规定，各成品方就微量允许水平削减问题进行谈判，同时考虑特殊和差别待遇原则，并对发展中国家用于维持生存和资源匮乏的农民的微量允许支持免予削减。该条款明确提

---

① 指一成员国的"蓝箱"支持占历史时期农业平均总产值的5%，实际上是对"蓝箱"措施予以封顶。

出要对《农业协定》中免予削减的微量允许水平进行削减，只是削减幅度有待进一步谈判确定。《农业框架协定》要求同时削减特定产品和非特定产品的微量允许，但并没有规定削减的数量，还指出发展中国家也应该承担削减微量允许的义务，但是对发展中国家应享受的特殊与差别待遇未做出明确规定。

3.《农业框架协定》对蓝箱政策的新规定

《农业框架协定》第13段至第15段对蓝箱政策做出相关规定。第13段中对"蓝箱"标准进行表述，保留了《农业协定》第6条第5款对"蓝箱"的基本标准和具体内容的规定，同时增加了一种新的"蓝箱"支持方式。根据《农业框架协定》第13段的表述，新"蓝箱"是一种与生产不挂钩的直接支付，其支付标准与原来的"蓝箱"相同，即均按照固定的基数与产量、按固定不变的牲畜头数或按基期生产水平的一定比例提供。

《农业框架协定》第14段授权各成员方对"蓝箱"原有标准及追加的标准进行谈判，以保证"蓝箱"的扭曲作用小于"黄箱"措施，对此可从两方面理解：一是新"蓝箱"标准需要考虑成员方权利和义务的平衡；二是对新"蓝箱"标准不会对正在进行的农产品贸易自由化改革招致违背常理的效力。

《农业框架协定》第15段对"蓝箱"设立了一个硬性指标作为封顶，即"蓝箱"支持不得超过一成员方在某一特定历史时期平均农业生产总值的5%。在5%的封顶内不要求削减，但按照《农业框架协定》对总体支持水平削减之规定，如果一成员方总体削减幅度达到很大比例时，则有可能需要进一步削减5%以内的"蓝箱"支持；如果总体削减幅度不大，对"蓝箱"削减的压力则比较小。

（二）出口补贴

《农业框架协定》在出口补贴方面达成的共识是，各成员方同意在可信的终止日期前取消出口补贴、出口信贷及国有贸易企业、粮食援助等出口竞争措施中的补贴成分，其中对发展中成员中享受保持国内消费价格稳定性和保证粮食安全特权的国有贸易企业将予以特殊考虑以维持垄断地位。

通过《农业框架协定》对农业补贴有关问题的规定可以看出，《农业框架协定》对农业补贴的约束进一步加强；对发展中国家的利益有所重视；有关农业补贴的规则需要新的谈判不断充实与完善。

四、中国加入世界贸易组织对农业补贴的相关承诺

作为WTO成员国，中国在确定基期国内支持和出口补贴水平时，均以

1996～1998 年为基期。根据《中华人民共和国加入议定书》及其附件等相关法律文件，中国在国内支持方面的承诺主要表现在如下几方面：第一，中国在基期综合支持总量和最终约束承诺水平均为零。第二，中国的微量允许水平为 8.5%。这一水平介于 WTO 发达国家成员国（5%）和发展中国成员国（10%）的一般标准之间。第三，中国放弃了享受给予发展中国家特殊和差别待遇的权利，即《农业协定》第 6 条第 2 款给予发展中国家特殊豁免的三项措施开支。

　　总体来看，在国内支持方面，中国符合《农业协定》的绿箱政策可以免予削减，黄箱补贴措施的补贴总额不能超过 8.5%。在出口补贴方面，由于 1996～1998 年基期内中国农产品出口补贴水平为零，因此，中国无须承担任何出口补贴削减义务，但同时意味着以后不得对农产品实施出口补贴。《中华人民共和国加入议定书》总则第 12 条明确规定："中国应执行货物贸易承诺和减让表中的规定，以及本协定书具体提及的《农业协定》的规定，据此，中国不得对农产品维持或采用任何出口补贴。"

第三章 中国农业补贴的
制度变迁与问题考察

本章将梳理中国农业补贴制度的变迁过程，阐释农业补贴政策的主要特征，分析当前农业补贴的政策体系与实施现状，深入考察中国农业补贴制度存在的突出问题，并剖析其基本原因。为准确评估和测度中国农业补贴的政策效应与效率、优化中国农业补贴制度作铺垫。

第一节 中国农业补贴制度演进过程分析

农业补贴的思想可以追溯至 17 世纪左右。然而，真正将农业补贴思想付诸实践并使其成为世界潮流是在 20 世纪 30 年代世界经济危机之后。在当今国际贸易格局中，几乎所有国家都在 WTO 农业补贴规则允许的范围内不遗余力地实施农业补贴，以达到提高本国农产品的国际竞争力、保障粮食安全、维护农产品价格稳定、提高农民收入以及实现农业可持续发展等目标。

深入系统地梳理中华人民共和国成立以来农业补贴制度的变迁并揭示其内在的演进逻辑，对于推动农业补贴理论发展和健全中国农业补贴制度，具有重要的理论价值与现实意义。中国同其他国家一样也实施了农业补贴。我国的农业补贴始于 20 世纪 50 年代末，最初是以国营拖拉机站的"机耕定额亏损补贴"形式出现，随后逐渐扩展到农业生产用电补贴、农用生产资料的价格补贴、贷款贴息补贴等方面。自 1978 年以来，农业获得了政策上的优惠和财政上的支持，尤其是

2004～2015 年中央连续 12 年发布的中央一号文件①均是以"三农"为主题的，其中多次强调"完善农业补贴制度"。这一系列农业补贴政策与连续多年发布的中央一号文件均表明了我国政府对农业问题的高度关注及实施农业补贴、支持农业发展的坚定决心。

一、中国农业补贴制度的变迁

中华人民共和国成立后，我国农业补贴制度大致经历了传统时期（1950～1978 年）、改革时期（1979～2002 年）和完善时期（2003 年以后）三个阶段的演变，实现了从"农业与农民利益受损、工业与城市消费者受益"到"工业反哺农业、城市支持农村"的重大转变。

（一）传统时期的农业补贴制度：1950～1978 年

1949 年，中华人民共和国成立后，在一清二白、生产资料极其稀缺的背景下，中国政府效仿了苏联优先发展重工业的战略，农业承担了为工业提供资金积累、支持工业发展的重大责任。同时出于对保障粮食安全的考虑，也实施了一些农业补贴政策。

（1）农业投入品补贴政策。20 世纪 50 年代，我国政府对农药、化肥、农膜等农业投入要素实施财政补贴，其主要形式有：一是购销差价补贴和经营亏损补贴。国家对化肥的购销差价给予财政补贴，如 1953～1957 年硝酸铵的购销差价每吨为 43～194 元由政府补贴；1957～1964 年尿素购销差价每吨 340 元同样由政府补贴。二是对农业生产资料的生产企业实行具有类似财政补贴性质的优惠政策。主要是以低于市场价的价格向农资生产企业提供原材料。在改革开放前，农用生产资料补贴逐年递增，至 1978 年已达 23.91 亿元（刘欢和刘贤钊，1995）。

（2）农产品价格补贴。1953～1985 年，为配合对粮食等主要农产品所采取的统购统销政策，我国实施了农产品购销差价补贴政策，当然主要补在流通和消费环节上。同时，国家也给予粮食企业经营费用补贴和职工粮价补贴，到 20 世纪 80 年代初期，国家每年的粮油价格补贴款已达 200 多亿元。

从本质上分析，在优先发展重工业战略的指引下，我国传统时期实施的农业

---

① 2009 年中央一号文件，强调较大幅度增加农业补贴，继续提高粮食最低收购价，加大对农业的支持保护力度。2010 年中央一号文件指出"完善农业补贴制度，加大家电、汽车、摩托车等下乡实施力度，大幅度提高家电下乡产品最高限价，对现行限价内的产品继续实行 13% 的补贴标准，健全强农惠农政策体系，推动资源要素向农村配置"。2012 年中央一号文件强调"加大农业投入和补贴力度"。2013 年中央一号文件提出"健全农业支持保护制度，不断加大强农惠农富农政策力度"。2014 年中央一号文件指出"完善农业补贴政策""加快建立利益补偿机制"。2015 年中央一号文件强调"提高农业补贴政策效能"。

补贴政策实际上是一种非均衡的负补贴，即农业与农民利益遭受损失，而工业和城市消费者最终受益。具体表现在如下三个方面：首先，农业支持工业优先发展的策略和特征非常明显。该阶段农业补贴政策的首要目标是增加粮食产量，保障消费者尤其是城镇居民的基本粮食需求，解决工业化和城市化的后顾之忧。农业将廉价的农产品提供给工业作为原材料，降低工业成本，加快工业化的进程。上述目标诉求直接制约和阻碍了农业发展与农民增收。其次，农业补贴的受益主体是城镇居民、主要农产品经营企业和农业生产资料的生产销售企业，并不是农民。该时期实施的农产品购销差价补贴主要补给流通和消费环节，城镇居民、主要农产品经营企业是主要受益者。然而农用生产资料价格补贴主要受益者是农资生产、销售企业。最后，从实施补贴的结果来看，对农业的"剥夺"力度实际上远远大于对农业的保护程度。1950～1978年，政府支农资金约为1577亿元，而农业税收总规模为818亿元，工农产品价格"剪刀差"约为5100亿元。相抵后，国家对农业的支持为－4341亿元。

（二）改革时期的农业补贴制度：1979～2002年

改革时期又划分成1979～1997年和1998～2002年两个阶段。

1. 加深农业剥夺阶段：1979～1997年

此阶段农业补贴政策的主要目标仍然是增加粮食产量，其政策工具主要表现为粮食价格补贴和农业投入品补贴。

（1）价格补贴政策。从1979年夏粮上市起，粮食统购价格提高20%，超购加价幅度从原来按统购价加30%提高到按新统购价加50%，结束了自1966年调价后粮食统购价格12年未变的局面（鲁礼新，2007）。1985年统购统销制度终结。政府从1987年起连续三年有计划地调高了粮食和部分食用植物油的收购价格。1989～1990年，两次调高棉花收购价格。1990年我国实施了粮食最低保护价制度和粮食专项储备制度，但是执行结果欠佳。20世纪90年代政府逐渐放松对粮食价格的管制，我国粮食价格多次出现大幅波动。为调动农民生产粮食的积极性，1997年，从夏粮收购开始实施粮食保护价收购政策，以保护价敞开收购农民余粮，所需资金从粮食风险基金中支付。在提高粮食价格同时，政府对粮食经营费用与购销差价的财政补贴也不断增加，1979～1997年国家粮棉油价格补贴达4009.61亿元，占国家物价补贴总量的72.8%。总体而言，这一阶段的农业补贴制度主要是在提高粮食收购价的同时，维持原销售低价，补贴的受益者包括农民、城镇居民和粮食购销企业，但城镇居民受益最多（朱应皋，2006）。

（2）投入品补贴政策。在延续以前间接补贴政策的同时，政府开始实施对投入品直接奖励政策。在完成国家定购任务存在一定困难的前提下，1978～1985年实行了统购和加价奖肥政策，如1978年每吨大豆统购奖售化肥150千克，超购（加价）奖售化肥350千克。1987～1988年开始实施粮食合同定购与供应平价化肥、柴油和预发预购定金挂钩的"三挂钩"政策，定购每50千克粮食奖售20千克化肥、5～7千克柴油。1993年，国务院宣布用现金形式的生产资料补贴代替化肥和柴油的实物供应。1994年，中央政府提高了粮食收购价格，停止对生产资料进行现金补贴，而省级政府到1999年才全部取消了这一补贴。

2. 从农业"剥夺"向农业保护的过渡阶段：1998～2002年

1998年，《中共中央关于农业和农村工作若干重要问题的决议》出台，标志着中国农业政策的根本性转变。该决议将减少农民负担、增加农民收入作为相当长一段时期内政府工作的指导原则（赵云旗，2007）。至此，农业政策保护重点从非均衡时期的保护城市居民，经过漫长的博弈，终于回到了保护农民与农业的逻辑起点。2000年，我国开始试行以"三取消、两调整、一改革"①为主要内容的农村税费改革以减轻农民负担。2002年，我国开始试行粮食直补制度，拉开了我国农业补贴全面转型的序幕。经过一系列政策调整，从20世纪90年代末期开始，我国逐渐从"剥夺"农业走向保护农业。

（三）完善阶段的农业补贴制度：2003年至今

2002年，我国率先在吉林省东丰县和安徽省天长县、来安县试点粮食直补政策，2003年，试点范围扩大至16个省（自治区、直辖市）。2004年，粮食直补政策在全国范围内推广，同时开始实施良种补贴和农机购置补贴，当年中央财政安排良种补贴资金28.5亿元、农机购置补贴资金7000万元。同年，在粮价方面，为促进粮食生产及保护种粮农民利益，国务院发布《关于进一步深化粮食流通体制改革的意见》，可由国务院决定对短缺的重点粮食品种在粮食主产区实行最低收购价②。2006年农业税的全面取消，标志着我国整体上进入了"以工促农、以城带乡"的崭新发展阶段，国家财力不断壮大，国家财政有能力承担取消农业税的成本和实施农业补贴的所需经费，农业补贴规模逐年扩大。2006年，开始实施农资综合补贴，当年中央财政安排农资综合补贴资金120亿元。2013

---

① "三取消"是指取消乡统筹费、农村教育集资等专门面向农民征收的行政事业性收费和政府基金、集资；取消屠宰税；取消统一规定的农村劳动积累工和义务工。"两调整"是指调整农业税政策，农业税计税面积原则上以农民第二轮合同承包、用于农业生产的土地为基础确定，不允许大范围的重新丈量，计税常年产量以改革前5年农作物平均产量为基础据实核定，税率为7%；调整农业特产税政策，农业特产税适当调低税率，减少征收环节。"一改革"是指改革村提留征收使用办法。

② 详见2004年国务院发布的《关于进一步深化粮食流通体制改革的意见》。

年，粮食直补、农资综合补贴、良种补贴、农机购置补贴分别达 151 亿元、1071 亿元、302 亿元和 240 亿元，共计 1764 亿元。

二、中国农业补贴政策的特征

2003 年之前中国农业补贴政策呈现的主要特征为：第一，农业补贴政策的主要目标是保障粮食安全。第二，农业补贴方式主是价格补贴（购销差价补贴）和投入品补贴两种。第三，农业补贴主要用于流通环节和消费环节。第四，农业补贴的受益主体主要是城镇消费者、农资生产企业和粮食经营企业。

2003 年之后中国农业补贴政策的主要特征为：第一，农业补贴政策的目标呈现多元化，具体目标包括在保障粮食安全的同时，提高农民收入水平，缩小城乡居民收入差距。第二，农业补贴政策的最显著特征是直接对农业生产者实施补贴，即农民成为农业补贴的直接受益者。第三，补贴资金主要用于生产环节。第四，农业补贴的力度与规模逐年扩大。第五，对农业补贴的核定、发放等管理过程更加规范。

第二节　中国农业补贴的现状分析

按照我国加入 WTO 时的相关法律文件，我国农业补贴水平确定的基期为 1996～1998 年，在出口补贴方面，由于 1996～1998 年基期内我国的农产品出口补贴水平为零，因此，我国无须承担任何出口补贴的削减义务，但同时也意味着不得对农产品提供出口补贴。所以，在后续研究中，我们将省略对出口补贴的分析，主要针对我国加入 WTO 承诺可以使用的农业补贴政策，即农业国内支持政策展开分析，目前我国主要使用的是绿箱和黄箱补贴措施，蓝箱政策闲置未用。

一、中国农业国内支持水平的基期实施情况

（一）绿箱政策

绿箱政策利用不充分。在 WTO《农业协定》有关农业补贴规则确定的 11 项绿箱政策之中，我国在 1996～1998 年基期内共使用了一般服务、用于粮食安全目的的公共储备补贴、国内粮食补贴、自然灾害救济、环境计划下的支付以及地区援助计划下的支付 6 项"绿箱"支持措施，尚有 5 项未使用。从表 3－1 可以

看出，我国基期内"绿箱"措施的总体支持水平呈现增长趋势。1997年，总支持水平比上年增加190.76亿元，增幅为17.0%；1998年，总支持水平比上年增加380.97亿元，增幅高达29.03%。1996～1998年我国绿箱支持的平均水平为1375.94亿元。

我国在基期内使用的"绿箱"支持呈现如下特点：

（1）政府一般服务所占比例较高。1996～1998年各年一般服务占"绿箱"支持的比重依次为59.41%、56.79%、55.79%，三年平均为785.58亿元，占"绿箱"支持总量平均水平的57.09%。其中，包括农业基本建设投资、农村电网改造及农村公路修缮等在内的农业基础设施建设支出所占比重最大，三年平均为485.86亿元，占"绿箱"支持平均水平的35.31%，在政府一般服务项目中居于首位，表明我国对农业基础设施的投入较大。其他一般服务在我国预算科目中具体表现为各项事业费、农林、水产、气象企业亏损补贴以及农业综合开发支出，在一般服务中位居第二，其三年的平均支持水平为160.06亿元，占"绿箱"平均支持水平的11.63%，表明我国在农业行政管理部门的投入较多，农业政策的执行成本较高。农业推广和咨询服务支持在一般服务中居于第三位，基期三年的平均支持水平为62.51亿元，占"绿箱"支持平均水平的4.54%。农业科研支出是指与种植业、畜牧业、气象、环境有关的研究支出，位居政府一般服务的第四位，基期平均支持水平为40.58亿元，占"绿箱"平均支持水平的2.95%。病虫害控制支持在一般服务各项中居第五位，三年的平均支持水平为21.32亿元，占"绿箱"平均支持水平的1.55%。检验服务支持水平在一般服务各项中居第六位，三年平均支持水平为13.18亿元，占"绿箱"平均支持水平的0.96%。农业培训支持水平在一般服务支持中是最少的，仅为2.08亿元，占"绿箱"平均支持水平的0.15%，说明我国对农村人力资源培训上的投入是不足的。我国尚未将营销和促销服务支持列入财政预算科目（马述忠和冯冠胜，2010）。

（2）粮食安全储备支持所占比重较高，具体包括粮食风险基金和粮食企业亏损补贴。我国1996～1998年粮食安全储备支持水平分别为287.73亿元、353.35亿元和510.27亿元，占"绿箱"支持总量的比重依次为25.65%、26.92%和30.13%。三年的平均支持水平为383.78亿元，占绿箱平均支持水平的27.89%。

（3）国内粮食援助补贴呈逐年下降的趋势。1996～1998年国内粮食援助补贴分别占"绿箱"支持量的1.79%、1.43%和1.04%，三年平均支持水平为

18.84 亿元，占"绿箱"平均支持水平的 1.37%。

（4）自然灾害救济支出呈现递增态势，具体包括生活救济费、灾民抢救转移安置费、扶持灾民生产经费、救灾储备和农业灾歉税收减免等。1996～1998 年自然灾害救济费分别为 37.91 亿元、40.42 亿元及 54.53 亿元，占"绿箱"支持总量的比例分别为 3.38%、3.08% 和 3.22%。三年平均水平为 44.27 亿元，占"绿箱"平均支持水平的比例为 3.22%。

（5）我国对农业环境的支持比较稳定，包括天然林保护工程、退耕还林还草和京津风沙源治理工程和森林生态效益补助试点等项支出。1996～1998 年用于农业环境的支出分别为 49.54 亿元、54.6 亿元和 56.2 亿元，占"绿箱"支持总量的比重分别为 4.42%、4.16% 和 3.32%。三年平均水平为 53.45 亿元，占绿箱平均支持水平的比重为 3.88%。这表明虽然我国对农业环境保护有所重视，但用于此项目的支出所占比重却呈下降趋势。

（6）地区援助计划下的支付，主要包括支援不发达地区发展资金用于农业的部分、扶贫贷款财政贴息资金农业部分、扶贫贷款优惠等支持措施。从表中可以看出，该项支出呈逐年上升的趋势，表明我国为缩小东中西部收入差距，加大了对贫困地区支持力度。

我国不挂钩的收入补贴、收入保险和收入安全网计划中政府的资金投入、通过生产者退休计划提供的结构调整援助、通过资源休耕计划提供的结构调整援助以及通过投资援助提供的结构调整援助五项"绿箱"支持措施尚属空白。从上述"绿箱"支持政策支出的结构分析可以看出，农业科学研究、病虫害控制、培训服务、推广和咨询服务、检验服务以及检验服务等方面的资金投入不足，而农业科技的进步及其广泛应用、人力资本的提高恰恰对于提升农业竞争力和促进农民增收是至关重要的。如果对此投入长期过少，将严重影响农业发展和农民收入水平的增加。

表 3-1　1996～1998 年我国基期的"绿箱"支持水平及变动情况

单位：亿元，%

措施类型	1996 年	1997 年	1998 年	平均	平均比重
1. 政府一般服务	666.48	745.42	944.85	785.58	57.09
①农业科学研究	35.51	40.78	45.45	40.58	2.95
②病虫害控制	19.57	21.45	22.94	21.32	1.55
③培训服务	1.94	2.11	2.2	2.08	0.15

措施类型	1996 年	1997 年	1998 年	平均	平均比重
④推广和咨询服务	56.35	61.11	70.08	62.51	4.54
⑤检验服务	10.16	14.36	15	13.17	0.96
⑥营销和促销服务	0	0	0	0	0
⑦农业基础设施建设	403.67	449.07	604.83	485.86	35.31
⑧其他一般服务	139.28	156.54	184.35	160.06	11.63
2. 用于粮食安全目的的公共储备补贴	287.73	353.35	510.27	383.78	27.89
3. 国内粮食补贴	20.12	18.75	17.66	18.84	1.37
4. 不挂钩的收入补贴	0	0	0	0	0
5. 收入保险和收入安全网计划中政府的资金投入	0	0	0	0	0
6. 自然灾害救济	37.91	40.42	54.53	44.29	3.22
7. 通过生产者退休计划提供的结构调整援助	0	0	0	0	0
8. 通过资源休耕计划提供的结构调整援助	0	0	0	0	0
9. 通过投资援助提供的结构调整援助	0	0	0	0	0
10. 环境计划下的支付	49.54	54.6	56.2	53.45	3.88
11. 地区援助计划下的支付	60	100	110	90.00	6.54
总计	1121.78	1312.54	1693.51	1375.94	

资料来源：根据《中国加入世界贸易组织工作组报告书附件》（*Working Party on the Accession of China*），世界贸易组织"WT/ACC/CHN/38/Rev.3"文件，Supporting Table DS：1 整理。

（二）黄箱补贴措施

黄箱补贴措施中，我国将小麦、大米、玉米和棉花四种农产品纳入特定产品，非特定农产品综合支持量是针对所有农业生产者而不是特定农产品的支持政策，包括投入补贴（主要是农业生产资料差价补贴）和扶贫贷款的利息补贴。

我国 1996～1998 年特定产品综合支持量为 −252.17 亿元，表明我国对特定农产品的支持是一种负保护，即农民利益遭受了损失，这是我国长期以来实施的农业支持工业发展战略导致的必然结果。主要体现在两方面：一方面是国家长期采取农产品价格低于国际市场价格的方式进行干预，抽取了农民利益；另一方面，政府对农业的征税远远大于对农业的补贴，据统计我国长期以来农民税费占其收入的比例至少为 10%（马述忠和冯冠胜，2010）。

从具体的特定产品看，只有玉米的保护价格是高于国际参考价格的，三年的综合支持量为 9.35 亿元，占玉米产值的比例为 0.69%，其余特定农产品的综合支持量均为负值（见表 3−2）。由此可见，我国特定农产品的 AMS 无须减让，不受 WTO《农业协定》有关农业补贴规则的约束和限制。从表 3 - 2 可以看出，非特定产品 AMS 为 294.02 亿元，占农业生产总值的比重为 1.44%，这一比例远远低于《农业协定》的微量许可标准，这充分说明我国对黄箱补贴措施的利用是不充分的。其中农业生产资料价差补贴综合支持量为 281.08 亿元，扶贫贷款的利息补贴综合支持量为 12.94 亿元。

表 3 - 2　1996~1998 年黄箱支持水平

产品类别	AMS 平均值（亿元）	农产品价值（亿元）	AMS 占农业生产总值的比重（%）
特定产品 AMS	-252.17	—	—
小麦	-79.46	1660.46	—
日本大米	-93.40	869.32	—
印度大米	-38.69	1995.76	—
玉米	9.35	1350.23	0.69
棉花	-49.97	592.99	—
非特定产品 AMS	294.02	20488.60	1.44
投入补贴	281.08	—	—
扶贫贷款利息补贴	12.94	—	—

资料来源：根据《中国加入世界贸易组织工作组报告书附件》（*Working Party on the Accession of China*），世界贸易组织"WT/ACC/CHN/38/Rev.3"文件，Supporting Table DS：4&9，2001 年 7 月 9 日整理。

二、中国现行农业补贴政策

近年来，受 WTO 农业补贴规则的约束和限制，粮食直接补贴政策由于具有对生产和贸易的扭曲作用较小、补贴效率较高等优点而受到诸多发达国家的青睐，其他国家也相继引入粮食直接补贴政策，逐渐在世界范围内普及。因此，直接补贴成为保护和支持农业发展的主要政策工具。中国在粮食保护价之后开始实行以直接补贴农民为主要特征的现行新型农业补贴政策①。

（一）现行农业补贴体系

胡锦涛同志在党的十六届四中全会上提出"综观一些工业化国家发展的历程，在工业化初始阶段，农业支持工业，为工业提供积累是普遍性的趋向；但在工业化达到相当程度以后，工业反哺农业、城市支持农村，实现工业与农业、城

---

① 新农业补贴制度自 2004 年起实施，以粮食直补、良种补贴、农机具购置补贴和农资综合补贴"四补"为标志，侧重在生产环节对农民进行直接补贴，以区别于 2004 年前以粮食保护价收购为标志的流通领域间接补贴制度。

市与农村协调发展，也是普遍性的趋向"。这一重要论断意味着，中国结束了农业支持工业的历史，步入了"以工促农、以城带乡"的城乡统筹、协调发展的崭新阶段。农业补贴政策正是实现"工业反哺农业"的重要政策工具之一。自2002年起，我国相继出台了粮食直补、良种补贴、农机购置补贴、粮食最低收购价、农资综合直补等一系列农业补贴政策，初步形成了以粮食直补和农资综合直补为主的综合性收入补贴、由良种补贴和农机具购置补贴构成的生产性专项补贴以及粮食主产区实施的最低收购价政策相结合、兼顾国家粮食安全与种粮农民收入的新型农业补贴政策体系。农资综合直补和粮食直补政策分别从农业的投入端和产出端保障种粮农民的收入。前者主要是弥补柴油、化肥、农药等农业生产资料价格上涨而增加的支出，降低种粮成本，保证农民的种粮收益。后者则主要是减轻或缓解农产品价格波动对种粮农民收入的不利影响。然而粮食最低收购价政策是在粮食直补的基础上，进一步加强对粮食主产区种粮食农民收入的保障，稳定粮食种植面积，保障粮食的有效供给。良种补贴主要着眼于引导与鼓励农民采用新品种、新技术，着力提高粮食的产量和品质。农机具购置补贴主要是鼓励和支持农民使用先进适用、技术成熟、安全可靠、节能环保的农业机械，促进农机装备总量增加与结构优化，加快农业生产的机械化进程，提高农业生产效率。

（二）中国农业直接补贴的规模与结构分析

自2002年开始试点并逐步推广新型农业补贴政策以来，粮食直接补贴、农资综合直补、良种补贴和农机购置补贴等农业直接补贴总额逐年增加，2013年已高达1764亿元，其中2008年比上年增长了近1倍（见表3-3）。从各项农业补贴的相对规模来看，2006～2013年粮食直补所占比重不断下降，农资综合直补、良种补贴和农机购置补贴占比基本呈现上升趋势。从农业补贴结构来看，2013年农业直接补贴总额中，粮食直接补贴、农资综合直补、良种补贴和农机购置补贴的占比分别为8.56%、60.71%、17.12%、13.61%。

三、实施现状分析

本部分按照补贴对象、补贴范围、补贴依据、补贴标准、补贴资金的来源与监管等补贴要素对各项农业补贴政策的实施现状展开分析。

（一）粮食直接补贴

种粮农民直接补贴是中国调动农民生产粮食积极性、保障粮食安全的一项重要举措。所谓种粮农民直接补贴（亦称粮食直接补贴，以下简称粮食直补），是

表3-3 中国农业直接补贴项目实施规模 单位：亿元

补贴项目＼年份	2002	2003	2004	2005	2006	2007	2008	2009	2010	2011	2012	2013
粮食直补	—	—	116	132	142	151	151	151	151	151	151	151
农资综合直补	—	—	—	—	120	276	716	795	835	860	989.65	1071
良种补贴	1	3	28.5	38.7	41.54	66.6	123.8	154.8	204	220	245	302
农机购置补贴	—	—	0.7	3	6	20	40	130	144.9	175	200	240
农业直补总额	1	3	145.2	173.7	309.54	513.6	1030.8	1230.8	1334.9	1406	1585.65	1764

资料来源：根据中华人民共和国中央人民政府、财政部、农业部等网站数据汇总。

指政府为实现保障粮食安全、促进农民增收等目标，在生产环节直接给予粮农一定经济补偿的转移性财政支出。我国粮食直接补贴政策于2002年在吉林省东丰县和安徽省天长县、来安县试点，2003年试点范围扩大至16个省（自治区、直辖市），2004年，全国有29个省实施了粮食直补，直补资金总额达116亿元，让近6亿农民直接得到了实惠。

1. 补贴依据

在农业补贴政策中，粮食直接补贴政策实施最早、影响较大。各地区的补贴依据形式各异、种类繁杂。从补贴依据看，2004年实行的直接补贴分为三种类型（见图3-1），各地粮食直补依据方面也存在着形式各异、种类繁杂的问题。这三种类型补贴依据包括：其一，与当期播种面积和价格脱钩，而主要以计税面积或计税常产为补贴依据，采用该法的有辽宁、吉林、青海、河南等省份。其二，与当期实际种植面积挂钩，以农民实际种粮面积为补贴依据，如北京、江苏、山东、浙江、广东等多数省份实行的便是这种做法。其三，以农民实际出售商品粮数量为补贴依据，采用该方式的地区包括新疆、江西、福建、广西、贵州等。

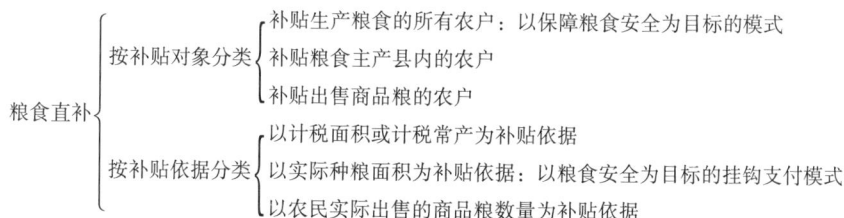

图3-1 按补贴对象和依据的粮食直补分类

在实际调研中发现粮食生产者对粮食补贴政策都有一定的了解，但并不全面、准确，对于粮食补贴依据更倾向于按粮食种植面积进行补贴，补贴金额与粮食生产挂钩，可以直接增加粮食生产者的收入，有效提高粮食产量。在直接补贴的发放上，各地普遍在县级建立农户基础数据资料库，在农村信用社为每个农户开立了账户，采用"一卡通"或"一折通"的形式发放补贴资金，形成了较为规范的补贴发放渠道。

表 3-4 2014 年各地区粮食直接补贴实施情况

地区		补贴范围与标准
粮食主产区 （13 个省份）	河北	各县（市、区）补贴标准不同。农资综合补贴全省统一补贴标准，亩均 96.74 元
	内蒙古	各县（市、区）补贴标准不同
	辽宁	按农业税计税面积，15.53 元/亩
	吉林	按农业税计税面积，32.5 元/亩
	黑龙江	将粮食直接补贴和农资综合补贴合并为粮食补贴，57.58 元/亩
	江苏	按种植面积，20 元/亩
	安徽	按原计税面积，13.67 元/亩；种植小麦、水稻面积超过 100 亩的种植户，23.67 元/亩
	江西	按 2004 年计税土地上水稻实际播种面积，11.8 元/亩
	山东	按小麦种植面积，14 元/亩
	河南	按计税面积中的实际面积，补贴标准为 13.5 元/亩
	湖北	按实际种植面积，10.87 元/亩
	湖南	按粮食实际种植面积，13.5 元/亩；双季稻补贴标准由各地自行决定，最低不低于 50 元/亩，最高不高于 80 元/亩
	四川	各县（市）补贴标准不同，如得荣县为 6.66 元/亩
产销基本 平衡区 （11 个省份）	山西	玉米及薯类 5 元/亩，杂粮 25 元/亩
	广西	按列入直补订单收购计划的粮食数量，在收购价格的基础上，0.24 元/公斤
	重庆	按粮食播种面积，3.37 元/亩
	贵州	—
	云南	将良种补贴和粮食直补合并为对种粮农民的补贴
	西藏	—
	陕西	将粮食直接补贴和农资综合补贴合并为粮食综合补贴，关中地区 81 元/亩，陕南 72 元/亩，陕北 56 元/亩
	甘肃	按照种植意向调查情况测算补贴面积，小麦、玉米补贴 10 元/亩
	青海	按实际种粮面积，10 元/亩
	宁夏	按农户的粮食种植面积，15 元/亩
	新疆	按种植面积，水稻 15 元/亩

续表

地区		补贴范围与标准
主销区 （7个省份）	北京	按种植面积，小麦，70元/亩；玉米，32元/亩
	天津	按粮食播种面积，30元/亩
	上海	按种植面积，80元/亩
	浙江	按实际种植面积，稻麦，30元/亩；新增旱粮直接补贴，100亩以上，每亩125元
	福建	按收购订单的粮食数量，每50公斤12元
	广东	全体农户的粮食种植面积，8元/亩
	海南	市县政府和省农垦总局自行确定补贴范围和标准

资料来源：根据财政部、农业部、各地财政厅和农业厅相关资料整理。

2. 补贴力度和补贴对象

2004年，全国共有29个省份实施了粮食直接补贴，安排直接补贴资金共计116亿元，约6亿农民直接得到了补贴的实惠；2008年增加到151亿元，中央财政部从粮食风险基金中预列支出部分粮食直接补贴资金提前支付给农民。近些年，一直保持在151亿元。部分省份执行粮食直补政策时采用普惠制，即进行平均补贴，不论农户的大小、种植粮食作物的品种、产量的高低，所有农民都能根据相同的补贴标准获得粮食直补。但有少数省市是根据农户种植粮食面积的规模，使补贴向种粮大户倾斜，采用全额累进的补贴制度，即农作物种植面积越大，单位补贴标准越高。如2008年上海对水稻种植面积在5亩以下（含5亩）的农户每亩补贴60元；5～15亩（含15亩）的农户每亩补贴70元；15亩以上的农户每亩补贴80元。浙江省在2008年的相关粮食补贴政策中规定全年稻麦种植面积20亩（含）以上的种粮大户可获得双倍补贴。

3. 补贴资金的来源渠道与分配机制

粮食直接补贴资金来源于粮食风险基金，是将原先用于流通环节的补贴资金直接补给农民，由中央财政和地方财政共同负担。按照《粮食风险基金管理暂行办法》，我国于1994年建立了粮食风险基金，由中央政府和地方政府按照1∶1.5的比例承担，缺口部分再按1∶1比例共同分担。由于各地风险基金的失衡，导致各地农民的补贴额度存在的差异较大。2007年中央一号文件规定各地粮食直补资金要达到当地粮食风险基金规模50%以上的目标，虽然政府实施这种补贴政策的重点是粮食主产区，主旨是增加农民尤其是粮食主产区农民的收入，以保障粮食安全，但由于粮食主产区自身支持农业补贴的财政实力有限，其结果必然是粮食主产区的补贴标准远远低于粮食产销基本平衡区和粮食主销区。如处于粮食主销区的北京市 2007 年小麦的粮食直接补贴标准为 50 元/亩，而同年粮食主产区小麦的平均补贴仅为 21 元/亩，前者约后者的 2.5 倍（国家发展和改革委员会，2007）。

（二）良种补贴

在不断加大对种粮农民直接补贴力度的同时，中央财政设立了良种补贴专项资金，专门用于良种补贴，以实现推广良种、改善粮食品质、促进农业稳定发展和农民持续增收等目标。自 2002 年中央财政安排专项资金用于东北高油大豆良种补贴之后，良种补贴品种、补贴范围、补贴规模逐年扩大。2010 年，补贴品种达到水稻、小麦、玉米、棉花、大豆、油菜、青稞 7 种，补贴规模达 204 亿元。2013 年，良种补贴政策对水稻、小麦、玉米、棉花、东北和内蒙古的大豆以及长江流域 10 个省市和河南信阳、陕西汉中和安康地区的冬油菜和藏区青稞实行全覆盖，并对马铃薯和花生在主产区开展试点，补贴规模达 302 亿元。

1. 补贴方式

良种补贴资金采取现金直接补贴或差价供种补贴的方式。水稻、玉米、油菜良种补贴采取现金直接补贴的方式，实行良种推介、自愿购种、直接发放。小麦、大豆、棉花、青稞良种补贴可以采取差价供种的方式，也可以采取现金直接补贴的方式。各地农业部门要在充分尊重农民意愿基础上，根据品质优先、市场需求和生产需要，积极引导农民选择使用推介的良种，不得采取强制手段干预农民自愿选种。

2. 补贴品种和范围

根据各省市地区自然条件的不同，国家分别对不同农作物实施补贴。2010年，水稻、小麦、玉米、棉花良种补贴在全国 31 个省（区、市，不包含港、澳、台地区）实行全覆盖。2011 年良种补贴规模进一步扩大，部分品种标准进一步提高。2011 年，中央财政安排良种补贴 220 亿元，比上年增加 16 亿元。水稻、小麦、玉米、棉花、东北和内蒙古的大豆以及长江流域 10 个省市和河南信阳、陕西汉中和安康地区的冬油菜实行全覆盖。小麦、玉米、大豆和油菜每亩补贴10 元，其中，新疆地区的小麦良种补贴提高到 15 元。早稻补贴标准提高到 15元，与中晚稻和棉花持平；水稻、玉米、油菜补贴采取现金直接补贴方式，小麦、大豆、棉花可采取统一招标、差价购种补贴方式，也可现金直接补贴，具体由各省根据实际情况确定；继续实行马铃薯原种生产补贴，在藏区实施青稞良种补贴，在部分花生产区继续实施花生良种补贴。2013 年，良种补贴政策对水稻、小麦、玉米、棉花、东北和内蒙古的大豆以及长江流域 10 个省市和河南信阳、陕西汉中和安康地区的冬油菜、藏区青稞实行全覆盖，并对马铃薯和花生在主产区开展试点。水稻、玉米、油菜补贴采取现金直接补贴方式，小麦、大豆、棉花可采取现金直接补贴或差价购种补贴方式，具体由各省按照简单便民的原则自行确定。

3. 补贴对象

对生产中使用农作物良种的农民（包括农场职工）给予补贴。

4. 补贴标准

2013 年的补贴标准：小麦、玉米、大豆、油菜、青稞每亩补贴 10 元。其中，新疆地区的小麦良种补贴 15 元；水稻、棉花每亩补贴 15 元；马铃薯微型薯每粒补贴 0.1 元，一、二级种薯每亩补贴 100 元；花生良种繁育每亩补贴 50 元、大田生产每亩补贴 10 元。

5. 补贴资金发放程序

采取补贴资金直接发放的，实行公开推介良种，落实种植面积，农民自愿购种。乡镇财政所直接向补贴对象兑付补贴资金，有条件的地方可通过"一卡通"直接发放给农民。采取差价供种补贴方式的，省级农业、财政部门组织招标采购良种，中标单位实行统一供种，良种补贴实行差价供种，购种农民按折扣价付款，供种单位登记销售折扣清册，购种农民签字确认，严禁省级以下农业或财政部门组织招标。省级财政部门在开标后按招标确定的供种量预拨 70% 补贴资金，根据农业部门逐级审核确定的供种清册和无种子质量问题书面意见，与供种单位结算其余 30% 的补贴资金。

6. 资金来源

良种补贴资金主要来源于中央财政的专项补贴资金，粮食作物（不含水稻）良种补贴资金的使用遵循政策公开、农民受益、合同管理、专款专用的原则，示范区所在省各级财政部门要支持、参与良种推广工作，保证良种推广和必要的组织管理经费。对于水稻良种补贴，在中央财政拨付的水稻良种补贴专项资金下，地方财政应当安排水稻良种推广工作经费，原则上由省级财政负担，水稻良种专项补贴资金的安排使用则遵循"四公开"的原则，即补贴政策公开、补贴标准公开、补贴面积公开、补贴农户公开。

（三）农机购置补贴

为鼓励和支持农民使用先进适用、安全可靠、节能环保的农业机械、促进农业机械化、提高农业生产率、促进农业增产增收，2004 年 6 月 25 日第十届全国人民代表大会常务委员会第十次会议通过《农业机械促进法》，自 2004 年 11 月 1 日起实施。2005 年颁布施行《农业机械购置补贴专项资金使用管理暂行办法》。各省在执行农机具购置补贴政策时，根据农业部和财政部联合印发的各年农业机械购置补贴实施方案，制订相应的实施方案。2011 年，农机具购置补贴增加到 175 亿元，比上年增长 20 亿元，补贴范围继续覆盖全国所有农牧业县（场）。2013 年中央财政安排农机购置补贴预计 240 亿元，补贴范围继续覆盖全国所有农牧业县（场）。

1. 补贴方式

年度补贴农机具需根据 2005 年《农业机械购置补贴专项实施方案》，采取竞争择优筛选的方式确定，形成年度补贴机具目录[①]。各省、区、市年度补贴机具目录需报农业部备案。补贴农机具的经销商必须由农机生产企业推荐，经省级农机主管部门依据准入资格条件审定后发布实施。补贴实施区内的农民购买补贴机具时，必须通过乡镇农机管理机构向县级农机主管部门提出申请。农民的购机补贴申请表交上去后，一般先由乡里的农机管理站进行初审，再由县农机管理部门根据补贴指标和优先补贴条件进行审查，初步确定补贴购机者名单和补贴数量，然后还要在一定范围内张榜公示，接受群众监督，公示结束后，对没有异议的购机户，县农机主管部门与购机者签订购机补贴协议。农机具购置补贴按照农民购置农机具的发票向农户提供一定比例的补贴，并根据各地的实际需求扩大补贴机具范围。

2. 补贴机具

2009 年，农机补贴覆盖全国所有农牧业县（场），惠及更多农民，补贴资金达 100 亿元，补贴机具种类增加到 12 大类 38 小类（见表 3 – 5）。2010 年，补贴机具种类扩大到 12 大类 45 个小类 180 个品目机具。2012 年，补贴机具种类涵盖 12 大类 46 个小类 180 个品目，在此基础上各地可再自行增加 30 个品目。2013 年，农机购置补贴范围继续覆盖全国所有农牧业县（场），补贴机具种类涵盖 12 大类 48 个小类 175 个品目，在此基础上各地最多可再自行增加 30 个品目。

3. 补贴对象

补贴对象为纳入实施范围并符合补贴条件的农牧渔民、农场（林场）职工、直接从事农机作业的农业生产经营组织、取得当地工商登记的奶农专业合作社、奶畜养殖场所办生鲜乳收购站和乳品生产企业参股经营的生鲜乳收购站。在申请

---

① 本节引用了我国 2005 年公布的《农业机械购置补贴专项实施方案》中的有关内容。

表 3 - 5 农机具购置补贴

年份	2004	2005	2006	2007	2008	2009
农机具购置补贴金额（亿元）	0.7	3	6	20	40	130
覆盖县（场）	66	500	1126	1716	全国所有农牧业县（场）	全国所有的农牧业县和所有农场

补贴人数超过计划指标时，补贴对象的优选条件是：一是农民专业合作组织；二是农机大户、种粮大户；三是乳品生产企业参股经营的生鲜乳收购站、奶农专业合作社、奶畜养殖场所办生鲜乳收购站；四是列入农业部科技入户工程中的科技示范户；五是"平安农机"示范户；六是对报废更新农业机械、购置主机并同时购置配套农具的要优先补贴。申请人员的条件相同或不易认定时，按照公平、公正、公开的原则，采取农民易于接受的方式确定。

4. 补贴标准

2012 年，中央财政农机购置补贴实行同一种类、同一档次农业机械在省域内统一补贴标准。补贴按不超过各省近三年的市场平均价格的 30% 测算，重点血防疫区补贴比例可提高到 50%。单机补贴上限 5 万元，100 马力以上大型拖拉机、高性能青饲料收获机、大型免耕播种机、挤奶机械、大型联合收割机、水稻大型浸种催芽程控设备、烘干机单机补贴限额可提高到 12 万元；甘蔗收获机、200 马力以上拖拉机单机补贴额可提高到 20 万元；大型棉花采摘机单机补贴额可提高到 30 万元。

2013 年，中央财政农机购置补贴资金实行定额补贴，即同一种类、同一档次农业机械在省域内实行统一的补贴标准。一般机具单机补贴限额不超过 5 万元；挤奶机械、烘干机单机补贴限额可提高到 12 万元；100 马力以上大型拖拉机、高性能青饲料收获机、大型免耕播种机、大型联合收割机、水稻大型浸种催芽程控设备单机补贴限额可提高到 15 万元；200 马力以上拖拉机单机补贴限额可提高到 25 万元；甘蔗收获机单机补贴限额可提高到 20 万元，广西壮族自治区可提高到 25 万元；大型棉花采摘机单机补贴限额可提高到 30 万元，新疆维吾尔自治区和新疆生产建设兵团可提高到 40 万元；不允许对省内外企业生产的同类产品实行差别对待。

5. 资金来源

按照《农业部关于加强农业财政专项资金管理的通知》（农财发〔2006〕16号）规定，中央财政设立农业机械购置补贴专项资金，由财政部和农业部共同组织实施，财政部门的主要职责是落实补贴资金预算，及时拨付补贴资金，对资金的分配使用进行监督检查等，农机管理部门的主要职责是具体负责补贴专项的组织实施和管理，包括编制实施方案、制定补贴机具目录和组织开展购机申请、审核、登记、公示等。补贴资金的使用应遵循公开、公正、农民直接受益的原则。各省和兵团在使用中央财政补贴资金的基础上，利用地方财政资金给予适当累加补贴，是否累加补贴，其补贴率和补贴额度等由地方自行确定。地方各级财政部门要积极支持和参与补贴资金落实和监督工作，增加资金投入，并保证必要的组织管理经费。补贴资金必须专款专用，不得挤占、截留、挪用。各级农机主管部门应建立和落实工作责任制，加强对资金使用情况的管理和检查，自觉接受财政、审计部门的监督。

（四）农资综合补贴

1. 补贴方式

农资综合直接补贴采用的是一次发放、直接补贴粮农的方式进行。根据年初预计农业生产资料全年价格变动情况，全年算账后，中央财政一次性将补贴资金全部拨付给地方，地方财政部门一次性将补贴发放给农户，年内不再随柴油、化肥、农膜等农业生产资料实际价格变动而调整补贴。补贴资金全部用于补助种粮农民，并充分利用已建立的粮食直接补贴渠道，直接发放到农户，不增加中间环节。2008 年为降低成本，提高效率，方便农民领取，将农资综合直接补贴资金和对种粮农民补贴资金合并发放，采用"一卡通"或"一折通"的形式，争取春耕前将两项补贴资金一次性全部直接兑付到农户。

2. 补贴力度和补贴对象

该政策自 2006 年开始实施，当年共安排农资综合直接补贴 120 亿元；2007年，中央财政对种粮农民的农资综合直接补贴资金规模达到 276 亿元，比上年增长 130％；2008 年，中央财政安排农资综合补贴总额达 716 亿元，是上年的 2.59倍，2013 年达 1071 亿元。补贴对象与粮食直接补贴政策对象类似采用惠普制，具有普遍性。

3. 补贴资金来源及其分配

农资综合直接补贴资金全部由中央财政负担，补贴资金全部纳入粮食风险基金，实行专户管理，对资金拨付的每一个环节都进行严格监管，防止滞留、截留、挪用等；农资综合直接补贴资金通过粮食直接补贴渠道，采取直接补贴方式直接补贴种粮农民，不增加中间环节。在补贴资金分配上，一次性拨付给地方并重点向粮食主产区和产粮大县倾斜，补贴规模根据预计全年农业生产资料价格变动对农民种粮收益的影响综合测算确定，并充分考虑柴油调价硬性增支因素，年内不再随后期农业生产资料实际价格变动而调整。在资金分配倾向上，2007年新增农资综合直接补贴资金分配原则是进一步向粮食增产快、商品量大、优质稻谷产量多的地区倾斜。资金分配直接与近三年各地的平均粮食产量、商品量和优质稻生产等因素挂钩，并适当缩小地区间差距，对现有亩均补贴标准和补贴强度系数（每百斤粮食产量所得到的补贴）过低的地区，在新增资金分配上适当倾斜。中央财政将全年农资综合直接补贴资金一次性全部拨付到地方，地方财政部门一次性将补贴发放到农户。中央财政资金拨付到省后，各省立即将补贴资金拨付到县，原则上今年6月底前兑付到农户。各县向农户兑付补贴资金时，仍按照现有补贴面积，核定每户农民的补贴金额，并通过"一卡通"的形式直接兑付到户。兑付补贴资金要先发通知，明确补贴资金的金额、标准等，让农民清楚国家对今年化肥、柴油等农业生产资料全年预计的增支给予了补贴。

（五）粮食最低收购价

1. 最低收购价主要内容与执行条件

最低收购价的主要内容可以概括为：国家为某些地区的某些粮食品种设定一个价格水平，在设定的收购期内如果市场价格低于设定的价格水平，则由中央财政承担全部费用利息，通过指定收购企业来收购农民想售出的粮食。粮食最低收购价执行必须满足下列条件[①]：①当市场价格低于最低收购价时，粮食最低收购价预案才启动，否则最低收购价则处于休眠状态；②政策执行主体为中储粮总公司及其委托的公司，当市场价格低于最低收购价时，它必须按照最低收购价收购粮食，而其他粮食企业可以按照市场价格自行收购；③政策实施范围有限制，粮食最低收购价政策只限定于规定品种的重点主产区，如小麦是河北、江苏、安徽、河南、山东、湖北6省，早籼稻是湖南、湖北、江西、安徽4省，中晚稻和粳稻是湖南、湖北、安徽、江西、四川、吉林、黑龙江7省，在范围之外的粮食价格完全由市场决定，不执行最低收购价政策；④政策运行时间规定，最低收购价政策并不是全年实施，而是按照粮食收获季节和农民售粮习惯规定了一定的时间期限，农民在此期限内售粮可以按照最低收购价进行收购，超出期限则按市场供求关系自主决定价格。

2. 最低收购价执行情况

粮食最低收购价具体涉及收购品种、地域范围、执行时间、收购价格、执行

---

① 关于粮食最低收购价执行条件的详细规定。

主体、质量标准、收购费用、保管费用及利息以及销售等（秦玉云，2008）。本研究重点关注收购品种、地域范围、收购价格等内容（见表3－6）。五年以来，最低收购价政策涉及两个主要口粮品种：小麦与稻谷。最低收购价政策涉及省份共有12个，包括5个小麦主产省，7个稻谷主产省，其中辽宁省为2008年新增省份。2004年没有出台小麦最低收购价政策，2005～2007年，小麦最低收购价格保持同一水平，2008年我国对小麦最低收购价做了上调：白麦增加了5分，红麦和混合麦增加了3分。2004～2007年，早籼稻和中晚籼稻的最低收购价格保持同一水平，2008年早稻收购价格上调了7分，中晚籼稻上调了5分。2004～2006年粳稻最低收购价格保持同一水平，2007年在收购期间上调了2分，2008年又上调了5分。粮食最低保护价水平的上调，既有成本推动、通货膨胀及国际粮价大幅上升拉动的因素，也有因政策边际效应递减而不得不增加的因素。

表3－6　良种补贴实施情况

年份	品种	范围	最低收购价（元/斤）	预案启动
2004	早稻	安徽、江西、湖北、湖南	0.7	否
	中晚籼稻	安徽、江西、湖北、湖南、四川	0.72	否
	粳稻	吉林、黑龙江	0.75	否
2005	小麦	河北、江苏、安徽、山东、河南、湖北	白0.72、红混0.69	否
	早稻	安徽、江西、湖北、湖南	同2004	是
	中晚籼稻	安徽、江西、湖北、湖南、四川	同2004	是
	粳稻	吉林、黑龙江	同2004	否
2006	小麦	河北、江苏、安徽、山东、河南、湖北	同2005	是
	早稻	安徽、江西、湖北、湖南	同2004	是
	中晚籼稻	安徽、江西、湖北、湖南、四川	同2004	是
	粳稻	吉林、黑龙江	同2004	否
2007	小麦	河北、江苏、安徽、山东、河南、湖北	同2005	是
	早稻	安徽、江西、湖北、湖南	同2004	否
	中晚籼稻	安徽、江西、湖北、湖南、四川	同2004	否
	粳稻	吉林、黑龙江	0.75/0.77	是

续表

年份	品种	范围	最低收购价（元/斤）	预案启动
2008	小麦	河北、江苏、安徽、山东、河南、湖北	白 0.77、红混 0.72	是
	早稻	安徽、江西、湖北、湖南	0.77	是
	中晚籼稻	安徽、江西、湖北、湖南、四川、江苏、河南、广西	0.79	是
	粳稻	吉林、黑龙江、辽宁	0.82	是

资料来源：由粮食最低收购价执行预案统计而得。

第三节　农业补贴制度的问题剖析

本节首先从农业补贴法律、目标定位、农业补贴水平、农业补贴规模、补贴方式和农业补贴管理体制等方面对中国农业补贴制度存在的问题进行总体考察，其次对粮食直补、农资综合直补、良种补贴、农机购置补贴以及最低收购价等各项具体农业直接补贴政策存在的突出问题进行剖析。

一、总体考察

与各国农业补贴发展过程相似，我国农业补贴经历了由价格补贴到生产者直接补贴的重大转变。自农村改革之初至 2001 年，我国价格补贴逐年增多[①]。早期的价格支持采用"暗补"方式，通过流通领域间接地补贴给农民。1993 年国家实行粮食保护价制度，并相应建立粮食风险基金和储备体系，价格支持由"暗补"转变为"明补"，直接补给农业生产者。2001 年，为适应 WTO 农业谈判需要，解决粮食保护政策实施过程中暴露的问题，以种粮农民直接补贴为核心的农业直接补贴政策应运而生（方松海和王为农，2009）。2002 年，吉林省东丰、安徽省天长和来安三县进行了粮食直接补贴试点，2004 年，以粮食直接补贴为核心的农业补贴政策在全国铺开，2007 年，又对奶牛、生猪养殖实施了补贴。2012 年，粮食直补、农资综合直补、良种补贴、农机具购置补贴 4 项补贴共计

---

① 这些价格补贴主要用于补贴城市居民消费、农产品保护性收购（价格支持）及弥补国有粮棉油收储加工企业的亏损。

1573 亿元，2013 年达 1764 亿元。从目前来看，农业补贴政策在提高农业综合生产能力和促进农民增收方面发挥了重要作用，但同时也暴露了诸多问题。

（一）农业补贴法律不健全

农业补贴政策是一项促进农业增产与农民增收的长期性政策。农业补贴政策效应的充分发挥必须以完善的农业补贴法律制度作为保障。欧盟、美国、日本等发达国家一般都制定了较为健全的农业补贴法律法规，从而使补贴法律化、制度化、规范化。例如美国早期有《宅地法案》保护农民，20 世纪中叶以来，先后通过了 1949 年、1956 年、1981 年、1985 年、1990 年、1996 年、2002 年和 2008 年的《农业法》。在近百年美国的农业法律变迁中，农业法的内容从早期的农业保护逐渐转向现在全面的农业支持。虽然近几年中国农业立法的步伐加快，包括《中华人民共和国农业法》《农业机械促进法》在内的 10 多部法律基本覆盖了农林水气等领域，但是《农业补贴条例》《农业保险法》《农业灾害救助条例》等有关农业补贴的法律法规并未出台，而只是将粮食直补、农资综合直补、良种补贴、农机具购置补贴、最低价收购等新型农业补贴项目的补贴对象、补贴范围、补贴依据、补贴标准、发放程序、资金来源、资金监管等补贴要素零散地体现在《关于对种粮农民柴油、化肥等农业生产资料增支实行综合直接补贴的通知》《中央财政农作物良种补贴项目实施指导意见》《水稻良种推广补贴资金管理暂行办法》《农业机械购置补贴实施指导意见》《农业机械购置补贴专项资金使用管理暂行办法》等政府规章、指导意见等相关文件中，缺乏稳定性、可操作性及前瞻性，难以保障农业补贴政策的有效实施，最终影响了政策效应的发挥。

（二）农业补贴目标的定位不清

农业补贴政策目标定位的合理性和准确性直接影响农业补贴制度设计的科学性，进而影响政策效应的有效发挥。理论界对新农业补贴制度的目标定位仍然有分歧，争论的焦点是保障国家粮食安全与促进农民增收是两者兼顾抑或是只顾其一。代表性观点主要有两种：一是"合"论，认为农业补贴作为农业支持和保护的重要有效手段，应兼顾粮食安全与农民增收（财政部财政科学研究所课题组，2004；高峰，2004）。二是"分"论，认为粮食安全与农民增收目标的实现存在不一致性，只能将两者分开（赵德余，2004），其中又分为侧重粮食安全（侯石安，2008；王东京，2009）与偏向农民增收（经济合作与发展组织，2005）两种代表性观点。

解读 2004~2015 年连续 12 年发布的中央一号文件不难发现，中国新型农业补贴制度的目标定位为通过保障粮食安全与促进农民增收的双重路径来实现支持和保护农业的战略构想①，制度执行具有两者兼顾的目标取向，并不断扩大地域、品类、补贴的范围与提高补贴水平②。但补贴覆盖面越广，越容易造成政策执行偏差，包括补贴标准区域性差异性，粮食种植、良种推广、农机具使用、补贴资金用途等信息不对称，财政及农业等相关职能部门运行成本居高不下等，从而导致实际工作效率低下和政策效应发挥欠佳。

在粮食安全目标上，渐具"普惠"性质且补贴金额较为有限的农业补贴多被农民误解为一种帮扶弱势群体的国家福利补助，很多农民甚至将各项补贴混同，"农业补贴"成为"农民补贴"与"收入补贴"，农民有好感但不够敏感，种粮刺激效应极为有限。农民是农业生产经营活动的主体，农民对农作物种植对象有自主的选择权，一方面，家庭经营是中国农业生产的主要生产模式，多数农民从事粮食生产活动取决于资源约束、粮食价格、生产惯性等，不因补贴与否而大幅度变动；另一方面，农民是理性的经纪人，在种植粮食与经济作物的耕地、资金、劳动力等资源配置上，会考虑农产品内部比较利益的高低与补贴因素，如果补贴金额不足以抵消种粮的机会成本，难以调动农民种粮积极性。取消调节粮食与经济作物间收益水平的农业特产税也进一步促进农民从事经济作物的生产（周应恒，2009）。此外，地方政府注重经济作物增收来带动本地经济发展，亦无动力推动粮食生产③。在难以预测农业技术提高粮食单产效应的背景下，有限理性的农民为增收而加大经济作物生产将产生粮食安全隐患。基于此，补贴制度不健全与补贴水平有限使得多数农民主观上具有"该种就种""该种什么就种什么"的心理，难以有效保障粮食安全。

在农民增收目标上，由于激励有限而难以高估补贴"促增产以助增收"的乘数效应（李鹏，2006），至于亩均不足百元的补贴金在农民收入多元化背景下更显微不足道。

实践表明，新补贴制度既定目标的执行效果不容乐观。究其原因，归咎于目

---

① 正式实施新制度的 2004 年，当年中央一号文件对农业补贴制度的解释是"保护种粮农民利益，建立对农民的直接补贴制度"及"本着调动农民种粮积极性的原则，制定便于操作和监督的实施办法"；2005 年一号文件指出农业补贴"对调动农民种粮积极性、保护和提高粮食生产能力意义重大"；2006 年一号文件则将农业补贴内容列入"促进农民持续增收"目录下；然而 2008 年一号文件强调要"支持增粮增收，逐年较大幅度增加农民种粮补贴。"2009 年一号文件要求"按照有利于鼓励粮食生产的要求，完善农业补贴办法"。

② 当前农业补贴已基本覆盖全国所有省市，补贴受众扩大到所有种粮农民，补贴品种遍布所有粮食品种及大多数良种。

③ 近年来，各地纷纷加大"一村一品""一乡一品"建设力度，实质上是在种粮之外寻求发展经济作物以求增收的一种尝试。

标定位的"大而全"，忽视粮食安全与农民增收的非兼容性。新制度框架下，实现粮食安全依靠补贴来刺激农民加大粮食生产投入，但粮食需求弹性小且比较收益不高又决定其经济收益率相对低于经济作物与非农产业，在资源约束下，势必以牺牲农民增收为代价。反之，实现农民增收要求扩大补贴受益面，普惠性质越明显，政策偏差越强烈，种粮刺激边际效应越递减。兼顾两者的实践结果是既难以有效保障粮食安全，又无法真正实现农民增收。鉴于此，我们认为补贴目标应有主有辅，分阶段突出重点。

（三）农业补贴总体水平有待进一步提高

中国近年来农业补贴规模增长较快，但在支持总量上仍然明显不足，尚有很大的拓展空间。Gulati 和 Sharma（1992）研究发现，1982～1987 年中国的 PPSE 为 -34.17%，印度为 -6.0%，韩国、日本高达 60.67% 和 72.50%，其差距之大不可同日而语。作为人口众多的农业大国，中国当前的农业补贴仅为欧盟的 1/10、美国的 1/4。WTO《农业协定》中"绿箱"补贴措施共有 12 类，而我国目前只使用了其中 6 类，还有 6 类没有启用。目前中国的"黄箱"补贴占农业总产值的 3.3%。根据中国的"入世"承诺，对农民的收入补贴还有 5.2% 的补贴增长空间。"蓝箱"补贴措施闲置未用。

OECD 的生产者支持估计值是 OECD 用于检测和评估农业政策发展的主要政策指标。它反映了农业支持水平、农业保护程度和农业政策的市场取向。从表 3-7 可以看出，中国 2007 年的生产者支持估计值百分比为 10.06%，不仅远远低于欧盟及 OECD 的平均水平（20% 以上），甚至低于俄罗斯、墨西哥等发展中国家，仅略高于巴西和南非等发展中国家。中国的农业补贴水平自 2000 年以来基本呈现不断上升的态势，2014 年达 20.21%，但与中国加入世界贸易组织做出承诺的农业补贴水平以及农业发展的客观要求相去甚远，所以伴随经济发展水平的逐步提高、产业结构的不断调整和优化以及政府财力的充裕，农业补贴水平还有待进一步提升。

表 3-7　1986～2014 年生产者支持估计值（PPSE）跨国比较　　　单位:%

年份	欧盟	OECD	美国	日本	韩国	俄罗斯	巴西	墨西哥	南非	中国
1986	38.60	37.40	23.50	65.07	64.50	—	—	3.59	—	—
1987	41.58	38.13	22.42	64.56	68.80	—	—	6.62	—	—
1988	37.43	35.10	17.83	62.24	75.65	—	—	-0.48	—	—
1989	29.31	31.38	20.32	56.83	75.39	—	—	11.22	—	—
1990	32.86	31.66	16.09	51.52	74.33	—	—	15.81	—	—

续表

年份	欧盟	OECD	美国	日本	韩国	俄罗斯	巴西	墨西哥	南非	中国
1991	38.28	34.74	16.48	51.70	74.07	—	—	26.01	—	—
1992	34.45	33.03	16.28	56.86	72.45	—	—	29.05	—	—
1993	36.70	34.01	17.14	57.49	72.64	−28.73	—	30.27	—	−13.49
1994	35.64	33.70	13.85	62.65	72.96	−4.10	—	22.33	—	0.72
1995	34.94	31.08	9.75	62.22	72.77	15.37	−14.76	−4.70	14.71	5.48
1996	34.03	29.58	12.75	57.95	64.83	15.70	−11.18	5.69	7.43	0.32
1997	32.33	28.10	13.14	54.25	63.62	22.00	−9.90	14.57	10.65	0.96
1998	35.42	32.04	20.77	58.15	56.86	11.73	−2.78	17.61	10.24	0.63
1999	38.50	35.05	24.74	59.94	65.29	−3.85	−7.36	17.37	7.69	−3.26
2000	32.87	32.13	22.67	59.74	66.14	0.97	5.77	23.48	5.85	2.68
2001	30.28	28.63	21.44	56.32	57.70	9.98	4.32	18.24	3.61	4.24
2002	33.90	30.35	17.86	57.19	59.74	10.48	4.69	26.80	10.06	7.89
2003	33.78	28.93	14.75	57.42	56.68	14.98	5.86	18.99	7.02	9.49
2004	32.90	29.05	16.04	55.92	61.24	21.34	4.34	11.62	7.79	6.64
2005	30.70	27.37	15.05	53.80	59.61	15.01	6.79	12.94	6.33	7.75
2006	29.06	25.33	11.10	51.51	58.49	16.34	6.20	12.97	9.17	12.46
2007	23.35	20.62	9.67	46.56	56.68	16.40	5.29	12.89	5.16	10.06
2008	23.13	20.33	8.62	48.29	45.48	21.62	4.02	12.26	3.39	2.68
2009	23.60	21.60	10.10	48.74	50.71	22.28	8.07	13.25	3.67	11.64
2010	20.28	19.64	8.58	54.77	44.57	21.86	5.82	12.58	1.83	15.27
2011	18.35	18.24	8.02	51.35	53.27	14.87	5.61	12.32	2.42	10.31
2012	19.13	18.42	7.89	55.08	50.23	15.28	3.55	11.72	3.41	17.84
2013	20.47	18.00	6.91	52.56	51.10	11.58	3.02	10.94	2.60	19.49
2014	18.03	17.32	9.80	49.20	51.14	8.88	4.39	13.30	2.42	20.21

资料来源：OECD, Agricultural Support Estimates (Edition 2015)。

（四）农业补贴结构不尽合理

我国新型农业补贴政策是在近年来陆续出台的，缺乏系统性的制度设计和安排，因而存在较严重的结构失衡问题。首先，表现为"绿箱"和"黄箱"之间结构的不合理，从中国农业补贴的结构现状来看，"绿箱"支持利用不充分，"黄箱"支持较多但效果不显著，"蓝箱"闲置未用。其次，各种支持内部结构亦不够合理。

（1）绿箱政策利用不充分。WTO规则所允许的"绿箱"支持政策共有12项之多，而目前我国只使用了其中的6项。未使用的"绿箱"措施均是对农民的直接支付（补贴）措施，按照其政策目标可分为两大类：一是保证农民收入的直接支付措施，具体包括不挂钩的收入补贴、收入保险和收入安全网计划中的政府资金投入等两项措施。显然，这些措施的推行是以国家雄厚的财力为基础和保障的，然而我国政府财力有限，同时实施这两项措施是有一定难度的。2004年以来，虽然增加了直接补贴的投入，先后实行了粮食直接补贴和农资综合直补，并开始着力实施推行政策性农业保险补贴等措施，但由于诸多原因，这些政策在实施中困难重重，而且粮食直接补贴在个别主产区所采取的补贴方式并非是完全脱钩的，因此，还不能完全将其纳入绿箱政策范畴，需要不断修正和完善。二是为实现特定的结构调整目标而对农民所造成损失进行补偿的措施，包括通过生产者退休计划提供的结构调整援助、通过资源休耕计划提供的结构调整援助以及通过投资援助提供的结构调整援助。其优点是能够适当弥补农业结构调整给农民带来的损失，因此在绿箱支持政策中占据重要地位。然而对于农业结构不尽合理的我国而言，实施基于农业产业结构调整的援助之意义更为重大。所以，我们可以考虑在农业产业结构调整过程中配套实施以降低结构调整带给农民的损失，从而调动农民参与产业结构调整的积极性，最终实现农业产业结构的升级和优化，不断提升农产品的国际竞争力（马述忠和冯冠胜，2010）。另外，正在使用的"绿箱"支持措施同样存在结构不合理的问题。农业科研、培训、农业推广和咨询、营销和促销服务、国内粮食援助、环境计划下的支付及地区援助计划下的支付的投入都比较低。

（2）黄箱补贴政策利用不充分。目前，中国运用的"黄箱"补贴措施主要有最低收购价、良种补贴、农机具购置补贴、农资综合直补，而对于发达国家普遍采用的特定产品价格支持、营销贷款补贴、商品贷款利息补贴等"黄箱"补贴措施，中国几乎为空白。从我国黄箱补贴措施的使用空间来看，非特定产品支持在1996~1998年平均值占农业总产值的比重仅为1.44%，1999~2001年的支出与此基本相似，这与WTO对我国黄箱补贴措施的限制空间8.5%相去甚远，特定产品支出更是低于微量允许的范围。按我国承诺的微量允许标准8.5%计算，以1999年为基期，我国用于黄箱补贴措施特定产品（小麦、玉米、稻谷和棉花）的支持为459亿元，剩余空间还有452亿元；非特定产品补贴约为1793.6亿元，尚有约1004.3亿元的支持空间。特定产品支持的剩余率是49.6%，而非特定产品支持的剩余率为35.9%。2002年以来，我国加大了对价格的支持力度，但并没有用足黄箱补贴措施的支持空间。从我国黄箱补贴措施补贴的对象和受益者来看，相当长一段时间内，农产品的补贴大量用于流通环节和价格补贴，主要补给了粮食企业和消费者，而没有直接补贴给农民。1993～2003 年用于粮食企业的补贴 4632.99 亿元，年均补贴额为 421 亿元，其中 2001 年更是高达 625.44 亿元①。1998～2006 年粮、棉、油以及肉类价格补贴累计高达 5590.5 亿元，年均补贴额为 621.17 亿元②。根据 OECD 的计算，发达国家价格补贴政策的效率为 25% 左右，即政府价格补贴每支出 1 元钱，农民只能获得 0.25 元的收益，而在发展中国家，这种价格补贴的效率更低，还常常会因过剩库存产品而加重财政负担。我国 1996～1999 年对特定农产品价格支持中，只有玉米的 AMS 支持量为正，其余均为负值，可见价格补贴的效率之低下，非但没有保护农民的利益，反而使农民利益遭受损失。长期以来实施的农业生产资料价差补贴同样不是直接补给农民，而是补给了农业生产资料的生产企业，中间经过的环节太多，"跑、冒、滴、漏"现象严重，农民要么很难从中得到实惠，要么所得实惠甚少。2006 年开始实施的农资综合直补之后，这种状况得到了一定程度的改善，但是存在着诸多问题。其一，由于农资直补贴资金一直对粮食主产区有所倾斜，导致主产区比非主产区的补贴强度大，加上一些历史原因，造成各地区间的补贴标准差距较大，使得补贴有失公平。其二，农资综合直补涉及化肥、农药、农膜和种子等诸多农业生产资料，必须完全掌握各种农业生产要素价格的波动情况，才能更好地发挥农资综合直补的作用，然而对各种农业生产要素价格的波动情况的全面准确把握往往是很困难的，所以，导致农资综合直补政策功能的发挥有限。我国特定农产品补贴主要集中在水稻、小麦、玉米等几种粮食作物，补贴范围较小，需要适当将某些优质粮食作物纳入补贴范围，同时还应结合农业产业结构调整方向突出补贴的重点，加大农业补贴的力度。

（3）因受国家财力所限，蓝箱补贴一直闲置未用。我国以往受政府财力限制，微量允许标准尚留有较大的黄箱支持空间，绿箱支持的空间更大，所以对我国政府来说，实施农业补贴的制约因素主要是资金不足，而非 WTO 农业补贴规则的限制。无论是在 1996～1998 年的基期，还是在加入 WTO 前的几年，我们并没有真正考虑使用蓝箱政策支持。近些年来我国财政实力不断增强，连年跨越新台阶。2003 年财政收入突破 2 万亿元，达到 21715 亿元；2005 年突破 3 万亿元，达到 31649 亿元；2007 年突破 5 亿元，达到 51321 亿元；2008 年突破 6 万亿元，

---

①② 根据《中国统计年鉴》数据计算。

达到 61330 亿元，2009 年 68518.30 亿元，2010 年 83101.51 亿元，2011 年达103874.43 亿元，2012 年 117253.52 亿元，2013 年 129209.64 亿元，2014 年140349.74 亿元。政府有了雄厚的财力作为后盾，我们应考虑在转变农业补贴方式过程中和农业生产正面临进口产品冲击的背景下，适时启用蓝箱政策，这有利于农业发展和农民增收。

（五）农业补贴方式的多样性、灵活性及协同配合性欠佳

自 2002 年以来，我国农业补贴的政策工具在原有的基础上有所丰富，如粮食直补、农机购置补贴、良种补贴、农资综合直补以及粮食最低收购价等，但还仅限于农产品价格和收入两类较为简单的补贴方式，而且由于补贴品种较少、补贴水平和补贴效率较低等诸多原因，导致其存在很多问题。由价格补贴向收入补贴转变是农业补贴发展的趋势，我们正在沿着这一新趋势不断探索有新意的且符合我国国情的农业补贴政策工具，但与美国、欧盟和日本等发达国家和地区所使用灵活多样、协同配合性强的农业补贴政策工具相比，我们所使用的农业补贴政策工具缺乏多样性和灵活性，并且各种政策工具协同配合性较差。例如，美国在价格支持上的反周期支付，收入支持上的农作物平均收益选择项目与农业保险与灾害补贴，自然资源与环境保护补贴；欧盟在收入支持上的单一农场补贴、环境保护补贴；日本完善的价格支持体系。粮食直补、农资综合直补、良种补贴以及农机购置补贴政策的效果及农业直接补贴政策整体效果的评估与比较将在第四章第一节中展开。因此，为更好地实现保障粮食安全、增加农民收入以及实现农业经济可持续发展等政策目标，我们应立足于我国的具体国情，借鉴国外实施农业补贴的先进做法与成功经验，不断创新和丰富我们的农业补贴方式，逐步形成一套系统的、灵活的、协同配合性强且高效的农业补贴政策体系。

（六）农业补贴管理体制运行不畅，补贴效率低下

农业补贴政策的实施，主要涉及农业、财政、外经贸、粮食、民政和银行等多个部门，往往因政出多门，协调困难，交易成本较高，时滞长，同时受部门本位主义、地方保护主义和寻租活动的影响，使得农业补贴过程中的"跑、冒、滴、漏"现象时有发生，导致农业补贴的效率较低。另外，由于中国农民数量庞大，在政府与农民之间缺乏一个有效的中介组织载体，许多针对农民的直接补贴政策，其运行成本都比较高昂，降低了补贴资金的行政效率。农业补贴的相关效率评估将在第四章中进行测度。

二、具体分析

2004 年，我国开始大规模实行以对粮食生产者直接补贴为主的农业补贴政

策以来，目前已初步形成了以粮食直补、农资综合直补为主的综合性收入补贴（又称粮食综合补贴）和以良种补贴、农机具购置补贴为主的生产性专项补贴以及粮食最低收购价补贴相结合的粮食补贴政策体系，兼顾了粮食生产和农民收入等多种政策目标的要求。粮食直补、农资综合直补、良种补贴及农机具购置补贴政策是涉及面最广、政府支出规模最大的几项政策措施。因此，本部分将主要对正在实施的这四项农业补贴政策存在的问题进行剖析。

（一）粮食直接补贴问题考察①

粮食直补政策实施以来，在促进农业增产、农民增收、创新粮食补贴制度诸方面取得较显著成效，对此应给予充分肯定。然而，由于我国粮食直补的实施时间较短、目标定位模糊、农户数量较多（约2.68亿户）（财政部经济建设司，2009）、财政能力有限以及省际间农业生产状况差异较大等原因，目前粮食直补中存在许多值得关注的问题。对于这些问题可以通过对包括补贴对象与范围、补贴依据、补贴标准、补贴资金来源等粮食直补诸要素中所体现的政策和制度缺失展开分析。

1. 补贴对象和范围的区域性差异

实践中各地区确定补贴对象和范围的基本方法主要有三种（见图3-1）：①以所有生产粮食农户为补贴对象，即所有农户均可以获得一定数量的补贴，湖南、湖北和安徽等多数省份采用这一方法；②仅对粮食主产县内的农户进行补贴，如河南、山东等均实行这种做法；③只补贴出售商品粮的农户，实行这种补贴方式的省区包括新疆、福建、广西、贵州。由于从事粮食生产本身就意味着为粮食安全做出贡献，所以获得政府补贴便是情理之中的事情。但对于只补贴粮食主产县内农户的省区而言，非主产县农户的种粮积极性显然会因未获得补贴而受到影响，由此带来的负面效应不仅有悖于公平，而且也不利于确保粮食安全目标的实现。对于只补贴出售商品粮农户做法所产生的负面影响，亦可做类似的分析和解读。

2. 补贴依据的复杂性与补贴目标定位的不确定性

从补贴依据看，2004年实行的直接补贴分为三种类型（见图3-1），各地粮食直补依据方面也存在着形式各异、种类繁杂的问题。这三种类型补贴依据包括：其一，与当期播种面积和价格脱钩，而主要以计税面积或计税常产为补贴依据，采用该法的有辽宁、吉林、河南、湖南、青海、甘肃、内蒙古等省份。居民

---

① 孙开，高玉强. 粮食直接补贴：问题考察与政策优化 [J]. 财经问题研究，2010 (8)：100-104.

等（2008）认为，依照这种补贴方式，耕地面积上无论种与不种以及种何种作物均可以领取补贴，这似乎给了粮农一个"种粮吃亏"的信号，不利于稳定粮田面积，更无法确保粮食安全，甚至可能会导致耕地转向种植收益比粮食高的经济作物；领取补贴的农民，与种不种粮食、卖不卖粮食给国家并无直接关系，这势必导致国有粮食企业难以掌控粮源，使国家宏观调控失去不可或缺的载体和资源。值得注意的是，一些种粮大户所承包的耕地是村集体所有的农田，在农村税费改革中，这些耕地并没有计入农业税征税范围，如果以计税耕地面积为补贴依据，那么，这些农户就难以得到承包地的补贴，这显然与制定直接补贴政策的初衷相抵触。其二，与当期实际种植面积挂钩，以农民实际种粮面积为补贴依据，北京、江苏、山东、浙江、广东等多数省份实行的便是这种做法。从总体上看，这种补贴模式有利于鼓励扩大粮食种植面积，刺激粮食生产，但仍然存在着计算复杂、工作量大和操作成本高的问题。其三，以农民实际出售商品粮数量为补贴依据。采用该方式的地区包括新疆、江西、福建、广西、贵州等。按照这种补贴方式，虽然农民生产的用于自身消费的粮食与农民出售的商品粮同样对粮食安全做出了贡献，但却仍然存在着无法获得相应补贴的问题。

从另一补贴依据的划分角度来分析，实践中有不少省区采用脱钩补贴形式，即以计税面积、计税常产或基期商品粮数量为计算依据，补贴的对象为所有承包土地的农户而不论其是否种粮。这种脱钩补贴形式实际上是以提高农民收入而不是保障粮食安全为粮食直补主要目标的，因此，脱钩支付是与缩小城乡居民收入差距的目标相适应的补贴方式。与此不同，与当期实际种植面积或农民实际出售商品粮数量相挂钩的补贴形式，实质上是以保障粮食安全作为粮食直补的主要目标，所以，挂钩支付是与保障粮食安全目标相适应的补贴方式。显然，脱钩补贴与挂钩补贴两种方式的并存，导致目标定位的模糊性和非一致性。

3. 补贴标准有待进一步调整和提高

粮食直补资金主要来源于粮食风险基金[①]。按照目前分散化的管理办法，各省核定粮食风险基金包干基数时考虑的因素各不相同，进而导致省际间粮食风险基金包干基数也存在着差异。具体到用于直接补贴的基金数额确定时，基本上大都根据财政支付能力进行安排，事先并未确定合理有效的粮食直接补贴标准；不是根据补贴需要来确定直接补贴预算，而是先有预算支出控制数，然后再确定补贴标准。同时，各地需要补贴的种粮面积也差异很大，因此，各省区总体财力水

---

① 这种基金是各级政府平抑粮食市场价格、促进粮食生产稳定增长、维护粮食正常流通秩序、实施经济调控的专项资金。国家对粮食风险基金的具体用途和使用范围有明确的规定。

平和需补贴的种粮面积之间的地区差异，共同决定了补贴标准和水平的地区差异。这具体表现在两个方面：一是粮食主产区的补贴标准低于主销区。例如，属粮食主销区的上海，对种植水稻的农户每亩可获得 70～150 元的直接补贴；在同属主销区的北京，种植小麦农户每亩可获得 50 元的直接补贴。然而在吉林、江苏、辽宁、江西和内蒙古等粮食主产区，每亩粮食直补的标准则分别是 32.5 元、20 元、15.9 元、11.8 元和 7.46 元。由此可见，在粮食直补实际执行的过程中，上海、北京等粮食主销区的补贴标准远高于粮食主产区。以主销区之一的上海市和主产区之一的内蒙古之间对比为例，前者直接补贴标准是后者的 10～20 倍。二是主产区内部存在着差异。同为粮食主产区的江西和江苏的补贴标准差距也比较大，江西按照水稻种植面积给予农民 11.8 元每亩的补贴，而财政状况较好的江苏则按照水稻种植面积给予农民 20 元每亩的补贴。由上述比较分析可见，受各地区财力状况和水平因素的影响，补贴标准的差异是十分悬殊的（李瑞锋和肖海峰，2006）。

对于许多财力状况拮据的地区来说，受收支压力的约束，制定的补贴标准较低（如直接补贴标准最低的重庆每亩仅补贴 2.73 元），直补政策的效应受到限制和影响。2008 年，全国平均每亩粮食直补资金约合 9.53 元。若按照每亩单产350 公斤计算，1 公斤粮食的补贴金额为 0.027 元。如果将粮食生产过程中的其他成本因素考虑进来的话，那么，粮食补贴后的收益根本无法达到农业生产要素竞争性用途的平均收入水平。我国农村固定观察点资料显示，直接补贴水平为每亩 20 元时，20% 的农民满意，这在一定程度上说明，目前直接补贴水平是偏低的（梁世夫，2005）。然而低标准的直接补贴很难从根本上提高农民生产粮食的积极性。财政部经济建设司（2009）的研究发现，在直补政策实施的第一年，补贴从无到有，随即调动了农民种粮的积极性，此时的政策效应最高。然而当补贴一旦稳定下来，成为农民相对稳定的收益之后，政策的边际效应就呈现出递减的态势。这一现象的存在应该引起我们的重视和思考。

4. 粮食直补贴发放过程中的操作成本较高

现行的粮食直补发放程序较为复杂和烦琐：先由各行政村村民委员会组织对本村各农户的实际粮食种植面积进行调查摸底，据实填报清册，在村内张榜公示，其间若无异议，可上报乡镇政府，乡镇政府通常会责成农业部门会同乡镇财政所核实后逐级上报批准。整个发放过程之中，涉及土地、农业、粮食、财政、农业发展银行等多个单位，但却没有专门的负责机构出面进行协调管理，由此导致整个补贴流程费时、费力，增加了工作量和操作成本。据对一些县的典型调查表明，粮食直接补贴的行政成本约占补贴总额的 5% ~ 10% 之多（叶兴庆，2005），这个比例是相当高的。但国家发放的直接补贴资金中并不包含对直接补贴执行成本的弥补，即粮食直补项目中没有列支行政成本，该项费用完全由地方政府承接，这也给地方财政带来了相当大的压力。以河北省为例，在 2004 年的粮食直补工作中，县、乡、村三级共抽调 2 万余人，每人用了近 60 个工作日。一般情况下，一个乡镇的直接支出费用为 2 万 ~ 3 万元（不含人工费用），直接补贴工作成本约占直接补贴资金的 10% 之多（郭建军，2005）。

5. 粮食安全成本分担机制有悖成本与受益对称原则

当前各项农业补贴均不同程度地与地方财政状况有关联，主要表现在两个方面：一是部分补贴本身对地方财政有资金配套的要求，2007 年中央一号文件指出，"各地用于种粮农民直接补贴的资金要达到粮食风险基金的 50% 以上"，而按照《粮食风险基金管理暂行办法》的规定，从 1998 年起，粮食风险基金由中央政府和地方政府按照 1∶1.5 的比例分担，缺口部分则按照 1∶1 分担，之后虽有调整，但基本维持该比例。在我国，粮食主产区提供了 80% 的商品粮。但是，在此种粮食直补资金来源结构下，粮食主产区对我国粮食生产和安全做出的贡献越大，其地方政府承担的补贴资金负担也就越重；然而粮食非主产区对粮食安全贡献越小，其承担的补贴负担也越小。相比较之下，粮食消费地区承担的粮食补贴负担就更小了。所以，目前条件下的粮食补贴资金来源结构安排，在很大程度上造成了粮食主产区承担部分非主产区、消费区的粮食安全成本现象，使粮食主产区的粮食补贴资金及其效应外溢到了非主产区和消费区。这种现象和结果既有悖于粮食安全成本与受益对称的原则，同时也使原本就深陷财政困境的粮食主产区①中的许多省区的地方政府收支状况雪上加霜。二是部分省份自发进行配套补贴，如安徽省 2007 年为促进良种应用，在《关于印发 2007 年水稻良种补贴与良种挂钩试点方案和水稻产业提升行动良种良法配套资金操作方案的通知》（皖农财〔2007〕52 号）中规定在国家水稻良种补贴资金每亩 15 元的基础上，省财政增加每亩 5 元良种良法配套补贴资金用于水稻产业提升行动核心示范区。因此，一方面在配套体制下，地方政府的财力大小在很大程度上决定着各地区个体补贴水平高低与地方财政配套资金的规模，财政实力越强的省份，补贴发放单量越高，地方财政支出比例越大，如江苏省 2006 年水稻直接补贴标准是 20 元每亩，共发放粮食直补和农资综合直补资金 15.83 亿元，其中省级财政

---

① 包括 13 个省份（见表 3 - 5）。

承担 14.95 亿元①；另一方面，粮食产量在很大程度上决定各区域整体补贴水平高低与地方财政支出总量多少，越是产量大省，补贴发放总量就越多，地方财政绝对支出越大，如河南省 2007 年单发放粮食直接补贴资金达 14.5 亿元，按粮食风险基金最低 1∶1.5 资金比例进行测算，省级财政需支付 8.7 亿元。但同时，地方财力雄厚地区与粮食主产区的重合度较低，以 2009 年粮食产量 1800 万吨为标准，共有河南、山东等 12 个省份可列入粮食主产区；以 2009 年全国人均地方一般预算支出 6239.66 元为标准，共有上海、北京、天津等 16 个省份可列入地方财力强省份，二者重合的仅有内蒙古、黑龙江、吉林、辽宁、江苏 5 个省份（见表 3 - 8）。如此，一方面导致粮食大省要承担更多与其地方财力状况不匹配的补贴负担，导致粮食大省补贴水平难以提高②，地方财政支出只能以达到国家最低要求比例为准；另一方面，地方财力状况较好省份的补贴资金压力小，可加大配套资金来相对提高规模有限的本地种粮农民补贴水平，这就导致非粮食主产区个

表 3 - 8　2009 年各省粮食直补配置

地区		粮食产量	人口	人均产量	粮食缺口	人均一般预算支出	应获补贴
粮食主产区（13 个省份）	河北	2910.17	7034.40	413.71	180.82	3337.30	8.28
	内蒙古	1981.70	2422.07	818.18	1041.94	7955.33	5.64
	辽宁	1591.00	4319.00	368.37	−84.77	6210.67	4.53
	吉林	2460.00	2739.55	897.96	1397.05	5399.46	7.00
	黑龙江	4353.01	3826.00	1137.74	2868.52	4907.84	12.38
	江苏	3230.10	7725.00	418.14	232.80	5200.47	9.19
	安徽	3069.87	6131.00	500.71	691.04	3493.59	8.73
	江西	2002.56	4432.16	451.83	282.88	3525.09	5.70
	山东	4316.30	9470.30	455.77	641.82	3450.44	12.28
	河南	5389.00	9487.00	568.04	1708.04	3062.89	15.33
	湖北	2309.10	5720.00	403.69	89.74	3655.46	6.57
	湖南	2902.70	6406.00	453.12	417.17	3450.58	8.26
	四川	3194.60	8185.00	390.30	18.82	4386.95	9.09

① 江苏 9 月 15 日前兑付粮食直补和农资增支综合补贴［EB/OL］.［2006 - 08 - 30］. 中央人民政府网站.

② 粮食主产区集中全国大多数种粮农民，其农业补贴水平低下具有全国代表性。

续表

地区		粮食产量	人口	人均产量	粮食缺口	人均一般预算支出	应获补贴
产销基本平衡区（11个省份）	山西	942.00	3427.36	274.85	-387.82	4556.58	2.68
	广西	1463.20	4856.00	301.32	-420.93	3339.83	4.16
	重庆	1137.20	2859.00	397.76	27.91	4519.39	3.23
	贵州	1168.27	3798.00	307.60	-305.35	3613.13	3.32
	云南	1576.92	4571.00	344.98	-196.63	4271.14	4.49
	西藏	90.53	290.03	312.14	-22.00	16209.78	0.26
	陕西	1131.40	3772.00	299.95	-332.14	4882.39	3.22
	甘肃	906.20	2635.46	343.85	-116.36	4728.90	2.58
	青海	102.69	557.30	184.26	-113.54	8734.00	0.29
	宁夏	340.70	625.20	544.95	98.12	6915.59	0.97
	新疆	1152.00	2158.63	533.67	314.45	6239.66	3.28
主销区（7个省份）	北京	124.77	1755.00	71.09	-556.17	13215.76	0.35
	天津	156.29	1228.16	127.26	-320.24	9154.16	0.44
	上海	121.68	1921.00	63.34	-623.67	15562.99	0.35
	浙江	789.15	5180.00	152.35	-1220.69	5122.29	2.24
	福建	666.86	3627.00	183.86	-740.41	3892.54	1.90
	广东	1314.50	9638.00	136.39	-2425.04	4497.17	3.74
	海南	187.60	864.07	217.12	-147.66	5625.27	0.53
全国		53082.08	131660.69	403.17	—	4636.47	151.00

注：单位依次为万吨、万人、公斤、万吨、元、亿元。

资料来源：根据《2010年中国统计年鉴》相关数据计算。

体补贴水平反而高于粮食主产区，如2007年上海粮食直补标准达每公顷上千元，而河南、山东两大主产区则仅为每公顷240元与210元，不仅造成总量有限的实际补贴资金存在区域分配的失衡，而且扭曲了部分区域按比较优势开展的粮食生产活动，不利于地区分工和专业化生产发展（赵德余和顾海英，2004）。换言之，中国粮食主产区在承担国家粮食安全重任下，同时也承担了相应的生产、流通、储存等宏观粮食安全成本，包括农业补贴。尽管当前粮食主产区粮食风险基金已占全国80%，其中中央财政补助67%（张少春，2009），但仍难以有效减轻粮食主产区的财政负担，继而无法有效刺激粮食主产区农民开展粮食生产的积极性，现有补贴资金供给机制亟待调整。

（二）良种补贴问题分析

良种补贴虽然取得了一定的成绩，但是在实行中也存在着一些问题，主要表现在如下几个方面：

1. 良种补贴的地域和品种覆盖率较低，侧重口粮安全

自 2002 年实施良种补贴以来，补贴面积逐年递增，但由于投入不足，补贴总面积仍然较低，补贴品种也主要为四大粮食作物，主要目的是保障国家的口粮安全。2009 年补贴面积为 5.23 亿亩，约占我国粮食播种面积的 28%[①]，同时，良种补贴还存在着严重的地区间覆盖率[②]差异与品种差异。良种补贴地区间覆盖率差异主要体现在两方面。首先，表现在粮食主产区和非主产区间的差异。良种补贴覆盖率较高的省份是湖南省和江西省，均达到 85% 以上。然而其他省份补贴覆盖率均不到一半，一些非粮食主产省所占比重更低甚至没有该项补贴。其次，还表现在主产区内部存在显著差异。江西良种补贴覆盖率高达 91.55%，而作为粮食生产大省的四川仅为 5.77%。其次，不同品种的良种补贴覆盖率存在显著差异。作为主要口粮的水稻与小麦补贴所占比重均相对较高：水稻补贴面积覆盖率一直在 50% 以上，并且增长迅速；小麦补贴面积所占比重虽有增长，但 2006 年仅为 29.25%；然而玉米和大豆补贴覆盖率更低，2006 年分别为约 7.42% 和 13%。良种补贴显著的地区及品种差异显然不利于从整体上改善我国农业生产的现状、提高农业科技水平。若要从根本上提高我国农产品的国际竞争力、满足人们日益增长的品质需求，就必须扩大我国良种补贴面积，并且增加良种补贴的品种。

2. 经费短缺，有碍补贴工作的有效开展

国家良种补贴项目实施办法规定，良种补贴专项经费必须全部补贴给农民，而项目管理工作经费必须由地方财政配套提供。一些地方财政比较宽裕的地区一般会为项目实施单位提供相应的工作经费。但对于"摇摇晃晃"的大多数基层财政而言，显然力不从心。良种补贴项目的主要实施单位——县农业局或其下属的农业技术推广中心自身办公经费就比较紧张。良种补贴项目实施后，供种企业的招投标、供种计划的制订与落实、监督供种进度与供种质量、农业生产技术培训与技术服务等多项工作均由农业局或其下属的农业技术推广中心负责，导致他们的工作量明显增加，工作经费短缺难以保证良种补贴政策的有效实施。同时，

[①]　郭军，冷博峰. 我国农作物良种补贴政策发展现状与存在问题探析［J］. 调研世界，2010（6）：21，39－40.

[②]　指良种补贴面积占粮食总播种面积的比例。

由于良种补贴政策实施挤占了农业局其他用途的办公经费，开展一些必要的农业技术服务活动等基本工作都很困难。更不用谈开展深入细致的技术服务与技术推广工作及更新推广队伍知识以满足农民日益增长并且越来越多样化的技术需求了。目前，农技中心只能靠争取各类科技推广项目以及从事一些业务经营活动来"自谋出路"，以维持农技推广机构正常运转以及工作人员的基本生存。

3. 涉及环节较多，监管成本高昂

任何政策的有效实施都离不开严格有效的监管，良种补贴更是如此。因为良种补贴涉及的环节很多，落实环节相当复杂，监管成本相对较高。按照时间顺序，良种补贴的多个环节可以划分为三个阶段，即补贴前、补贴中和补贴后。补贴前的工作主要有宣传发动、方案制订、品种审查、发布招标公告、对供种单位进行评审、资格审查、招标组织与监管；补贴中的工作包括监督供种、监测种子质量、建立档案等；补贴后的工作主要有技术培训、作物长势调研等。每个环节对保证良种补贴政策效应的发挥均至关重要，但环节过多容易导致监督与管理上的难度加大，这些程序的运行需要大量的人力、物力及财力，增加了政府的监管成本。良种补贴过高的监管成本，削弱了良种补贴的政策效果，影响了社会福利的增加，也存在着监管不到位、易滋生腐败、产生寻租等一系列问题。

4. 政府宣传不到位，信息严重不对称

作为良种补贴的受益人和受动者，农户的行为直接关系到该项政策的最终效果。据调查发现，作为理性经纪人，农户面临良种补贴时考虑更多的是预期收益及以往的用种习惯。这就使得良种推广补贴的初衷受到很大的限制。一方面，农民由于缺乏对良种信息的了解，放弃了该项补贴或者只接受部分补贴；另一方面，出于节约行政成本的考虑，政府并没有对相应的品种进行有效的宣传或对良种品质的监督。如此一来，农户与企业之间的信息不对称难以得到有效弥补，政府也缺乏大力宣传的动力。这种信息的不对称将会产生严重的后果：一是农户继续根据自己的经验和预期来选择良种，使国家补贴资金的作用落空；二是地方政府在提供良种方面没有任何动力可言，也就不会对良种的质量进行有效的监督，出现"良种不良"的现象。因此，这种良种信息的不对称有可能导致财政资金的浪费。据调研发现，巨野县部分村庄的农民表示知道减免农业税和粮食直接补贴，却从未听说过良种补贴。与减免农业税广泛被人乐道不同，人们缺乏了解良种补贴的渠道。

5. 农户的反馈机制缺失

作为政策的制定者，政府在政策制定之前会有某种预期，当政策实施后还必须考虑到人们的反应。因为农户面对这一政策的反应是该政策效果的最好评价标准。据调研发现，一些地方在向农户完成供种后就以为良种推广工作已完结，忽略了配套技术的推广，更不要说听取农户的反馈意见。行政成本过高已让良种推广工作面临着许多问题，反馈机制的缺乏更使该项工作失去了应有的群众监督基础，违背了政策设计的初衷。良种推广应作为稳定粮食生产、提高农业生产科技水平的重要事业，顺应今后我国粮食生产的发展方向，但是反馈机制的缺乏使得该项政策失去了持续性存在的基础，使政府与农户之间难以形成有效的良性互动。

6. 良法配套推广困难重重

良种良法的配套推广是良种补贴最为重要的一个特点，但是在实际操作过程中，良法的配套推广还存在许多困难，影响了良种补贴的政策效果。首先，与农民接受政府推介的良种相比，良法的推进与农民正确使用的历程要艰难得多。因为良法配套不仅是一个农民对关键栽培技术的执行与规范操作的过程，其效果还受到不同操作者、不同土壤地块、不同自然气候条件的制约和影响，同时，不同农户对技术的需求也存在着较大差别。调研中农户对良种选用行为的差异就做出了最好的说明。其次，基层农业技术服务体系不能满足农户的技术需求。县、乡、村的技术服务体系应该是农民技术服务的主要提供者。然而，长期的体制缺陷和机制缺失，使本已"线断、人散、网破"的农村技术推广体系，由于经费短缺、人心涣散而无法有效地承担起项目运行中配套良法的有效推广工作。尽管与供种企业的合作可能会使县乡一级农技人员在力所能及的范围内完成诸如资料发放、示范户培训、科技入户工程的管理等必要的技术指导工作，维持良种补贴中最基本的技术服务工作，但随着作物新品种的不断应用，农民对良种为载体的农业新技术需求也在不断增长，而当前的基层农业技术服务体系难以满足日益增长的农户需求。因此，若没有良法的配套推广，良种推广补贴的效果将大为降低，其绿箱政策的内涵也将受到严重影响。

（三）农机具购置补贴的问题分析

1. 未将小型农机具纳入补贴范围

按照国家农机购置补贴实施方案的相关规定，农机具购置补贴种类主要涉及大中型农机具。国家制定的农机购置补贴产品目录更多是参照平原地区、发达地区农业机械化的发展水平和自然条件而制定，很少考虑西部贫困地区农牧民比较落后的农业机械化水平及经济发展水平，南方地区稻田普遍地块小、落差大，丘陵山地较多，道路及田间通过性差，我国农业生产规模较小等特征，不适合大中型农机具作业。

2. 补贴率较低，购置农机贷款难

农机购置补贴率为 30%，一般机具单机补贴限额不超过 5 万元；挤奶机械、烘干机单机补贴限额可提高到 12 万元；100 马力以上大型拖拉机、高性能青饲料收获机、大型免耕播种机、大型联合收割机、水稻大型浸种催芽程控设备单机补贴限额可提高到 15 万元；200 马力以上拖拉机单机补贴限额可提高到 25 万元；甘蔗收获机单机补贴限额可提高到 20 万元，广西壮族自治区可提高到 25 万元；大型棉花采摘机单机补贴限额可提高到 30 万元，新疆维吾尔自治区和新疆生产建设兵团可提高到 40 万元。这相对于大中型农机具的高昂价格而言杯水车薪。例如，一台国产的半喂入联合收割机（无锡生产）售价约为 16 万元，补贴 4.8 万元后自己还要出 11.2 万多元，确实让农民无能为力。如果能出台类似购房和购汽车的消费贷款政策，有利于增强农户的农业机械购买力，从而将其购机意愿转化为现实。

3. 项目工作经费严重缺乏

农业机械购置补贴是一项政策性强、涉及面广的复杂工作，必须在操作程序、宣传、培训、手续办理、档案管理和跟踪服务等各环节中投入大量的人力和财力，这就不可避免地要增加农机管理部门的经费支出。一般一个项目县的成本开支在 3 万元至 6 万元。然而中央和省安排的购机补贴资金中并未包含该项工作费用，州县因财政困难，也很难安排工作经费。

（四）农资综合直补的问题分析

农资综合直补存在的主要问题有两个：一是农资综合直补的标准不能及时准确地根据农资价格的变动进行相应调整；二是农资综合直补的价格和其他产品的价格一样，基本呈现不断上涨的趋势，如果要较好地降低农资价格上涨对农业生产成本的拉动作用，就只有不断提高农资综合直补的标准，带来的必然结果是财政负担的日益加重。

（五）最低收购价的问题分析

粮食最低收购价政策在调动和保护粮食主产区农民的种粮积极性、促进粮食生产的稳定发展、稳定市场粮价、增加农民收入等方面取得较好的成效，但同时也出现了诸多问题。

1. 粮食最低收购价易升难降

在粮食最低收购政策和其他农业补贴政策共同的作用下，我国粮食供求关系有所缓和，按照市场规律粮食市场价格应有一定幅度的下降，但是为了防止"谷贱伤农"带来的粮食产量下降，粮食最低收购价却易升难降。国家发改委、财政部和粮食局等部门已经意识到粮食最低收购价只能维持或提高。

2. 财政不堪重负

在主产区所实施的粮食最低收价政策，所有的财政成本均由中央财政承担。但是最低收购价水平没有随粮食增产而下降，中储粮总公司收购了大量粮食后，面临库存大量积压甚至霉变损失以及顺价销售的困难。据估算，此政策自2004年实施以来，中央财政承担了数百亿元保管费用和利息补贴，而且不得不承担销售时的差价亏损及其他费用的风险。各地财政也极有可能因此形成新一轮亏损挂账。

3. 国有粮食企业改革步伐放慢

当启动粮食最低收购价预案时，中储粮公司及其委托的国有粮食企业重新捧起政策铁饭碗，依法获得粮食保管费用、利息和补贴，从而影响了国有粮食企业的市场化改革的进程。这样，国有粮食企业可以不需要通过正常的市场竞争照样能生存，企业经营机制又回归计划经济状态，缺乏改革的压力和动力。

4. 形成新的市场垄断

粮食最低收购价实施的过程中，中央储备粮管理总公司及其地方储备粮公司依法成为最低收购价的执行主体，他们将当年生产的大部分粮食收购至粮库，实质上形成了市场垄断和不公平竞争，不利于多元化市场主体的培育。

第四节　农业补贴制度存在问题的基本诱因

导致农业补贴制度存在突出问题的原因是多层面的。本节主要从国际规则、法律法规、经济、制度以及人为因素等方面展开分析。

一、国际规则层面

WTO农业补贴规则实质上限制与压缩了我国农业补贴政策的选择空间。正如前文所述，影响我国农业补贴水平不高的主要因素是政府财力，而不是WTO农业补贴规则对我国农业补贴的约束。但是，当我国经济达到一定水平、政府财力较为雄厚时，WTO农业补贴规则在事实上就必然成为拓展我国农业补贴政策空间的重要障碍。我国作为WTO成员国之一，农业补贴必然要在WTO框架的约束下进行。由于我国加入 WTO 前长期实施了"农业支持工业、农村支持城市"的"非均衡"发展战略和与之密切配合的具有一定"偏向性"的财税制度，忽视了对农业补贴的投入，导致在 1996～1998 年的基期内农业的综合支持量为零，致使黄箱补贴措施的支持空间被大幅度压缩，除了微量允许水平之外我们没有其他可供使用的黄箱补贴措施空间，就是微量允许水平仅为 8.5%——比其他发展中成员国一般标准 10% 还要低 1.5%。学者经过测算认为，按 8.5% 的最低减让标准，我们在黄箱政策上尚有 1500 亿元的补贴空间，但是相对于我国数量庞大的农民、落后的农业生产率及国际竞争力较低的中国农产品而言，1500 亿元的补贴空间显然无法令我们欣慰，与美国农业综合支持量 1191 亿美元的上限相比，我们相去甚远（马述忠和冯冠胜，2010）。同时，我国在加入 WTO 时承诺放弃了享受给予发展中国家的特殊和差别待遇条款的权利，若使用这些特殊和差别待遇条款的支持措施，则必须纳入黄箱政策的综合支持量，这不仅挤占了我国微量允许水平的空间，更为重要的是，这些特殊和差别待遇条款关于投入补贴和投资补贴的规定比 WTO《农业协定》对绿箱政策支持的限制条件还要宽松得多，可以提供较大的补贴政策空间的回旋余地。此外，在出口补贴方面，我们放弃了对农产品提供任何形式的出口补贴。因此，可供我们利用的农业补贴政策空间最后只剩下绿箱、黄箱 8.5% 的微量水平和闲置未用的蓝箱政策，毋庸置疑，这将在一定程度上影响我国农业补贴方式的转变、补贴水平的提升及补贴结构的优化，从而限制我国农业补贴政策效果的充分发挥。

二、法律层面

我国整体立法水平和层次较低，对农业及农业补贴方面的立法重视度与农业在国民经济中基础地位严重不相匹配，尤其是中华人民共和国成立以来，模仿苏联斯大林模式走工业道路，对农业的重视程度是不够的。在农业立法方面"无法可依、有法不依、执法不严、违法不究"的现象更为突出。改革开放后，尤其是在温总理任期内，这种情况有所改观。胡锦涛总书记在党的十六届四中全会上提出"两个趋向"的论断更有利于中国农业立法的健全。尽管该政策导向顺应了形势发展的要求，但是这一努力还远远不够。

三、经济层面

从发达国家农业补贴的实践不难看出，经济发展水平、政府财政能力、产业结构、农业比较优势、农产品与工业品的国际贸易条件等经济因素是决定农业补贴水平提升的关键内因。一般而言，随着农业产值在国内生产总值中所占比重以及农业劳动力在总体劳动力中比重的下降，农业补贴水平会有所提高。农业补贴政策的顺利推行必须以雄厚的财政收入作为基础和后盾，而在财政收入分配制度或秩序既定的情况下，一国的财政收入在很大程度上直接取决于经济发展水平。因此，一般而言，发达国家的经济发展水平较高，政府的财政收入规模较大，这就为有效实施高强度农业补贴政策提供了必要充足的资金保障，所以，发达国家农业补贴规模和水平普遍比发展中国家大得多。我国作为一个发展中的农业大国，经济发展水平直接决定了我国的财政收支规模，而财政收支规模又影响我国现阶段的农业补贴水平。随着经济发展水平的不断提高及对"三农"问题重视程度的提升，农业补贴水平会逐渐提高。

四、制度层面

第一，我国长期以来实施"农业支持工业、农村支持城市"的优先发展工业、具有城市偏向的发展战略以及与其密切配合的财税、货币政策，形成了一种优先发展工业和城市的强烈政策惯性，并且产生强烈的"路径依赖"。中华人民共和国成立后，我国政府确立了优先发展重工业的发展战略，并且主要通过工农产品的价格"剪刀差"和对农业税收从农业部门抽取剩余支持工业的发展。虽然政府也安排了一定数量的财政支农支出，但是这些支出与从农业集中的剩余相比是微不足道的。总体来看，国家不但没有为农业发展提供资金支持，反而从农业中抽取大量的剩余。结果必然导致，产业结构失衡、相对发达的工业与落后的农业、富裕的城市与贫穷的农村并存的局面，形成了具有典型"二元"特征的经济格局。虽然决策者已经做出了"两个倾向"的正确判断，意识到我国进入了"工业反哺农业"的发展阶段，并且高度重视农业补贴问题，但是制度变迁存在明显的"路径依赖"，过去的制度选择对当前的制度安排会产生深远的影响，因此，要彻底消除政策惯性、改变"路径依赖"，从而在实践上真正实现"农业支持工业"到"工业反哺农业"的根本转变尚需时日。

第二，"财权上收、事权下放"的财政体制造成基层政府的财力与事权极不匹配。我国1994年分税制改革的基调是在不损害地方政府既得利益的同时，提高中央在财政收入增量中的比重，其结果导致中央财政收入占全国财政收入的比重逐步提高，地方财政对中央财政的依存度逐步提高（见表3-9）。中央与地方财政管理权限划分的基本格局是"上收财权、下划事权"，由此导致地方政府因财力所限根本无法安排足够的资金用于支持农业发展，所以目前的农业补贴往往是中央出钱，地方政府特别是基层地方政府提供配套资金的能力十分有限，甚至中央出台的农业补贴政策成为地方政府尤其是欠发达以及落后地区地方政府的沉重包袱，难以同时调动中央与地方的积极性。这是导致我国农业补贴水平一直不高的体制性因素。

表 3－9　地方财政对中央财政的依存度　　　　　　　单位：亿元，%

年份	中央补助	地方上解	中央净补助	地方财政支出	依存度
1990	585.28	482.19	103.09	2079.12	4.96
1991	554.76	490.3	64.46	2295.81	2.81
1992	596.5	558.64	37.86	2571.76	1.47
1993	544.63	600.31	－55.68	3330.24	－1.67
1994	2389.09	570.05	1819.04	4038.19	45.05
1995	2534.06	610.01	1924.05	4828.33	39.85
1996	2722.52	603.88	2118.64	5786.28	36.61
1997	2856.67	603.8	2252.87	6701.06	33.62
1998	3321.54	597.13	2724.41	7672.58	35.51
1999	4086.61	598.13	3488.48	9035.34	38.61
2000	4665.31	599.12	4066.19	10366.65	39.22
2001	6001.95	590.96	5410.99	13134.56	41.20
2002	7351.77	637.96	6713.81	15281.45	43.93
2003	8261.41	618.56	7642.85	17229.85	44.36
2004	10407.96	607.17	9800.79	20592.82	47.59
2005	11484.02	711.96	10772.06	25154.31	42.82

资料来源：《中国财政年鉴》。

从各级地方政府的财政关系来看，随着中央政府财力的日趋集中，地方政府的较高级次政府也效仿中央政府不断"上收财权、下划事权"的做法，使原本捉襟见肘的基层财政雪上加霜。基层政府与更高级次间政府纵向财力的失衡以及基层财政事权远远大于财权的严重不匹配，导致基层财政由于财政困难的加剧而无力安排足够的资金用于农业补贴，造成农业补贴的主体基本形成了由中央和省级政府主导的局面。然而对农村最熟悉、最具有信息优势的县乡政府受财力制约反倒难以发挥应有的作用。

第三，预算制度存在的明显缺陷制约了农业补贴规模的扩张。这主要表现在两个方面：一是我国确定财政支出指标所采用的方法一般是增量预算法而不是零基预算法，这无疑加大了历史因素对指标核定的影响。由于我国传统上长期忽视了财政对"三农"的投入，所以用增量数法来核定指标就成为财政支农支出和财政安排的农业补贴难以实现合理规模的绊脚石。二是人大对预算的审批及执行过程的监督在相当程度上流于形式，而且人大代表中真正来自农村的代表少之又少，这往往使为数众多的农民常常在政治决策上失去"话语权"，农民的利益难以得到真正体现和充分保障，这严重制约着财政农业补贴规模的扩张，甚至难以保证通过权力机关审查的支农支出及农业补贴预算在具体的支出安排过程中不被挤占挪用。

第四，以晋升锦标赛为主要特征的政绩考核制度严重影响了农业规模的扩张及结构的优化。我国政府官员的绩效考核制度普遍采取晋升锦标赛作为具体实现形式。晋升锦标赛是指上级政府将下级政府官员晋升的可能性与下一级政府辖区内的经济增长等考核指标直接挂钩的制度。在此晋升模式下，由于与基层政府相比高层政府没有信息优势，因此，考核指标往往是选择比较容易量化的综合指标，例如 GDP 增长率、财政收入增长速度等。然而，农业属于弱质产业，农业 GDP 占 GDP 总量通常较低，并且农业增长率一般低于第二、第三产业的增长率，这导致地方政府尤其是基层政府决策者通常没有足够的积极性来支持和保护农业的发展，再加上地方财力所限，造成地方政府要么客观上没有足够的资金，要么有足够财力但主观上不愿意将其安排用于农业补贴。从农业补贴的结构来看，县乡政府在向农业提供公共服务（包括优化农业补贴结构）方面有信息优势，但由于基层财政要么无力、要么不愿意多安排农业补贴的前提下，农业补贴的资金只能来源于中央政府和较高级次的地方政府，基层政府只能按照上级政府规定执行农业补贴的发放，导致其信息优势无法发挥，从而不利于农业补贴结构的优化。

第五，农业补贴等财政支农支出存在多头管理、政出多门的现象。农业补贴的发放及管理主要涉及农业、农机、财政、外经贸、粮食、民政和银行等多个部门，往往因政出多门、职责分工不明确、协调困难、交易成本较高、时滞长、同时受部门本位主义、地方保护主义和寻租活动的影响，使得农业补贴过程中的"跑、冒、滴、漏"等补贴资金流失现象时有发生，农民最终受益有限，导致农业补贴的效率较低。

五、人为因素

第一，对农业发展各阶段的主要矛盾认识不清。农业经济发展阶段不同，其主要矛盾的内容也不尽相同。农业补贴政策的主要目标或补贴的侧重点应与不同经济发展阶段的主要矛盾相契合，这是发达国家农业补贴实践的共同做法和成功经验。纵观发达国家农业补贴制度的变迁史可以总结出，农业经济不同发展阶段的主要矛盾大致经历了"农产品不足、农产品过剩及城乡居民收入差距拉大、自然资源和环境破坏"的过程，农业补贴的主要政策目标或侧重点恰好与此契合，经历了"保障粮食安全、增加农民收入、优化农业产业结构、保护自然资源和生态环境"等几个阶段。即当农业生产率较低、农产品无法实现自给时，提高粮食产量自然成为农业补贴的首要目标；当粮食实现自给甚至过剩、城乡收入差距较大时，稳定农产品价格与提高农民收入水平就成为农业补贴的重点；随着经济发展水平和农民收入水平进一步提高，保护自然资源和生态环境、实现农业及农村经济的可持续发展又成为农业补贴的重点。我国农业补贴政策的主要目标定位的模糊性与我们对农业经济不同发展阶段的主要矛盾认识不够清晰密切相关。

第二，农民数量庞大、组织化程度不高，缺乏利益代表与表达机制。从理论上而言，在用于农业补贴的财政资金总规模既定的情况下，人均农业补贴水平与农民数量是成反比的，这是不言而喻的。中国不仅是第一人口大国，农民数量更是极为庞大。因此，农民的数量庞大成为影响农业补贴水平的一个重要因素。从农业补贴的效率看，农民数量庞大会增加农业补贴相关的信息搜集成本、农业补贴的发放成本和行政成本，降低农业补贴的效率。同时，中国农民人口多而分散，组织化程度很低，缺乏共同利益的代表与表达机制，致使农民利益被侵蚀的现象时有发生。这已成为影响中国农业补贴制度顺利运行的重要障碍。提高农民的组织化程度，创建农民的利益代表主体，是解决"三农"问题的有效途径，对保护农民利益至关重要。在农业补贴过程中创建农民的利益代表主体，搭建农民与政府之间的桥梁，一方面有利于提高农民的谈判地位，改变广大农民在利益博弈和政策博弈中的劣势地位；另一方面有利于政府与农民之间的信息交流，降低补贴的运行成本，提高农业补贴效率（李长健，2009）。美国、日本等发达国家的农民行业组织在农业补贴中发挥了极为重要的作用，这些国家的成功实践表明，农业补贴政策的制定与实施离不开农民代表利益主体的参与。然而我国目前没有真正意义上的农民利益代表主体，在农业补贴中，我们应借鉴发达国家的成功经验，从立法上赋予农业行业组织一定的法律地位，明确行业组织的性质及业务范围，充分发挥其在农业补贴中的积极作用。

第四章 农业补贴政策效应的计量分析

在前文研究的基础上，我们首先运用灰色关联度分析法检验了全国层面农业补贴政策整体与各项具体新型农业补贴政策的增产效应与增收效应是否显著；其次运用省级面板数据模型比较研究了粮食主产区、产销基本平衡区、主销区的农业补贴政策整体的增产效应；最后运用省级面板数据模型验证了各省份的农机购置补贴政策效应。

第一节 全国农业补贴政策效应的评价：灰色关联度分析

本节运用灰色关联度分析的方法，从全国的层面计量、比较和评价了农业补贴政策整体的政策效应和各项具体新型农业补贴的增产效应与增收效应。

一、研究方法

邓聚龙（1985）创立灰色系统理论的同时，提出了运用灰色关联分析方法（Grey Relational Analysis）对系统动态发展过程量化分析以考察系统诸因素间的相关程度，其基本思想是根据曲线间相似程度判断因素间的关联程度。由于此方法对样本量的大小无太高要求，分析时亦不需要典型的分布规律，并且分析结果一般与定性分析一致，因而得到了广泛的应用。鉴于此，本研究运用此法对农业补贴政策的效果进行评价。灰色关联度的求解步骤一般有原始数据变换、计算关联系数、求关联度以及列出关联矩阵四个步骤。

二、数据来源与指标选取

(一) 数据来源

本研究的时间跨度是 2006 ~ 2013 年。2006 ~ 2013 年粮食产量和农村居民家庭人均纯收入来源于 2007 ~ 2014 年《中国统计年鉴》。农业补贴数据根据中华人民共和国中央人民政府、财政部、农业部等网站数据汇总整理（见表 4 - 1）。

表 4 - 1 新型农业补贴规模、粮食产量与农村居民人均纯收入

单位：亿元，万吨，元

项目 \ 年份	2006	2007	2008	2009	2010	2011	2012	2013
粮食直补（X_1）	142	151	151	151	151	151	151	151
农资综合直补（X_2）	120	276	716	795	835	860	989.65	1071
良种补贴（X_3）	41.54	66.6	123.8	154.8	204	220	245	302
农机购置补贴（X_4）	6	20	40	130	155	175	200	240
新型农业补贴总额（X）	309.54	513.6	1030.8	1230.8	1334.9	1406	1585.65	1764
粮食产量（Y_1）	49804.2	50160.3	52870.9	53082.1	54647.7	57120.8	58957.9	60193.8
农村居民人均纯收入（Y_2）	3587.04	4140.36	4760.62	5153.17	5919.01	6977.29	7916.6	8896

资料来源：补贴数据根据中华人民共和国中央人民政府、财政部、农业部等网站数据汇总。其余年度数据均来源于历年《中国统计年鉴》。

(二) 指标选取

选取的指标主要包括母因素指标和子因素指标。母因素指标主要有粮食总产量与农村居民家庭人均纯收入。子因素指标包括粮食直补额、农资综合直补额、良种补贴额、农机具购置补贴额、新型农业补贴总额。粮食总产量是指某地域在一定时期和一定的经济社会条件下，农业生产要素综合投入所产生的，以粮食产量为最终标示的粮食产出功能。本研究选取当年粮食总产量衡量粮食数量安全水平，它是当前反映粮食生产能力的主要指标，粮食产量越高，表明粮食生产保障能力越强。提高农村居民的收入水平、缩小城乡居民收入差距是我国农业补贴政策的重要目标之一。然而农村居民家庭人均纯收入恰好是衡量农村居民收入水平的主要数量指标。新型农业补贴总额等于当年的粮食直补额、农资综合直补额、良种补贴额与农机购置补贴额的总和，反映新型农业补贴政策的总体状况。

三、农业补贴政策总体效应的实证分析

（一）灰色关联度的计算

本研究使用 2006~2013 年全国四项新型农业补贴政策的补贴额和我国粮食产量以及农村居民人均纯收入的相关数据来进行关联度分析，具体数据列于表 4-1。根据 2006~2013 年相应指标的统计数据，确定子因素分别为粮食直补额（X_1）、农资综合直补额（X_2）、良种补贴额（X_3）和农机购置补贴额（X_4），而母因素是反映新型农业补贴政策增产效应与增收效应的数量指标，增产效应主要用粮食总产量（Y_1）刻画、增收效应由农村居民人均纯收入（Y_2）衡量。

（二）灰色关联度矩阵的结果分析

1. 整体关联度分析

通过计算灰色关联度，可知 2006~2013 年的新型农业补贴政策整体与粮食总产量的灰色关联度为 0.5267[①]，这在一定程度上表明农业补贴政策确实调动了农民的种粮积极性，对粮食供给量产生促进效果。农村居民家庭人均纯收入的灰色关联度为 0.5054，说明对提高农民收入水平作用相对较小。通过比较可以发现，新型农业补贴政策整体上的增产效应比增收效应略微明显。

2. 分项关联度分析

我们进一步深入研究各项新型农业补贴政策单独的增产效应和增收效应问题，得到母子因素的关联度，列出灰色关联度矩阵（见表 4-2）。从灰色关联度矩阵不难看出，除农机具购置补贴外，粮食直补、农资综合直补、良种补贴与粮食产量和农村居民人均纯收入的灰色关联度均超过 0.8，说明相关性都较高，表明粮食直补、农资综合直补、良种补贴三项农业补贴政策的增产及增收效应均较为显著。农机具购置补贴的政策效应不够明显的可能性解释主要有两方面：一是农机具购置补贴政策的补贴力度较为有限；二是农机具购置补贴的传导机制更为复杂（具体分析参见下文），可能影响其效应的有效发挥，最终弱化了农机具购置补贴的增产效应和增收效应。

通过各项新型农业补贴政策的增产效应的比较来看，按效应大小的降序排列为粮食直补、良种补贴、农资综合直补和农机具购置补贴。各项农业补贴政策的增收效应大小的降序排列同样为粮食直补、良种补贴、农资综合直补和农机具购置补贴。通过各项农业补贴政策的增产效应与增收效应的比较，可以得出如下结

---

① 数据采用标准化变换，分辨系数取 0.5。

表 4 – 2　灰色关联度矩阵

	X₁	X₂	X₃	X₄
Y₁	0.9972	0.8116	0.8732	0.5890
Y₂	0.9708	0.8283	0.8930	0.5948

论：粮食直补政策的增产效应比增收效应突出，其他三项补贴政策的增收效应均略大于增产效应。

新型农业补贴政策整体上与粮食总产量及农村居民人均纯收入的灰色关联度，均明显低于各项农业补贴政策与粮食总产量及农村居民人均纯收入的灰色关联度。表明我国粮食直补、农资综合直补、良种补贴和农机购置补贴等单项政策效应更为明显，但新型农业补贴政策的整体效应欠佳。其原因可能是各项政策自成体系，缺乏综合协调，导致其协同效应难以较好发挥，未形成整体效能和合力。

运用灰色关联度分析方法，利用 2006 ~ 2013 年全国层面的相关数据，以粮食直补额、农资综合直补额、良种补贴额、农机购置补贴额和新型农业补贴总额为子因素，以粮食总产量和农村居民人均纯收入为母因素，从经验研究的角度检验了农业补贴政策整体和单项农业补贴政策的增产效应与增收效应。研究结果表明，新型农业补贴政策整体的两种效应均较为显著，并且增产效应略微高于增收效应。从具体农业补贴政策看，各项新型农业补贴政策的增产效应和增收效应的大小排序是一致的。粮食直补政策的增产效应比增收效应突出，其他三项补贴政策的增收效应均略大于增产效应。然而，与我国各项农业补贴政策效应相比，新型农业补贴政策的整体效应欠佳。但这只是从全国层面上计量和考察了各项新型农业补贴政策的增产效应与增收效应，存在的明显不足是，无法从省份层面刻画和捕捉各项农业补贴政策的两种效应。下一节对省域农业补贴政策效应的评价也许恰好可以弥补这一缺陷。

第二节　中国省域农业补贴的政策效应检验：
来自省级数据的证据

本节在拓展柯布—道格拉斯生产函数的基础上，构建并运用省级面板数据模型实证检验了粮食主产区、产销基本平衡区以及主销区的农业补贴的政策效应。

一、模型：对柯布—道格拉斯生产函数的拓展

用于研究生产要素投入与产出之间关系且使用非常广泛的生产函数是柯布—道格拉斯生产函数。它由数学家 Cobb 和经济学家 Douglas 于 1928 年提出的。最初用于预测国家和地区的工业系统或大企业的生产及分析发展生产的途径，其基本的形式为：

$$Y = AL^{\alpha}K^{\beta}\mu \qquad\qquad (4-1)$$

其中，Y、A、L、K 分别为工业总产值、综合技术水平、投入劳动力及资本的数量，α、β 依次为劳动力与资本的产出弹性系数，μ 为随机扰动项。从此模型可以看出，决定工业系统发展水平的主要因素是投入的劳动力数量、固定资产和综合技术水平。根据 α 与 β 的组合情况，有三种类型：其和大于 1，为递增报酬型，表明按现有技术用扩大生产规模来增加产出是有利的；其和小于 1，为递减报酬型，表明按现有技术用扩大生产规模来增加产出是得不偿失的；其和等于 1，为不变报酬型，表明生产效率并不会随着生产规模的扩大而提高，只有提高技术水平，才能提高经济效益。

为了测算农业补贴等各种农业生产投入与农业产出的数量关系，本研究将对初始的柯布—道格拉斯生产函数进行改进和拓展。农业生产对象是有生命活力的生物有机体。农业再生产过程始终是生物有机体生命力的保持和延续，因此，农业再生产过程是自然再生产过程与经济再生产过程的融合，这是农业生产的根本特征。它决定了农业生产要素与工业生产要素存在巨大差异，农业生产要素主要包括劳动力、土地、农业机械、化肥、农业补贴及自然环境等。农业生产要素的差异性与多元化决定了继续使用初始的柯布—道格拉斯生产函数测度农业产出是不可行的，必须对其改进和拓展[①]。由于自然环境难以用某一具体指标进行准确衡量，所以将自然环境等其他因素放入随机扰动项。因此，拓展后的用于测度农业产出的柯布—道格拉斯生产函数具体形式设定为：

$$Y = A \cdot LAN^{\beta_1} LAB^{\beta_2} MAC^{\beta_3} FER^{\beta_4} FIS^{\beta_5} e^{\mu} \qquad\qquad (4-2)$$

其中，β_i 分别为各种农业生产投入的产出弹性系数，μ 为随机扰动项。为获得更为精确的参数估计结果，对式（4-2）两边同时取自然对数，可变换为线性于参数的面板数据模型为：

---

① 高玉强. 农机购置补贴与财政支农支出的传导机制有效性研究 [J]. 财贸经济，2010（4）：61-68.

$$\ln Y_{it} = \ln A + \beta_1 \ln LAN_{it} + \beta_2 \ln LAB_{it} + \beta_3 \ln MAC_{it} + \beta_4 \ln FER + \beta_5 \ln FIS + \mu_{it} \quad (4-3)$$

为缓解多重共线性问题以提高参数估计的精确度，我们利用农业规模报酬不变的这一先验信息，即 $\beta_1 + \beta_2 + \beta_3 + \beta_4 + \beta_5 = 1$ 成立①。将模型（4-3）变换为：

$$\ln \frac{Y}{LAN_{it}} = \ln A + \beta_2 \ln \frac{LAB}{LAN_{it}} + \beta_3 \ln \frac{MAC}{LAN_{it}} + \beta_4 \ln \frac{FER}{LAN_{it}} + \beta_5 \ln \frac{FIS}{LAN_{it}} + \mu_{it} \quad (4-4)$$

二、研究方法

1. 模型形式的确定

假定个体面板数据模型为 $y_{it} = \alpha_i + \beta_i X_{it} + u_{it}$（$i = 1, 2, \cdots, N$; $t = 1, 2, \cdots, T$）。个体面板数据模型可分为无个体影响的不变系数模型、有个体影响的变截距模型及有个体影响的变系数模型三种类型。对面板数据模型进行参数估计时，使用的样本数据包含了指标、个体和时间三个维度的信息。若模型形式设定不正确，将导致估计结果与所要模拟的经济现实偏离甚远。因此，选择正确的模型形式是保证实证分析有效性的基本前提。所以，首先采用协方差分析对模型形式进行检验，主要检验如下两个假设：

$$H_1 : \beta_1 = \beta_2 = \cdots = \beta_N \qquad\qquad (4-5)$$

$$H_2 : \alpha_1 = \alpha_2 = \cdots = \alpha_N \qquad\qquad (4-6)$$

$$\beta_1 = \beta_2 = \cdots = \beta_N \qquad\qquad (4-7)$$

如果接受假设 H_2，则认为样本数据符合不变系数模型，无须进行进一步检验；如果拒绝假设 H_2，则需要进一步检验假设 H_1。若拒绝假设 H_1，则认为样本数据符合变系数模型；反之，则认为样本数据符合变截距模型。分别构造统计量 F_1 和 F_2 以检验上述两个假设，F_1、F_2 分别对应假设 H_1 和 H_2（高铁梅，2006）。

$$F_1 = \frac{(S_2 - S_1)/[(N-1)k]}{S_1/[N(T-k-1)]} \sim F[(N-1)k, N(T-k-1)] \qquad (4-8)$$

$$F_2 = \frac{(S_3 - S_1)/[(N-1)(k+1)]}{S_1/[N(T-k-1)]} \sim F[(N-1)(k+1), N(T-k-1)] \qquad (4-9)$$

其中，S_1、S_2、S_3 分别表示变系数模型、变截距模型及不变系数模型估计的残差平方和，N 表示个体截面成员的个数，T 表示每个截面成员的观测时期总数，k 为解释变量的个数。

2. 固定效应与随机效应模型选择

确定了模型正确形式后，需要进一步选择使用固定效应模型还是随机效应模

---

① 农业规模报酬不变在第四章第三节中有更为详细的验证。

型。Hausman 提出了一种基于随机效应估计量与固定效应估计量两者差异的检验。在不可观测效应与解释变量不相关的原假设下，随机效应估计量和固定效应估计量都是一致的，但是随机效应估计却更加有效。在不可观测效应与解释变量相关的备择假设下，固定效应估计量仍然是一致的，而随机效应估计量却不再一致。

三、变量处理与数据来源

基于研究目的的考虑，本研究以 1998～2009 年中国 31 个省、自治区、直辖市（为行文简便以下全部简称省份）的耕地、劳动力、农业机械总动力、化肥施用量以及农业补贴作为解释变量，以各省份的农林牧渔业总产值作为被解释变量，利用模型（4-4），检验各省份农业补贴政策的增产效应。

（1）农林牧渔业总产值（Y）：由各省份当年的农林牧副渔业国内生产总值和第一产业国内生产总值平减指数折算，并以 2002 年为不变价格进行换算以剔除价格因素的影响。

（2）劳动力（LAB）：用当年第一产业从业人员数衡量。当年第一产业从业人员数等于当年年末第一产业就业人员数与上一年年末第一产业就业人员数的算术平均数，由于各省人均教育水平相关数据不可得，所以没有纳入刻画各省劳动力质量差异上的相关指标。由于统计年鉴未给出 2006 年年末第一产业从业人员数，本研究使用 2005 年和 2007 年的算术平均数替代。

（3）农业机械总动力数（MAC）：由于在我国很多落后地区役畜是一种非常重要的农业生产工具，所以将各省份当年年底役畜数按一定标准折算为农业机械动力后与当年年底农业机械拥有量相加得到当年年底的农业机械总动力数。折算办法如下：役畜数是参照每年底大牲畜头数来取得的，根据每头役畜为 0.7 马力的标准换算为马力数，而 1 马力又相当于 0.735 千瓦，所以一头大牲畜相当于 0.5145 千瓦的农业机械动力数[①]。当年的农业机械总动力数为当年年底的农业机械总动力数与上年年底的农业机械总动力数的算术平均数。

（4）耕地（LAN）：用各省当年的农作物总播种面积表示。

（5）化肥施用量（FER）：用纯量表示。

（6）各省农业补贴总额（FIS）：用各省的财政支农支出近似替代。

本节模型中所有数据均来源于 1999～2010 年《中国统计年鉴》。模型中涉及

---

① 该换算比例参见林毅夫. 制度、技术与中国农业发展［M］. 上海：三联书店，1994：100.

变量的描述性统计列于表 4 - 3。

表 4 - 3　1998 ~ 2009 年中国各省投入产出变量描述性统计

	农业总产值 （亿元）	劳动力 （万人）	耕地 （千公顷）	农机总动力 （万千瓦）	化肥施用量 （万吨）	农业补贴 （万元）
均值	950.3	1014.9	5015.0	2256.25	149.0	633036.7
中位数	793.5	810.4	4615.9	1743.7	119.8	387920.5
最大值	3931.6	3525.8	14185.6	10986.6	628.7	4032704.0
最小值	42.3	48.5	229.4	99.9	2.5	36557.0
标准差	747.7	781.2	3470.3	2226.1	124.1	668935.4

资料来源：根据《中国统计年鉴》相关数据计算。

四、实证分析

由于各省份间，尤其是粮食主产区、主销区、产销基本平衡区之间的农业生产规模、生产技术水平及农业补贴规模等存在较大程度的差异，因此本研究采用广义最小二乘法（Cross - section Weights），利用 1998 ~ 2009 年的省级面板数据，对模型（4 - 4）作参数估计，其结果列于表 4 - 4。

表 4 - 4　农业补贴政策增产效应模型的参数估计结果

解释变量	模型 1：全部产区	模型 2：主产区	模型 3：主销区	模型 4：平衡区
lnA	0.7216 (8.70)	- 0.0538 (- 0.52)	- 0.5484 (- 1.92)	- 0.4306 (- 1.32)
$\ln\dfrac{LAB}{LAN}$	0.1857 (8.17)	0.3001 (12.99)	0.4115 (4.48)	0.3761 (7.68)
$\ln\dfrac{MAC}{LAN}$	0.0700 (4.62)	0.0973 (5.67)	0.3575 (5.16)	0.1409 (4.04)
$\ln\dfrac{FER}{LAN}$	0.8083 (45.28)	0.5388 (19.19)	0.0775 (0.91)	0.4595 (8.38)
$\ln\dfrac{FIS}{LAN}$	0.1845 (23.04)	0.2035 (20.87)	0.1309 (8.89)	0.1631 (8.46)
观测值	372	156	84	132

解释变量	模型1：全部产区	模型2：主产区	模型3：主销区	模型4：平衡区
$\overline{R}^2$	0.8826	0.9321	0.8788	0.7884
F	698.2784	533.2510	151.4439	123.0471
P值	0.0000	0.0000	0.0000	0.0000
估计方法	PLS	PLS	RE	PLS

注：除模型2、模型4中的常数项及模型3中 $\ln\dfrac{FER}{LAN}$ 的待估参数外，其余估计参数均在1%的水平上显著；括号中的数值为对应参数的t统计量；PLS为混合数据模型，RE为随机效应模型。

从面板数据模型的拟合优度看，除模型（4-4）外，全部产区、粮食主产区、主销区的拟合优度均超过了87%，平衡区的拟合优度也超过了78%，表明单位面积上各种农业生产投入要素等所有解释变量对被解释变量土地生产率的整体影响在统计上是比较显著的。每一个解释变量对土地生产率的个别影响在统计上同样高度显著，各偏回归系数的符号均为正，与理论预期相符。模型（4-1）、模型（4-2）、模型（4-3）及模型（4-4）中单位面积上农业补贴支出对土地生产率的弹性系数依次为0.1845、0.2035、0.1309、0.1631，由此至少可以推出两个结论：一是经验数据分析支持和验证了农业补贴对农业生产的影响显著这一结论，即整体而言，农业补贴政策产出效应的传导机制是有效的。实质上，这从经验数据上检验了第五章第二节 DEA 模型中投入产出指标选取的合理性。二是单位面积上的农业补贴对土地生产率影响最大的是粮食主产区，产销基本平衡区次之，主销区最低。

第三节 农机具购置补贴的政策效应评价：基于省级面板数据的经验分析

本节首先从理论上梳理了农机购置补贴与其他财政支农支出的传导机制；其次通过构建和运用农机总动力和土地生产率两个省级面板数据模型，实证分析了农机购置补贴的政策效应的显著性问题。[①]

---

① 高玉强．农机购置补贴与财政支农支出的传导机制有效性研究［J］．财贸经济，2010（4）：61-68.

一、背景考察

农业乃一国基础性、战略性产业，事关国家安全与国计民生，对中国这样一个人口大国尤为如此。经济发展和社会进步强烈呼唤农业的现代化，具体包括机械化、化学化、水利化和电气化，其中，机械化处于首要位置。农业机械是传统农业转化为现代农业不可或缺的生产工具，是加速农业现代化进程不可替代的物质技术基础与推动力。然而，农业属于自然风险和市场风险双重叠加的弱质产业，生产率和比较效益较低，倘若仅依靠农业自身的资金积累，农业机械化很难在短期内实现。故此，许多国家实施了农业机械化扶持政策，而且成效显著，这是那些农业生产率较高国家的普遍经验。对于农业机械化总体水平较低[①]的农业大国——中国而言，实施农业机械化扶持政策的重要性不言而喻。正是基于此，我国政府自 1998 年起设立购买农机补贴专项资金，自 2004 年起实施农机购置补贴政策和《农业机械化促进法》，2005 年颁布施行《农业机械购置补贴专项资金使用管理暂行办法》。作为中央强农惠农政策的重要内容，农机购置补贴自 2004年实施以来，中央财政安排的补贴资金规模迅速倍增，实施范围逐步扩大至全国所有农牧业县和农场，补贴机具种类逐渐增多，而且成效显著。同时，也暴露了一些问题。但与如火如荼的实践形成鲜明对比的是，有关农机购置补贴的理论与经验研究滞后。利用中国学术期刊全文数据库（CNKI）进行文献检索，输入关键词"农机购置补贴"，相关研究成果仅有 22 篇；同时输入"农机购置补贴"与"传导机制"检索，则相关研究成果为零。国内对农机购置补贴传导机制有效性的探讨，以及对农机购置补贴绩效的计量分析也近乎空白。如何优化农机购置补贴制度，疏通农机购置补贴传导机制，以最大限度地发挥其农业机械化的导向作用，从而提高农业生产率、促进农业增产增效与农民节本增收，成为当前学者研究的重要课题。

二、农机购置补贴与其他财政支农支出的传导机制

（一）农机购置补贴的传导机制

农户和农业生产组织（以下合称农户）具有强烈购买农业机械意愿且自身

---

① 2007 年底耕种收综合机械化水平仅为 42.5%，相当于日本 20 世纪 70 年代中期、韩国 20 世纪 80年代初期水平。水稻机械化栽植水平为 11.1%，玉米机收水平仅为 7.2%，油菜和棉花生产机械化水平更低，许多经济作物、林果业、畜牧水产养殖、设施农业的机械化水平还处在起步阶段（张桃林在 2009 年全国农机购置补贴工作会议上的讲话）。

基本具备购买能力和农户有强烈购买农业机械意愿但自身不具备购买能力两种情形下的农机购置补贴传导机制存在较为明显的差异，所以对两种情形下的传导机制分别进行梳理。

（1）农户有购买农业机械的强烈意愿且基本具备购买能力情形下的农机购置补贴传导机制分析。农机购置补贴政策主要是通过替代效应、收入效应及乘数效应发挥作用的。一方面，农机购置补贴政策的实施，将产生替代效应和收入效应。首先，由于补贴目录内的农机具与未给予补贴的农机具及其他商品之间的价格比下降，农户会选择用补贴目录内的农机具替代未给予补贴的农机具及其他商品，导致补贴目录内农机具的购买量上升。其次，由于农机具价格下降引致农户的实际收入增加、购买力增强，农机具的购买量上升。由替代效应和收入效应构成的农机购置补贴总经济效应，将导致农机购买量的大幅度增加。另一方面，农机购置补贴政策引发乘数效应。各级地方政府原本就存在发展本辖区经济的目标和动力，中央财政增加农机购置补贴支出，会带动地方财政相应扩大农机购置补贴支出，在农户具有购买农业机械的意愿且拥有相当部分积累资金而基本具备购买能力的情况下，中央与地方政府农机购置补贴支出的共同增加引起的乘数效应，将促成农户购机投入的数倍增加，使其购机意愿转化为现实，进而使农业机械总量持续、快速增加。农机的使用与普及，使之与劳动力、耕地等其他农业生产要素的组合得到优化、配置效率得以提高，进而促成农业生产技术水平的提高，以及土地生产率、资源利用率、劳动生产率和规模报酬的大幅度提高。这既减轻了农民劳动强度，改善了农民生产生活条件，又降低了农业生产成本，提高了农产品产量和质量。

（2）农户有强烈购买农业机械意愿但自身不具备购买能力情形下的农机购置补贴传导机制分析。在农户有强烈购买农业机械意愿但因自身仅拥有部分积累资金尚不具备购买能力的情况下，若农户获得农机购置补贴资金后仍未具备购机能力，即使中央和地方财政增加农机购置补贴支出，也难以发挥乘数效应，拉动农户成倍增加购机投入，其购机意愿很难实现。在此情形下，要发挥农机购置补贴作为转移性支出"四两拨千斤"的乘数效应，须在适度提高补贴率的同时，充分运用财政贴息方式支持金融机构向有购机意愿但无购买能力的农户提供抵押贷款（以所购农机作为抵押）。如此，则足以使其获得农机购置补贴资金和贴息贷款后接近或达到购买力，从而使农户购买到先进适用、技术成熟、安全可靠、节能环保、服务到位的农机具，加快农业机械化和现代化进程。贴息贷款支持农户购买农机的措施，对于经济欠发达地区和所购农机价格较高的农户尤为适用。

上述两种情形下的农机购置补贴传导机制虽有所差异，但大致可用图4－1示意。

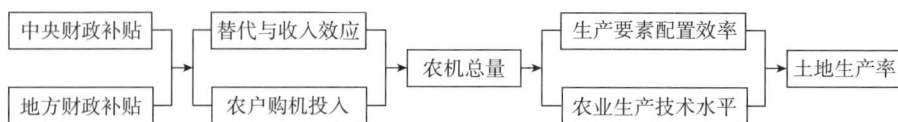

图4－1 农机购置补贴政策传导机制

（二）其他财政支农支出的传导机制

由于与其他财政用于农业的支出项目相比，支援农村生产支出和农业综合开发支出对提高农业生产率的效果更直接和明显，同时出于数据可得性的考虑，本研究探讨的财政支农支出主要界定为支援农村生产支出和农业综合开发支出。农业客观上是自然风险和市场风险交织叠加的弱质产业，主观上又受我国长期以来实施的"农业支持工业、农村支持城市"的"非均衡"发展战略和与之密切配合的"偏向性"财税制度的双重制约，原本步履维艰的农业更是雪上加霜，农业生产率较低、比较效益每况愈下。如果仅仅依靠农业自身有限的资金积累，在短期内很难实现农业的机械化，农业现代化亦形同空中楼阁。在农民自有积累资金不足的情况下，政府逐年增加的财政支农支出势必与农民自有积累资金合拢，共同投入到农业生产，用于加强农业基础设施建设、改善农业生产生活条件、优化各农业生产要素的配置结构、提高农业生产率和农产品的数量与质量、巩固与夯实农业的基础地位，最终实现各产业的协调、均衡发展。

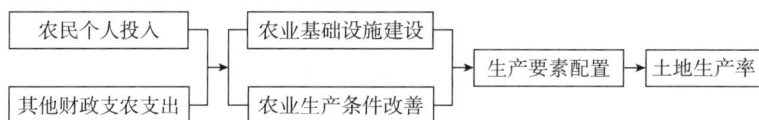

图4－2 财政支农支出传导机制

三、模型、方法与数据

（一）模型

从农机购置补贴传导机制的梳理中不难看出，考察农机购置补贴传导机制的有效性，必须分两步，即先考察单位面积土地上农机购置补贴对单位面积土地上农机总动力这一中介指标影响的显著性，然后测度中介指标对土地生产率的影响。基于此，本研究将构建农机总动力和土地生产率两个计量模型依次测度和检验上述两种影响在统计上的显著性。

1. 农机总动力模型

从结构上分析，购买农机投入主要有中央与地方财政安排的农机购置补贴、农民个人投入、单位和集体投入及其他投入。因此，影响农机总动力的变量至少包括上述四个方面的投入。为缓解多重共线性的困扰，更准确地进行参数估计和统计推断，精确计量各种投入对农机总动力的影响，本模型中的解释变量和被解释变量均采用平均指标，即单位面积土地上的各种投入和单位面积土地拥有的农机总动力。从理论预期看，单位面积土地上每一种投入的变动均会导致单位面积土地拥有农机总动力的同向变动。农机总动力模型设定为：

$$\ln \frac{M}{K_i} = C_i + \alpha_1 \ln \frac{S}{K_{it}} + \alpha_2 \ln \frac{P}{K_{it}} + \alpha_3 \ln \frac{U}{K_{it}} + \alpha_4 \ln \frac{O}{K_{it}} + \xi_{it} \qquad (4-10)$$

其中，M、K、S、P、U、O 依次表示各地区农业机械总动力、农作物总播种面积、中央与地方财政安排的农机购置补贴、农民个人购机投入、单位和集体购机投入及其他购机投入。

2. 土地生产率模型：柯布—道格拉斯生产函数的拓展

为了测度农机购置补贴和财政支农支出等各种农业生产投入与农业产出的数量关系，本研究将对初始的柯布—道格拉斯生产函数进行改进和拓展。农业生产对象是有生命活力的生物有机体。农业再生产过程始终是生物有机体生命力的保持和延续，因此，农业再生产过程是自然再生产过程与经济再生产过程的融合，这是农业生产的根本特征（李建平，2007）。此特征决定了农业生产要素与工业生产要素存在巨大差异，农业生产要素主要包括劳动力、土地、生产工具、化肥、财政支农支出和自然环境等。农业生产要素的差异性与多元化决定了继续使用初始的柯布—道格拉斯生产函数测度农业产出将是不可行的，必须对其改进和拓展。农业生产工具不仅种类繁多，而且数量可观，但其相关数据难以获取，所以本研究用年底农业机械总动力作为衡量农业生产工具的替代指标。自然环境也难以用某一具体指标进行准确衡量，将自然环境等其他影响因素放入随机扰动项。因此，拓展后的用于测度农业产出的柯布—道格拉斯生产函数具体形式设定为：

$$Y = AL^{\beta_1} K^{\beta_2} M^{\beta_3} F^{\beta_4} E^{\beta_5} e^{\mu} \qquad (4-11)$$

其中，Y 表示农业总产值，A 是综合技术水平，L、K、M、F、E 分别表示各地区农业从业人员、农作物总播种面积、农业机械总动力、农用化肥施用量、财政支农支出，β_1、β_2、β_3、β_4、β_5 分别为各种农业生产投入的产出弹性系数，μ

为随机扰动项。对式（4-11）两边同时取自然对数可变换为线性于参数的回归模型：

$$\ln Y_{it} = \ln A_i + \beta_1 \ln L_{it} + \beta_2 \ln K_{it} + \beta_3 \ln M_{it} + \beta_4 \ln F_{it} + \beta_5 \ln E_{it} + \mu_{it} \qquad (4-12)$$

运用 OLS 对此线性模型进行参数估计可获得更精确的结果。利用 1997～2005 年 31 个地区的面板数据，对模型（4-7）回归并进行 Wald 检验，得 Wald 统计量为 1.41，对应的概率为 0.2344，说明接受农业规模报酬不变的原假设，即 $\beta_1 + \beta_2 + \beta_3 + \beta_4 + \beta_5 = 1$ 成立。但由于农业从业人员、农业机械总动力及农用化肥施用量均与农作物总播种面积高度相关，使用 OLS 估计所得的农作物总播种面积的产出弹性 $\hat{\beta}_2$ 为负数，这显然与理论预期相矛盾，由此可推断，模型明显受到较严重的多重共线性的困扰。为减轻或消除多重共线性以提高参数估计的精确度，本研究利用我国的农业规模报酬不变这一先验信息，将 $\beta_2 = 1 - \beta_1 - \beta_3 - \beta_4 - \beta_5$ 代入式（4-12）并整理可得：

$$\ln \frac{Y}{K}_{it} = \ln A_i + \beta_1 \ln \frac{L}{K}_{it} + \beta_3 \ln \frac{M}{K}_{it} + \beta_4 \ln \frac{F}{K}_{it} + \beta_5 \ln \frac{E}{K}_{it} + \mu_{it} \qquad (4-13)$$

为更好地测度各地区农业生产技术水平的差异，将式（4-13）表示为：

$$\ln \frac{Y}{K}_{it} = \ln A + \ln A_i^* + \beta_1 \ln \frac{L}{K}_{it} + \beta_3 \ln \frac{M}{K}_{it} + \beta_4 \ln \frac{F}{K}_{it} + \beta_5 \ln \frac{E}{K}_{it} + \mu_{it} \qquad (4-14)$$

其中，$\ln A$ 表示所有地区的平均农业生产技术水平，$\ln A_i^*$ 表示第 i 个地区农业生产技术水平对平均农业生产技术水平的偏离，用于刻画各地区农业生产技术水平的差异。

（二）方法

计量方法与第四章第二节相同。

（三）数据来源

2000～2006 年 30 个地区（不含西藏）中央与地方财政安排的农机购置补贴、农民个人投入、单位和集体投入及其他投入等数据（度量单位均为万元）[1] 均源自中国农业机械化信息网官方网站。1997～2005 年 31 个地区的农业总产值（亿元[2]）、农业从业人员（万人）、农作物总播种面积（千公顷）、农业机械总动力（万千瓦）、农用化肥施用量（万吨）、财政支农支出（万元）等数据均来源于 1998～2006 年《中国统计年鉴》。

---

[1] 2006 年以后的相关数据无法获得。

[2] 为剔除物价因素的影响，农业总产值用 CPI 进行平减。表示该指标的度量单位，下同。

四、实证分析

(一) 农机购置补贴对农机总动力的影响

首先检验单位面积土地上农机购置补贴对单位面积土地上农机总动力的影响在统计上是否显著。表4-5的估计结果说明30个地区中央与地方财政的农机购置补贴对农机总动力这一中间指标的影响是显著的。在其他投入保持不变情况下，单位面积土地上的农机购置补贴每增加1%，单位面积土地上的农机总动力平均增长0.09%。单位面积土地上农机总动力对农民用于单位面积土地上的购买农机投入的弹性系数为0.60。

表4-5　农机总动力模型回归结果

解释变量	模型1	模型2
C	-2.36 ** (-20.2)	-2.20 ** (-21.9)
lnS/K	0.10 ** (4.5)	0.09 ** (4.7)
lnP/K	0.60 ** (16.1)	0.60 ** (16.7)
lnU/K	0.11 ** (5.0)	0.12 ** (5.8)
lnO/K	-0.04 * (-2.5)	—
$\overline{R}^2$	0.68	0.68
F	93.58	137.81
P 值	0.0000	0.0000
估计方法	PLS	PLS

注：表4-5和表4-6中，圆括号内数字为t统计量，＊＊和＊分别表示1%和5%的显著性水平。PLS为混合数据模型，FE为固定效应模型。

(二) 农机总动力与财政支农支出对土地生产率的影响

与非粮食主产区相比，我国粮食主产区的地理、土壤、气候、技术等条件更适宜农作物的生产，适宜种植农作物的耕地面积较大，农业从业人员数量、农机总动力、农用化肥施用量也较多，最终导致农业产值通常也较高。如图 4-3 所示，主产区的农业产值、农作物播种面积、农业从业人员、农机总动力的平均数依次为非主产区相应指标平均数的 2.6 倍、2.9 倍、2.2 倍、3.6 倍左右。总体而言，粮食主产区的平均农业规模远远大于非粮食主产区的平均农业规模，所以在考察我国农机总动力和财政支农支出对土地生产率的影响时，对粮食主产区和非粮食主产区分别进行实证分析应是合理的选择。后继实证研究结果进一步验证了该结论。

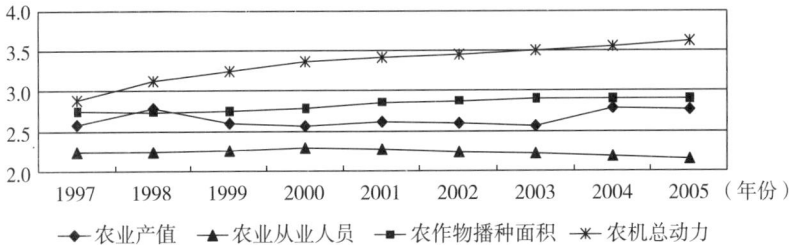

图 4-3 粮食主产区与非主产区农业生产规模比较

（三）粮食主产区农机总动力与财政支农支出对土地生产率的影响

本部分运用土地生产率模型测算粮食主产区农机总动力与财政支农支出对土地生产率的影响。表 4-6 实证结果显示，在其他农业生产要素投入保持不变的情况下，单位面积土地上的农业从业人员、农业机械、农用化肥和财政支农支出任何一种生产要素的增加，均会导致土地生产率的提高。从经验分析上进一步验证了粮食主产区农机购置补贴和财政支农支出的传导机制是有效的。前文研究结论为单位面积土地上农机总动力对单位面积土地上农机购置补贴的弹性系数为 0.09。土地生产率面板数据模型估计结果显示，土地生产率对单位面积土地上农机总动力的弹性系数为 0.05。因此，在单位面积土地上的其他投入保持不变的条件下，单位面积土地上农机购置补贴每增长 1%，单位面积土地上农机总动力平均增加 0.09%，最终导致土地生产率平均提高 0.0045%。但是农机购置补贴的产出弹性系数远远小于 1，究其原因主要有二：一是政府安排农机购置补贴支出的规模较小，二是农机购置补贴资金自身的使用效率过低。

土地生产率对单位面积土地上财政支农支出的弹性系数为 0.33，即当其他农业投入要素不变时，单位面积土地上财政支农支出增加 1%，则土地生产率平均提升 0.33%。但是土地生产率对单位面积土地上财政支农支出的弹性系数

表4-6 土地生产率模型回归结果

解释变量	全部产区	主产区	非主产区
lnA	-0.94** (-4.0)	-0.64** (-4.4)	-0.98** (-3.2)
lnL/K	0.36** (4.9)	0.24** (7.4)	0.59** (5.8)
lnM/K	0.17** (4.0)	0.05* (2.1)	0.21** (3.5)
lnF/K	0.23** (3.9)	0.45** (10.4)	0.13* (1.9)
lnE/K	0.26** (15.1)	0.33** (18.3)	0.25** (10.8)
观测值	275	117	158
$\overline{R}^2$	0.98	0.91	0.99
F	451.74	308.37	533.16
P 值	0.0000	0.0000	0.0000
估计方法	FE	PLS	FE

亦小于1,其原因可与财政安排的农机购置补贴对土地生产率的弹性小于1一样做类似的分析。

（四）非粮食主产区农机总动力与财政支农支出对土地生产率的影响

本部分运用土地生产率模型对非粮食主产区农机总动力与财政支农支出对土地生产率的影响进行实证分析。表4-6的估计结果表明,在其他农业生产要素保持不变的情况下,单位面积土地上的农业从业人员、农业机械、农用化肥和财政支农支出任何一种生产要素的增加,均会提高土地生产率。同样从经验数据上验证了非粮食主产区农机购置补贴与财政支农支出的传导机制是有效的。前文农机总动力模型研究发现,单位面积土地上农机总动力对单位面积土地上农机购置补贴的弹性系数为0.09。土地生产率面板数据模型估计结果（见表4-6）显示,土地生产率对单位面积土地上农业机械总动力的弹性系数为0.21。因此,在单位面积土地上的其他投入保持不变的条件下,单位面积土地上农机购置补贴增长1%,单位面积土地上农业机械总动力平均增加0.09%,最终导致土地生产率平均提高0.0189%。这一数值高于粮食主产区。

土地生产率对单位面积土地上财政支农支出的弹性系数为0.25,即当其他农业投入要素保持不变时，单位面积土地上的财政支农支出增加1%，则土地生产率平均提高0.25%。该弹性系数略低于粮食主产区。

（五）各地区农业生产技术水平的估计

农业生产技术水平是影响农业投入与产出数量关系的重要因素，所以有必要对各地区的农业生产技术水平进行现实考察。各地区农业生产技术水平对平均生产技术水平偏离的估计结果如表4-7所示，各地区的农业生产技术水平存在较显著差异，而且，除海南和新疆等个别地区以外，其他地区的农业生产技术水平基本与其经济发展水平呈正相关。即经济水平高的地区，农业生产技术水平通常也较高，如上海、福建、广东、北京、江苏、浙江等地；然而经济水平较低的地区，农业生产技术水平则相应较低，如西藏、甘肃、贵州、云南、青海、宁夏等地。各地区经济发展水平，一般用各地区的人均GDP这一指标衡量。运用表4-7中的数据及根据《2006年中国统计年鉴》相关数据计算所得的2005年各地区人均GDP，可以计算出斯皮尔曼等级相关系数为0.66，这也进一步验证了各地区农业生产技术水平与其经济发展水平高度相关的结论。

表4-7 各地农业生产技术水平对平均生产技术水平偏离（$\ln A_i^*$）的估计结果

地区	$\ln A_i^*$	地区	$\ln A_i^*$	地区	$\ln A_i^*$	地区	$\ln A_i^*$
海南	0.6657	北京	0.2291	黑龙江	0.0398	甘肃	-0.3608
上海	0.4301	江苏	0.1910	内蒙古	0.0372	贵州	-0.4165
福建	0.4230	湖北	0.1744	湖南	0.0360	陕西	-0.4425
辽宁	0.3116	浙江	0.1505	河南	-0.0620	云南	-0.4516
新疆	0.2927	四川	0.1023	广西	-0.0948	青海	-0.5109
吉林	0.2710	江西	0.0863	安徽	-0.1173	山西	-0.6174
天津	0.2331	河北	0.0825	重庆	-0.1285	宁夏	-0.6433
广东	0.2291	山东	0.0580	西藏	-0.3304		

注：估计结果按降序排列。

五、政策建议

（一）结论

本研究在梳理农机购置补贴及财政支农支出的传导机制和拓展柯布—道格拉斯生产函数的基础上，先后运用农机总动力和土地生产率两个省际面板数据模型，分别对我国粮食主产区和非粮食主产区的农机购置补贴与财政支农支出的传导机制的有效性进行理论研究与实证分析，结果显示：①不论粮食主产区抑或非粮食主产区，政府安排的单位面积土地上农机购置补贴对单位面积土地上的农机总动力这一中介指标的影响统计上均显著，其弹性系数为 0.09；②粮食主产区和非主产区的土地生产率对单位面积土地上农机总动力的弹性系数分别为 0.05、0.21；③粮食主产区和非主产区的土地生产率对单位面积土地上财政支农支出的弹性系数依次为 0.33、0.25；④除海南和新疆等个别地区外，其他地区的农业生产技术水平基本与其经济发展水平正相关。

（二）政策建议

有效的农机购置补贴传导机制是最大限度发挥农机购置补贴的"杠杆"作用、"撬动"农户购机能力的基本前提。故而，只有创新与优化农机购置补贴政策，确保传导机制的畅通，才能充分发挥农机购置补贴政策"四两拨千斤"的导向性功能，优化农业机械与其他农业生产要素的配置结构，进而充分发挥各自的生产潜力，获得规模效益，实现农业增产增效、农民节本增收之目标。

（1）规范农机购置资金的使用程序，严格管理，强化监督，提升农机购置补贴资金自身的使用效率。按照《农业机械购置补贴专项资金使用管理办法》之有关规定规范操作，补贴资金的使用应遵循公开、公正、农民直接受益的原则。保证补贴资金全部用于购买农机产品。同时加强对各市、县、团场的指导和监管，确保政策落实。此外，必须保持农机购置补贴和财政支农政策的稳定性和持续性（李红，2008）。

（2）在财政能力可及的情况下，适度提高农机购置补贴的补贴率和单机最高补贴限额，扩大农机购置补贴的规模。财政安排的单位面积土地上的农机购置补贴对单位面积土地上的农机总动力影响较小，很大程度上源于较低的补贴率及单机最高补贴限额，从而制约了农机购置补贴政策效应的释放。

（3）耕地的规模化是农业机械充分发挥作用的基本前提，所以要确保农机购置补贴传导机制的顺畅，必须扩大农业的生产规模，发挥规模经济的优势。这就不单纯是农机购置补贴的政策层面问题，而是与农村的土地制度密切相关。农业机械正确使用还必须以农户的较高素质和适用技术为保障，所以必须提高农村的教育水平并推广普及农业先进适用技术。

（4）粮食主产区与非主产区单位面积土地上的农机购置补贴及财政支农支出对土地生产率的弹性系数有较大差异，说明两区的农机购置补贴及财政支农支出对土地生产率的影响是不同的，因此，两区的农机购置补贴和财政支农政策应区别对待，分类实施。

（5）农机购置补贴政策的有效实施必须实现政府与金融机构共同发力，拓宽农机购置补贴资金来源渠道。作为一个发展中国家，我国经济发展水平很大程度上决定了财政支出的规模，所以单纯依靠财政为实施农机购置补贴政策提供资金支撑，恐怕独木难支，必须充分发挥银行等金融机构在财政贴息贷款中的重要作用，为经济欠发达地区和购买价格较高农机的农户提供抵押贷款。

第五章 中国省域农业补贴效率的测度

在保证农业补贴政策效应显著性的同时，我们还必须切实提高农业补贴资金自身的使用效率。本章将运用数据包络分析法（Data Envelopment Analysis, DEA）测度并比较各省农业补贴的效率和超效率；然后使用 DEA – Malmquist 模型测算、比较粮食主产区 13 个省份的粮食直补效率。

第一节　农业补贴效率测度的理论与方法

本节主要探讨农业补贴效率评价的基本理论与 DEA 方法测度农业补贴效率的基本原理，为后续研究奠定方法基础。

一、农业补贴效率评价理论

对于经济学家和经济政策的制定者而言，效率的测度与评价是非常重要的。效率包括技术效率与配置效率两部分（Farrell，1957）。前者指现有资源最优利用的能力，即在各种投入要素的既定条件下实现产出最大化，或者在产出既定的条件下投入最小化的能力（Lovell，1993）；然而后者是要求在一定的要素价格条件下实现投入（产出）最优组合的能力。如果在完全竞争的市场条件下，当各种要素的产出弹性等于投入要素占总成本的比重时，配置就是有效率的，所以更多情况下对效率的考察、测度及评价大都是针对技术效率的，本研究正是遵循这些思路。本研究所指的农业补贴效率就是指农业补贴的技术效率。下面通过图 5 – 1 对农业补贴的效率进行解析。

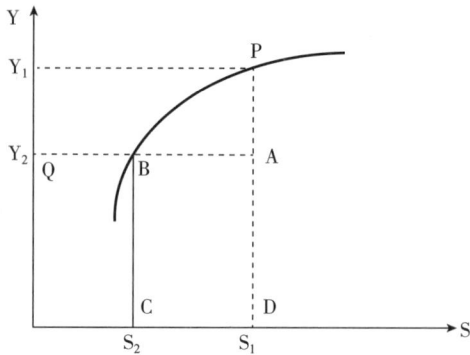

图 5 - 1　农业补贴效率解析

$f(x)$ 表示生产前沿（frontier），即当不存在效率损失时所能达到的最优生产可能性边界，横轴代表所投入的农业补贴 S，如果投入数量为 S_1，则对应着生产前沿上的点 P，此时可实现的产出水平为 Y_1，但由于各种损耗、管理上的无效、技术水平的落后、规模不经济以及 X - 效率等原因，导致最终的实际产出只能达到点 A，实际产出水平为 Y_2。效率的测度可以分别从投入和产出两个角度展开。从产出角度看，最优产出水平为 Y_1，实际产出为 Y_2，产出损失为 $AP = |Y_1 - Y_2|$，效率 $TE_1 = Y_2/Y_1 = DA/DP = (1 - AP/DP)$，也就是计算投入不变时点 A 与生产可能性边界最优点 P 之间的距离。同样地，从投入角度看，投入过量为 $BA = |S_1 - S_2|$，效率 $TE_2 = S_2/S_1 = QB/QA = (1 - BA/QA)$，衡量的是在产出不变时点 A 同生产可能性边界点 B 之间的距离与程度。

农业补贴效率是测度在当前固定农业补贴投入下实际产出能力达到最大化的程度，或者在产出固定条件下所能实现最小投入的程度，它是一个不超过 1 的正数，并且没有量纲，因此不受变量单位变化的影响。它的优点在于能够很好地测度出农业补贴以及其他投入要素在生产中的技术效率。但如果在可变规模报酬条件下，基于投入法和基于产出法所得到的非效率单元的效率值会出现差异（Fareand Lovell，1978），从而增加了进一步从中分解出规模效率的难度。

二、研究方法

从上述分析可以得知，测度效率需要掌握生产前沿曲线的性状，但遗憾的是一般是未知的，只有通过实际的观测样本点（实际的投入及产出水平）对其做出估计，Farrell（1957）提出可以通过两种主要估计方法：一是通过构建一个非参数的线段凸面来估计；二是通过参数函数来拟合数据。本研究将运用非参数估计的 DEA 方法，下面对其进行介绍。

（一）DEA 方法

Farrell（1957）首先提出可以通过构造一个非参数的线性凸面来估计生产前沿。但直到 Charnes 等（1978）发展出一个基于规模报酬不变（Constant Return to Scale，CRS）的 DEA 模型之后才引起广泛的关注和运用，之后 Banker 等（1984）拓展了 CRS 模型中关于规模报酬不变的假定，提出了基于可变规模报酬（Variable Return to Scale，VRS）的 DEA 模型。

DEA 方法最先由 Charnes 等（1978）提出，它主要是运用线性规划构建一条非参数的包络前沿线（即有效率的凸性生产前沿），通过与该前沿的比较识别各决策单元（Decision Making Unit，DMU）的相对效率。有效点位于生产前沿之上，无效点处于前沿的下方。假定有 N 个 DMU，每一个单元使用 K 种投入要素来生产 M 种产出，第 i 个 DMU 的效率即是求解以下线性规划问题：

$$
\begin{cases}
\min_{\theta,\lambda} \theta \\
\text{s. t. } -y_i + Y\lambda \geq 0 \\
\theta x_i - X\lambda \geq 0 \\
\lambda > 0
\end{cases}
\qquad (5-1)
$$

其中，x_i、y_i 分别是第 i 个生产决策单元的投入和产出向量，X 与 Y 分别为 $K \times N$ 矩阵和 $M \times N$ 矩阵，表示全部生产决策单元的总投入和产出量。θ 为标量，经求解，θ 的值即为第 i 个生产决策单元的效率值。一般有 $\theta \leq 1$，若 $\theta = 1$，则说明该单元具有完美的技术效率，否则表明其位于生产前沿面之下，存在着 $1 - \theta$ 的技术效率损失。如果在（5-1）方程组中施加约束条件 $e\lambda = 1$（其中 e 为单位向量），则转变为基于可变规模报酬（VRS）假定条件下的 DEA 模型，它构成了一个截面凸包，比 CRS 构成的圆锥包更为紧凑，同时还可将技术效率分解为纯技术效率与规模效率。由于本节关注的是投入要素，所以本节将采用规模报酬不变假定下基于投入法的 DEA 模型。

（二）农业补贴效率

考虑如图 5-2 的一个规模报酬不变假设下基于投入 DEA 模型。将产出水平单位化，等产量线为 SS′，投入要素为农业补贴以及劳动力、资本、农业机械、化肥等要素，包络线上的点 C、D 表示是有效率，而点 A、B 则在包络线上方，则意味着同样的产出需要耗用更多的资源，即存在效率损失。按照 Farrell（1957）的定义，DMUA 和 DMUB 的效率分别为 $\dfrac{OA'}{OA}$ 和 $\dfrac{OB'}{OB}$，但位于包络线 SS′ 上的点 A′却不是有效点，因为在 A′点可以继续减少能源投入 CA′从而到达 C 点，而产出维持不变。这就是投入松弛（slacks）问题（Farrell，1957）。本研究不关注松弛问题的细节，在图 5 - 2 中，无效点 A 的参照点不是点 A′而是点 C，点 A 的要素无效率实质上包括两部分：一部分是由于 DMUA 的技术无效率而导致的所有投入资源过量 AA′，其大小等于（1 - θ）x_i。另一部分是由于配置不恰当所造成的松弛量 A′C，因此 AC = AA′ + A′C，即为点 A 为达到目标点 C 需要调整的农业补贴数量，如果 AC 越大，则意味着农业生产中对农业补贴的浪费越多；如果农业补贴投入不需要调整（AC = 0），则意味着此决策单元的农业补贴投入已经处于"最优生产边界"上，此时的农业补贴效率为 1。

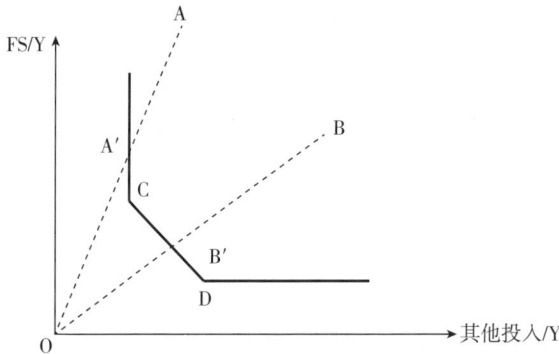

图 5 - 2　基于投入角度的规模报酬不变的 DEA 模型

根据效率的定义及上述分析，我们可将农业补贴效率定义为：

$$SE_{it} = \frac{ASI_{it} - LSI_{it}}{ASI_{it}} = 1 - \frac{LSI_{it}}{ASI_{it}} = \frac{TSI_{it}}{ASI_{it}} \qquad (5 - 2)$$

其中 i 表示第 i 个省份，t 表示时间，SE（Subsidy Efficiency）为农业补贴效率，ASI（Actual Subsidy Input）为实际的农业补贴投入，LSI（Loss Subsidy Input）为损失的农业补贴投入数量，TSI（Total Subsidy Input）为目标农业补贴投入，即在当前的生产技术水平下，为达到一定产出所需要的最优（最少）的农业补贴投入数量，此外从上述方程可以计算某一区域在某一年度的农业补贴效率。

$$RSE_{kt} = \frac{RTSI}{RASI} = \frac{\sum_{j \in K} TSI_{jt}}{\sum_{j \in K} ASI_{jt}} \qquad (5 - 3)$$

其中，RSE_{kt}（Regional Subsidy Efficiency）为区域 k 在第 t 年的农业补贴效率，它等于区域内所有省份的目标农业补贴投入之和与实际农业补贴投入之和的比值。

第二节　中国省域农业补贴的效率测度：基于 DEA 的实证分析

利用所有可用资源，查询农业补贴效率的文献可以发现，对我国农业补贴效率的总体评价尚处于空白，其主要原因是各省份农业补贴总额的相关数据是不可得的。为解决这一问题，我们不得不使用财政支农支出替代农业补贴。这主要基于以下考虑：其一，各省份农业补贴的相关数据难以全部获取，不利于对农业补贴效率的全面、连续考察；其二，农业补贴是财政支农支出的重要组成部分，两者都是影响农业产量的重要因素，所以农业补贴与财政支农支出高度相关，并且两者与其他农业投入要素是相对独立的；其三，农业补贴与财政支农支出在地域分布特征上具有很高的相似度，即粮食主产区的农业补贴支出及财政支农支出在总支出中所占的比重均比较高。

一、样本与变量说明

投入产出指标选择是否合理是决定效率测度无偏性及有效性的重要因素，投入产出指标选取不同将造成估计结果的较大差异，因此，指标选取是至关重要的。基于研究目的的考虑，本研究以 1998 ~ 2009 年中国 31 个省、自治区、直辖市（为行文简便以下全部简称省份）的耕地、劳动力、农业机械总动力、化肥施用量以及农业补贴作为投入指标，以各省份的农林牧渔业总产值作为产出指标进行农业补贴效率的核算。

农林牧渔业总产值（Y）、劳动力（LAB）、农业机械总动力数（MAC）、耕地（LAN）、化肥施用量（FER）各省农业补贴总额（FIS）等数据处理、数据来源与第四章相同。

二、投入产出指标选取的实证检验

由于各省份间尤其是粮食主产区、主销区、产销基本平衡区之间的农业生产规模、生产技术水平及农业补贴规模等存在不同程度的差异，因此本研究采用广义最小二乘法（Cross – section weights），利用1998～2009 年的省级面板数据，对模型（4－7）做参数估计，其结果列于表5－1。

表5－1　指标选取模型回归结果

解释变量	模型1：全部产区	模型2：主产区	模型3：主销区	模型4：平衡区
lnA	0.7216 (8.70)	−0.0538 (−0.52)	−0.5484 (−1.92)	−0.4306 (−1.32)
$\ln\dfrac{LAB}{LAN}$	0.1857 (8.17)	0.3001 (12.99)	0.4115 (4.48)	0.3761 (7.68)
$\ln\dfrac{MAC}{LAN}$	0.0700 (4.62)	0.0973 (5.67)	0.3575 (5.16)	0.1409 (4.04)
$\ln\dfrac{FER}{LAN}$	0.8083 (45.28)	0.5388 (19.19)	0.0775 (0.91)	0.4595 (8.38)
$\ln\dfrac{FIS}{LAN}$	0.1845 (23.04)	0.2035 (20.87)	0.1309 (8.89)	0.1631 (8.46)
观测值	372	156	84	132
$\overline{R}^2$	0.8826	0.9321	0.8788	0.7884
F	698.2784	533.2510	151.4439	123.0471
P 值	0.0000	0.0000	0.0000	0.0000
估计方法	PLS	PLS	RE	PLS

注：除模型2、模型4 中的常数项及模型3 中 $\ln\dfrac{FER}{LAN}$ 的待估参数外，其余估计参数均在1% 的水平上显著；括号内数值为对应参数的 t 统计量；PLS 为混合数据模型，RE 为随机效应模型。

从面板数据模型的拟合优度看，无论是全部产区，还是粮食主产区、主销区抑或产销基本平衡区，均超过了78%，表明单位面积上各种农业生产要素的投入等所有解释变量对被解释变量土地生产率的整体影响在统计上是高度显著的。各解释变量对土地生产率的个别影响在统计上同样高度显著，各偏回归系数的符号亦与理论预期相符。模型1、模型2、模型3 及模型4 中单位面积上的农业补贴支出对土地生产率的弹性系数依次为0.1845、0.2035、0.1309、0.1631，由此至少可以推出两个结论：一是经验数据分析支持和验证了农业补贴对农业生产的影响显著这一结论，即整体而言，农业补贴政策产出效应的传导机制是有效的。实质上，这从经验数据上检验了后续的 DEA 模型中投入产出指标选取的合理性。

二是单位面积上的农业补贴对土地生产率的影响最大的是粮食主产区，产销基本平衡区次之，主销区最低。

三、中国省域农业补贴效率的测度

运用 DEAP Version 2.1 软件包，可以计算得到 1998～2009 年中国 31 个省份的农业补贴效率得分，各省份按其效率平均值降序排列，如表 5-2 所示。

表 5-2　1998～2009 年中国省域农业补贴的效率测算结果

地区	1998 年	1999 年	2000 年	2001 年	2002 年	2003 年	2004 年
上海	1.0000	1.0000	1.0000	1.0000	1.0000	1.0000	1.0000
北京	0.9640	1.0000	1.0000	1.0000	1.0000	1.0000	1.0000
福建	1.0000	1.0000	1.0000	1.0000	0.9590	1.0000	1.0000
海南	1.0000	1.0000	1.0000	1.0000	1.0000	1.0000	1.0000
浙江	0.9930	0.8310	0.9460	0.9720	0.9310	1.0000	1.0000
天津	1.0000	1.0000	1.0000	1.0000	1.0000	1.0000	1.0000
辽宁	1.0000	0.9320	0.8480	0.8780	0.8620	0.9070	1.0000
河北	1.0000	1.0000	0.9260	1.0000	0.8910	1.0000	0.8930
河南	1.0000	1.0000	0.7860	1.0000	1.0000	0.9880	1.0000
西藏	0.6690	1.0000	1.0000	1.0000	1.0000	1.0000	0.8860
江苏	1.0000	0.8390	0.7890	0.8150	0.7810	0.7530	0.9070
山东	0.9120	0.8080	0.7750	0.8250	0.7520	0.8210	1.0000
广东	0.9760	0.9300	0.8610	0.8090	0.7980	0.8210	0.9050
四川	0.8800	0.7310	1.0000	0.5730	0.6060	0.7570	0.8570
吉林	0.8830	0.8410	0.6840	0.7150	0.6790	0.7860	0.7860
湖北	0.9210	0.8270	0.7310	0.8030	0.6050	0.8580	0.7370
新疆	0.9190	0.7690	0.7630	0.7230	0.7030	0.8350	0.7870
湖南	0.9100	0.7650	0.6980	0.8120	0.5750	0.7300	0.8030
安徽	0.8750	0.8110	0.6990	0.8440	0.7510	0.6970	0.7120
青海	0.7010	0.5230	0.5520	0.6080	0.6010	0.7530	0.7260
江西	0.7820	0.7410	0.7030	0.7590	0.6170	0.6750	0.7390

续表

地区	1998 年	1999 年	2000 年	2001 年	2002 年	2003 年	2004 年
广西	0.8560	0.7110	0.5390	0.6050	0.5180	0.6220	0.6300
内蒙古	0.6780	0.6090	0.6140	0.5650	0.5480	0.6030	0.6280
黑龙江	0.6700	0.5170	0.4520	0.4930	0.4930	0.6100	0.6590
重庆	0.9180	0.7960	0.4950	0.5760	0.5050	0.6020	0.6770
云南	0.5080	0.4880	0.4980	0.4740	0.4600	0.5190	0.5490
贵州	0.5850	0.4600	0.4810	0.4890	0.4570	0.5320	0.5240
甘肃	0.5440	0.4060	0.4080	0.4230	0.4010	0.4970	0.4880
陕西	0.4930	0.3870	0.3360	0.3290	0.3090	0.3390	0.3780
宁夏	0.3650	0.3250	0.2970	0.3070	0.3050	0.3480	0.3530
山西	0.4600	0.3320	0.3170	0.2930	0.3140	0.3880	0.4060
全国	0.8415	0.7553	0.6816	0.7193	0.6797	0.7614	0.7706
主销区	0.9866	0.9393	0.9138	0.9214	0.9024	0.9305	0.9681
主产区	0.8889	0.7962	0.7287	0.7505	0.6974	0.7818	0.8305
平衡区	0.6148	0.4885	0.4274	0.4867	0.4589	0.5450	0.5358
非主产区	0.7823	0.7093	0.6396	0.6863	0.6606	0.7401	0.7035
地区	2005 年	2006 年	2007 年	2008 年	2009 年	平均值	平均值排序
上海	1.0000	1.0000	1.0000	1.0000	1.0000	1.0000	1
北京	1.0000	1.0000	1.0000	1.0000	1.0000	0.9970	2
福建	1.0000	0.9390	1.0000	1.0000	1.0000	0.9915	3
海南	1.0000	1.0000	0.9610	0.9450	0.9680	0.9895	4
浙江	1.0000	1.0000	1.0000	1.0000	1.0000	0.9728	5
天津	1.0000	1.0000	0.9320	0.8750	0.8510	0.9715	6
辽宁	1.0000	1.0000	1.0000	1.0000	1.0000	0.9523	7
河北	0.9510	0.8510	0.9540	0.9440	0.7690	0.9316	8
河南	1.0000	1.0000	0.8720	0.9120	0.6050	0.9303	9
西藏	0.9340	0.9110	0.8920	0.8610	0.8710	0.9187	10
江苏	0.9440	0.9330	1.0000	1.0000	1.0000	0.8968	11

续表

地区	2005 年	2006 年	2007 年	2008 年	2009 年	平均值	平均值排序
山东	0.9760	0.8140	1.0000	0.9760	0.9200	0.8816	12
广东	0.9050	0.8970	0.8860	0.8870	0.8580	0.8778	13
四川	0.8420	0.7920	0.9270	0.9010	0.8290	0.8079	14
吉林	0.8200	0.7950	0.9050	0.8970	0.8290	0.8017	15
湖北	0.7610	0.6540	0.7840	0.8570	0.8340	0.7810	16
新疆	0.8270	0.7640	0.8090	0.7220	0.7280	0.7791	17
湖南	0.7640	0.7000	0.8280	0.8660	0.7930	0.7703	18
安徽	0.7420	0.6880	0.7010	0.7320	0.5420	0.7328	19
青海	0.7890	0.8220	0.8810	0.9080	0.8920	0.7297	20
江西	0.6870	0.6460	0.6860	0.6670	0.6770	0.6983	21
广西	0.7050	0.6710	0.8100	0.7020	0.6520	0.6684	22
内蒙古	0.6650	0.6590	0.7330	0.7260	0.6930	0.6434	23
黑龙江	0.6860	0.6490	0.7800	0.8040	0.7910	0.6337	24
重庆	0.6420	0.5580	0.5810	0.5810	0.5780	0.6258	25
云南	0.5500	0.5480	0.5330	0.5210	0.5240	0.5143	26
贵州	0.5190	0.4930	0.5060	0.5250	0.4950	0.5055	27
甘肃	0.4970	0.4790	0.5100	0.5150	0.5210	0.4741	28
陕西	0.3790	0.3840	0.4320	0.4530	0.4560	0.3896	29
宁夏	0.3630	0.3660	0.4180	0.4350	0.4400	0.3602	30
山西	0.3760	0.3500	0.3090	0.3080	0.4300	0.3569	31
全国	0.7945	0.7567	0.8119	0.8033	0.7767	0.7627	—
主销区	0.9682	0.9630	0.9622	0.9510	0.9390	0.9455	1
主产区	0.8474	0.7928	0.8745	0.8813	0.7998	0.8058	2
平衡区	0.5526	0.5315	0.5776	0.5552	0.5537	0.5273	3
非主产区	0.7337	0.7149	0.7380	0.7090	0.6944	0.7093	—

　　首先从省级层面分析，通过表 5－2 可以发现，全国农业补贴效率最高的省份为上海，1998～2009 年均处于前沿曲线上，北京、福建、海南、浙江、天津

和辽宁6个省份也有若干年位于前沿曲线上，其效率平均值都超过了0.95。农业补贴效率最低的四个省份是甘肃、陕西、宁夏及山西，其农业补贴效率平均值均未超过0.5。其次，通过对粮食主产区、主销区、产销基本平衡区的比较，可以看出，无论是各年的效率值还是平均效率值，主销区的农业补贴效率最高，考察期内效率得分均高于0.9；主产区居中，其效率值在0.7~0.9内；产销基本平衡区最低，其效率值基本落入0.4~0.6内。

从农业补贴效率变动趋势上看（见图5-3），除上海、北京、福建及海南外，大多数省份基本呈现为"下降、上升、再下降"的特征，其转折点一般出现在2002年和2006年。多数省份在1998~2002年间表现为下降趋势，2001年略有上升；2002~2006年基本表现为上升态势；从2007年开始又呈下降趋势。2002~2006年基本所呈现的上升态势应该和国家重视"三农"问题，加大农业投入尤其是农业补贴力度是密不可分的。从粮食主产区、产销基本平衡区以及主销区三大区域上看，农业补贴效率最高的是主销区，考察期内效率得分均高于0.9；主产区居中，其效率值在0.7~0.9内；产销基本平衡区最低，其效率值基本落入0.4~0.6内。整体而言，由于粮食主产区的农业补贴支出所占比重是很高的，所以，全国农业补贴效率的变动趋势与粮食主产区的农业补贴效率的变动趋势和效率值是基本一致的。

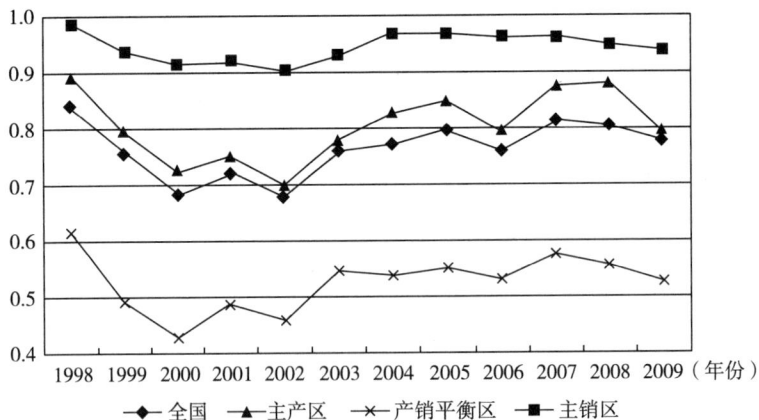

图5-3 1998~2009年不同地区农业补贴效率变动趋势

从不同省份之间的变动差异来看（见图5-4），1998~2002年，各省之间的农业补贴效率的变异系数逐渐上升；2002年之后，变异系数逐年下降，表明各省之间的农业补贴效率具有一定的趋同性。粮食主产区、主销区以及产销基本平衡区三大区域的变动差异与此呈现基本相同的趋势。

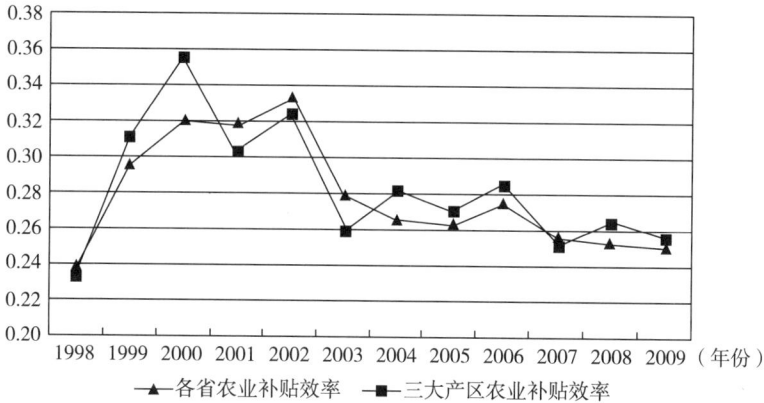

图5-4 1998~2009年不同地区农业补贴效率变异系数

从各省农业补贴效率的聚类分析结果（见表5-3）可以看出，粮食主产区和主销区的全部省份均处在农业补贴的高效区与中效区。在粮食主产区的13个省份中，辽宁、河北、河南、江苏4个省份处于农业补贴高效区，山东、四川、吉林、湖北、湖南、安徽、江西、内蒙古、黑龙江其余9个省份处于农业补贴中效区。在粮食主销区的7个省份中，上海、北京、天津、浙江、福建以及海南6省均处于农业补贴高效区，仅有广东省位于农业补贴中效区。在粮食产销基本平衡区的11个省份中，只有西藏位于农业补贴高效区，新疆、青海、广西及重庆处在中效区，云南、贵州、甘肃、陕西、宁夏、山西6省均处于农业补贴低效区。

表5-3 各省农业补贴效率的聚类分析结果

分类	地区
农业补贴高效区	上海、北京、福建、海南、浙江、天津、辽宁、河北、河南、西藏、江苏
农业补贴中效区	山东、广东、四川、吉林、湖北、新疆、湖南、安徽、青海、江西、广西、内蒙古、黑龙江、重庆
农业补贴低效区	云南、贵州、甘肃、陕西、宁夏、山西

资料来源：使用SPSS12.0得出。

四、中国省域农业补贴的超效率测算

上述传统 DEA 模型在测度及比较技术效率时，只是简单地将所有决策单元划分为两组，一组为效率得分均为 1、处于效率前沿面的 DMU，而另一组则是得分小于 1 的无效率的 DMU。然而，在实际情况下，决策者不仅要区分有效和无效的决策单元，更重要的是对所有的 DMU 进行比较和排序，而上述传统 DEA 模型无法对多个处于前沿面的决策单元展开进一步比较与评价，Andersen 和 Petersen（1993）提出的超效率（Super Efficiency）DEA 模型成功地克服了上述缺陷。该方法在评价某个决策单元时，将其排除在决策单元的参考集之外。图 5－5 在测度 B 点的效率值时，将其排除在决策单元的参考集之外，则有效生产前沿面就由 ABCD 变为 ACD，此时 B 点的效率值变为 OB_1/OB，这个数值显然大于 1；然而原来就是 DEA 无效的 E 点，其生产前沿面仍然是 ABCD，其效率值保持不变仍然为 OE_1/OE（其数值小于 1）。超效率 DEA 模型通过转换处于前沿面的决策单元，使得对完美效率的决策单元展开进一步的测度变成可能。

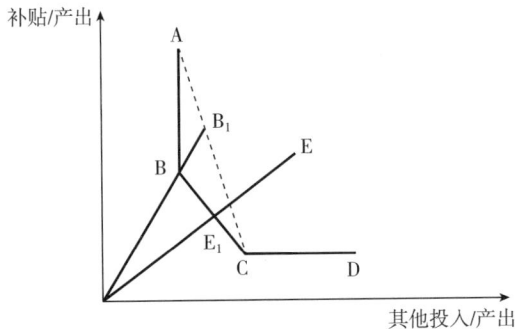

图 5－5　超效率 DEA 模型

上述分析可以看出，各年度处于前沿面的省份至少有 5 个，2004 年多达 9 个。为了进一步对有效决策单元的效率进行比较和排序，进而寻找出各年度农业补贴效率最高的省份，本节我们将对各省的农业补贴展开超效率核算。我们运用 DEA－Solver Pro 5.0 软件包，使用与上节相同的投入产出指标，可以计算得出 1998～2009 年中国 31 个省份的农业补贴超效率得分，各省份按其超效率的平均值降序排列，如表 5－4 所示。

表5-4　1998～2009年中国省域农业补贴的超效率测算结果

地区	1998 年	1999 年	2000 年	2001 年	2002 年	2003 年	2004 年
上海	1.7833	1.5587	1.4649	1.5650	1.5092	1.6566	1.6595
北京	0.9644	1.0622	1.1132	1.2107	1.3748	1.3548	1.3622
海南	1.1777	1.5221	1.3851	1.3342	1.3757	1.2580	1.1335
福建	1.2093	1.1259	1.0551	1.0242	0.9594	1.0529	1.0309
天津	1.2318	1.1184	1.0988	1.1329	1.0827	1.2090	1.2081
西藏	0.6688	1.2404	1.7269	1.2906	1.2050	1.0611	0.8862
河南	1.1675	1.1170	0.7857	1.1140	1.0581	0.9879	1.1604
辽宁	1.0097	0.9321	0.8481	0.8783	0.8616	0.9071	1.0717
浙江	0.9925	0.8315	0.9459	0.9719	0.9314	1.0116	1.0443
河北	1.1158	1.0644	0.9264	1.0607	0.8910	1.1284	0.8929
江苏	1.0251	0.8392	0.7890	0.8153	0.7813	0.7532	0.9071
山东	0.9120	0.8076	0.7752	0.8247	0.7517	0.8212	1.0343
四川	0.8803	0.7311	1.9744	0.5733	0.6056	0.7566	0.8569
广东	0.9756	0.9304	0.8612	0.8094	0.7984	0.8206	0.9046
吉林	0.8831	0.8408	0.6836	0.7153	0.6793	0.7865	0.7855
湖北	0.9205	0.8271	0.7305	0.8034	0.6046	0.8579	0.7368
新疆	0.9193	0.7694	0.7626	0.7227	0.7027	0.8352	0.7871
湖南	0.9095	0.7653	0.6985	0.8123	0.5750	0.7298	0.8029
安徽	0.8745	0.8109	0.6992	0.8439	0.7507	0.6969	0.7119
青海	0.7005	0.5233	0.5522	0.6084	0.6011	0.7529	0.7262
江西	0.7823	0.7413	0.7029	0.7587	0.6175	0.6752	0.7390
广西	0.8563	0.7110	0.5389	0.6053	0.5181	0.6218	0.6301
内蒙古	0.6777	0.6091	0.6139	0.5652	0.5479	0.6030	0.6281
黑龙江	0.6699	0.5171	0.4520	0.4928	0.4928	0.6100	0.6588
重庆	0.9182	0.7958	0.4952	0.5755	0.5047	0.6020	0.6768
云南	0.5081	0.4883	0.4982	0.4740	0.4601	0.5188	0.5491
贵州	0.5850	0.4605	0.4810	0.4887	0.4568	0.5318	0.5239
甘肃	0.5436	0.4062	0.4084	0.4235	0.4011	0.4972	0.4880
陕西	0.4934	0.3870	0.3365	0.3292	0.3086	0.3387	0.3783
宁夏	0.3650	0.3253	0.2966	0.3074	0.3051	0.3478	0.3530
山西	0.4597	0.3323	0.3166	0.2930	0.3136	0.3884	0.4060

续表

地区	2005 年	2006 年	2007 年	2008 年	2009 年	平均值	均值排序
上海	1.6143	1.6035	1.7436	1.7249	1.7838	1.6389	1
北京	1.4362	1.3271	1.2979	1.2178	1.2258	1.2456	2
海南	1.1146	1.1938	0.9607	0.9448	0.9677	1.1973	3
福建	1.0715	0.9395	1.1461	1.3772	1.3565	1.1124	4
天津	1.2429	1.1928	0.9325	0.8751	0.8515	1.0980	5
西藏	0.9337	0.9112	0.8919	0.8610	0.8706	1.0456	6
河南	1.2264	1.0282	0.8722	0.9119	0.8139	1.0203	7
辽宁	1.0362	1.0555	1.1322	1.1322	1.1736	1.0032	8
浙江	1.0422	1.0326	1.0389	1.0002	1.0090	0.9877	9
河北	0.9506	0.8506	0.9536	0.9445	0.8307	0.9675	10
江苏	0.9445	0.9327	1.0231	1.0525	1.0551	0.9098	11
山东	0.9763	0.8145	1.0624	0.9764	0.9819	0.8948	12
四川	0.8415	0.7919	0.9270	0.9007	0.8287	0.8890	13
广东	0.9049	0.8965	0.8862	0.8872	0.8579	0.8777	14
吉林	0.8201	0.7949	0.9050	0.8969	0.8325	0.8020	15
湖北	0.7609	0.6537	0.7838	0.8569	0.8661	0.7835	16
新疆	0.8267	0.7639	0.8092	0.7217	0.7284	0.7791	17
湖南	0.7642	0.7003	0.8277	0.8664	0.7935	0.7704	18
安徽	0.7425	0.6882	0.7012	0.7322	0.5988	0.7376	19
青海	0.7892	0.8218	0.8814	0.9078	0.8919	0.7297	20
江西	0.6865	0.6465	0.6858	0.6674	0.6772	0.6984	21
广西	0.7046	0.6711	0.8097	0.7017	0.6814	0.6708	22
内蒙古	0.6647	0.6591	0.7334	0.7262	0.6944	0.6436	23
黑龙江	0.6860	0.6488	0.7803	0.8036	0.8502	0.6385	24
重庆	0.6421	0.5584	0.5807	0.5805	0.5776	0.6256	25
云南	0.5503	0.5475	0.5329	0.5210	0.5239	0.5144	26
贵州	0.5185	0.4929	0.5056	0.5247	0.4953	0.5054	27
甘肃	0.4975	0.4786	0.5104	0.5145	0.5212	0.4742	28
陕西	0.3794	0.3843	0.4317	0.4527	0.4556	0.3896	29
宁夏	0.3625	0.3658	0.4177	0.4348	0.4400	0.3601	30
山西	0.3756	0.3504	0.3087	0.3084	0.4297	0.3569	31

从表5-4的中国省域农业补贴超效率测度结果可以看出，超效率平均值都超过1的省份共有8个，按其超效率平均得分多少，依次为上海、北京、海南、福建、天津、西藏、河南、辽宁。按照粮食生产三大产区的划分，我们就可以分别找出各大产区的农业补贴效率较高的省份作为参照。粮食主销区农业补贴效率最高的省份是上海，然后依次是北京、海南、福建、天津；粮食主产区农业补贴效率最高的省份是河南，辽宁次之；粮食产销基本平衡区中农业补贴效率最高的省份是西藏。为了提高农业补贴的效率，在以后农业补贴制度的改革过程中，我们应对三大产区分类指导，以各大产区农业补贴效率最高的省份作为改革的典范和标杆。

第三节 基于 Malmquist 指数的主产区粮食直补效率测度

本节在梳理粮食直补政策的传导机制的基础上，通过实证检验确定了投入产出指标，运用 DEA - Malmquist 模型测算并比较了粮食主产区 13 个省份的粮食直补效率[①]。

一、背景分析

农业补贴是当今世界各国政府支持与保护农业、保障粮食安全、促进农民增收最主要的常用政策工具，只是不同国家、不同时期的补贴方式及水平不尽相同。"政以民为本，民以食为天"，粮食问题始终是各国关注的最基本的民生问题，所以，粮食补贴理所当然成为世界各国农业补贴政策的核心。中国的粮食补贴政策实施多年，历经"粮食消费者补贴"（1960~1993年）、"粮食保护价制度"（1993~2003年）和"种粮农民直接补贴"（2004年至今）三个阶段。自2004年以来，我国先后出台了粮食直接补贴、良种补贴、农机购置补贴、粮食最低收购价、农资综合直接补贴等一系列农业补贴政策，业已初步形成了综合性收入补贴、生产性专项补贴和最低收购价政策相结合、兼顾国家粮食安全与种粮农民收入的粮食补贴政策体系（张照新和陈金强，2007）。其中，粮食直接补贴

---

① 高玉强，贺伊琦.基于 Malmquist 指数的主产区粮食直补效率研究［J］.华南农业大学学报（社会科学版），2010（3）：49-57.

因具有符合 WTO 农业补贴规则、受益直接、简便高效、价格扭曲程度较低等优点而备受青睐。所谓粮食直补，是指政府基于保障粮食安全、促进农民增收等政策目标，以农户计税面积、实际粮食种植面积或实际出售商品粮数量为补贴依据，在生产环节直接给予粮农一定经济补偿的转移性财政支出。我国粮食直补政策于 2002 年开始在吉林省东丰县和安徽省天长县、来安县试点，2003 年试点范围扩大至 16 个省（自治区、直辖市），并于 2004 年起在全国普及，此后中央财政安排粮食直补资金的规模逐年增加。这一政策在提高农民种粮积极性、促进农民增收、创新粮食补贴制度等方面成效显著，同时也暴露出粮食直补传导机制梗塞、补贴效率较低等一系列新问题。因此，从理论上梳理粮食直补的传导机制，从定量角度考察粮食直补的效率变动轨迹，对粮食直补政策目标的确定、粮食直补的制度设计及优化均具有重要的理论价值与现实意义。

二、粮食直补传导机制的理论分析

除粮食直补制度设计的科学性及粮食生产技术水平等影响因素外，粮食直补的政策效果在很大程度上取决于粮食直补传导机制的顺畅性与有效性，因此，为了提升粮食直补的政策效力，有必要从理论上深入剖析粮食直补的传导机制。根据主要收入来源的差别，可以将农民分为农民工、专业农民和兼业农民三类。农民工是以进城打工为收入来源，自身几乎不从事农业生产。专业农民则专门从事农业生产或其收入几乎全部源于农业。兼业农民是指既进城打工又从事农业生产的农民，通常在农闲时就进城打工，而在农忙时返乡务农，所以其收入来源有两部分。由于农民工、专业农民以及兼业农民的粮食直补传导机制存在一定差异，所以，应对三种情形下的传导机制分别梳理。

（1）农民工的粮食直补传导机制分析。由于从事农业生产所承担的风险较大、获取的比较效益低，而且有些农民工尤其是年轻的或掌握一定技术的农民在打工方面具有一定的人力资本比较优势，使其打工取得的收入相对较高，因此，不少农村地区的农民弃地涌入城市务工，甚至弃农务工成为一些地区的"时代潮流"，这无疑将导致农田撂荒与闲置浪费、粮食总产量下降，最终危及粮食安全。粮食直补政策实施产生的直接收入效应，刺激农民工转让农田经营权的意愿，农民工可以采用撂荒土地代耕制将闲置的农田租给专业农民耕种，从而实现了农田出租方（农民工）、承租方（专业农民）及政府的三方共赢：出租土地的农民工获得了土地租金收入；承租农田的专业农民得到了粮食直补，在一定程度上有利于缩小城乡收入差距；对于政府而言，粮食播种面积的增加、粮食总产量的提高有助于加强粮食安全。

（2）专业农民的粮食直补传导机制分析。粮食直补对专业农民产生的经济效应，主要体现在直接的收入效应、间接的产出效应以及规模效应三个方面。一是粮食直补的直接收入效应。粮食直补是政府在生产环节直接给予粮农一定经济补偿的转移性财政资金，粮农获得的粮食直补资金数额与其计税面积、实际种粮面积或实际出售商品粮数量成正比，因此，农民种植粮食面积或实际出售商品粮数量越多，则获得的财政补贴越多，从而在一定程度上提高专业农民的收入水平、缩小城乡收入差距、提高农村居民整体的福利水平。二是粮食直补的间接产出效应。农业客观上是自然风险和市场风险交织叠加的弱质产业，主观上又受我国长期以来实施的"农业支持工业、农村支持城市"的"非均衡"发展战略和与之密切配合的"偏向性"财税制度的双重制约，原本步履维艰的农业更是雪上加霜，农业生产率较低、比较效益每况愈下。如果仅仅依靠农业自身有限的资金积累，在短期内很难实现农业现代化。在农民自有积累资金不足的情况下，政府逐年增加的粮食直补资金势必与农民自有积累资金合拢，共同投入到农业生产，用于改善农业生产生活条件、优化农业生产要素的配置结构、提高粮食生产率，从而提高粮食的数量与质量、保障国家粮食安全。三是粮食直补的规模效应。粮食直补政策落实后，一部分专业农民会通过租种农民工农田等办法扩大粮食种植规模，有助于实现规模经营，充分发挥规模效应。

（3）兼业农民的粮食直补传导机制分析。兼业农民会在总劳动时间既定的前提下，以收入最大化为标准，在打工和务农间做出理性的选择。粮食直补政策的推行导致打工与务农之间的工资比例下降，因此，兼业农民可以通过替代效应，即适当减小进城打工的时间并增加务农时间而提高总收入；同时从事农业生产的时间增加，有利于粮食种植的精耕细作，从而提高了粮食单产，最终增加粮食总产量和收入水平。

综合上述粮食直补的传导机制分析可以得出，粮食直补主要通过直接收入效应、间接产出效应以及规模效应的发挥，实现保障粮食安全和缩小城乡收入差距的现实目标。上述三种情形下的粮食直补传导机制大致可用图5－6示意。

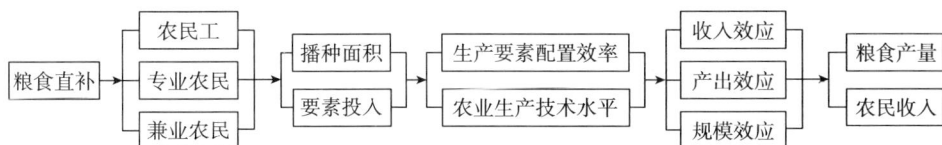

图5－6　粮食直补政策传导机制

三、粮食直补传导机制的有效性：基于省级面板数据的经验分析

（一）模型：柯布—道格拉斯生产函数的拓展

为了测算粮食直补等各种农业生产投入与农业产出的数量关系，本研究将对初始的柯布—道格拉斯生产函数进行改进和拓展。农业生产对象是有生命活力的生物有机体。农业再生产过程始终是生物有机体生命力的保持和延续，因此，农业再生产过程是自然再生产过程与经济再生产过程的融合，这是农业生产的根本特征。它决定了农业生产要素与工业生产要素存在巨大差异，农业生产要素主要包括劳动力、土地、粮食直补和自然环境等。农业生产要素的差异性与多元化决定了继续使用初始的柯布—道格拉斯生产函数测度农业产出是不可行的，必须对其进行改进和拓展。由于自然环境难以用某一具体指标进行准确衡量，所以将自然环境等其他因素放入随机扰动项。因此，拓展后的用于测度农业产出的柯布—道格拉斯生产函数具体形式设定为：

$$Y = AL^{\beta_1} K^{\beta_2} S^{\beta_3} e^{\mu} \tag{5-4}$$

其中，Y 表示粮食总产量，A 是综合技术水平，L、K、S 依次表示各地区农业从业人员、农作物总播种面积及粮食直补总额，β_1、β_2、β_3 分别为各种农业生产投入的产出弹性系数，μ 为随机扰动项。为获得更为精确的参数估计结果，对式（5-4）两边同时取自然对数，可变换为线性参数的面板数据模型：

$$\ln Y_{it} = \ln A + \beta_1 \ln L_{it} + \beta_2 \ln K_{it} + \beta_3 \ln S_{it} + \mu_{it} \tag{5-5}$$

（二）数据来源

本研究所使用的年度数据，除粮食直补总额来源于 2004～2008 年各地区预算执行情况报告、各地区农业信息网及中华人民共和国中央人民政府网官方网站外，其余数据均来自 2005～2009 年《中国统计年鉴》。由于统计年鉴未给出 2006 年农业从业人员数，本研究使用 2005 年和 2007 年的平均数代替。

（三）实证分析与统计检验

由于各省区的农业生产规模、生产技术水平及粮食直补规模等存在不同程度的差异，本研究采用广义最小二乘法（Cross - section Weights），利用 2004～2008 年的省级面板数据，对模型（5-5）作参数估计，结果如下：

$$\ln \hat{Y} = -1.7911 + 0.1944 \ln L + 0.7326 \ln K + 0.1497 \ln S$$

$$t = -15.51 \quad\quad 7.94 \quad\quad 20.51 \quad\quad 13.93$$

$$P = 0.0000 \quad 0.0000 \quad\ 0.0000 \quad\quad 0.0000$$

$$\bar{R}^2 = 0.9899 \quad F = 3273.09 \quad \text{Prob}（F - \text{statistic}）= 0.0000$$

该面板数据模型的拟合优度高达98.99%，表明农业从业人员、农作物总播种面积及粮食直补总额等所有解释变量对被解释变量粮食产量的整体影响是高度显著的。各解释变量对粮食产量的个别影响同样高度显著，各偏回归系数的符号亦与理论预期相同。粮食产量对粮食直补的弹性系数为0.1497，经验数据分析支持了政府安排的粮食直补对粮食产量的影响显著这一结论，即整体而言，粮食直补政策产出效应的传导机制是有效的。实质上，这也从经验数据上检验了后续的DEA模型中投入产出指标选取的合理性。

四、基于 DEA 的粮食直补效率评价

（一）实证模型

1. 数据包络分析

DEA方法最先由Charnes等（1978）[①] 提出，它主要是利用线性规划构建有效率的凸性生产前沿，通过与该前沿的比较识别各决策单元的相对效率。利用DEA方法既可以从投入角度也可以从产出角度进行分析，但在规模报酬不变假定下，上述两种分析是完全相同的。假定存在规模报酬不变的生产技术水平，则基于投入的DEA方法实质上是对下面线性规划问题求解：

$$
\begin{cases}
\min_{\theta,\lambda} \theta \\
\text{s. t. } -y_i + Y\lambda \geqslant 0 \\
\theta x_i - X\lambda \geqslant 0 \\
e\lambda = 1, \ \lambda > 0
\end{cases}
\tag{5-6}
$$

其中，x_i、y_i 分别是第 i 个生产决策单元的投入和产出向量，X 与 Y 分别为 $K \times N$ 矩阵和 $M \times N$ 矩阵，表示全部生产决策单元的总投入和产出量。e 为单位向量。约束条件 $e\lambda = 1$ 可以确保前沿面满足凸性，表明规模收益可变。经求解，θ 的值即为第 i 个生产决策单元的效率值。若 $\theta = 1$，则说明该单元具有完美的技术效率，否则就说明其位于生产前沿面之下，存在着 $1 - \theta$ 的技术效率损失。由于上述方法是假设所有生产决策单元都是在最优规模上进行的，而事实上由于不完全竞争、资金约束等问题的存在，决策单元并不会在最优规模上进行生产，通常存在一定的规模效率损失问题，所以，Banker 等（1984）以规模报酬变动取代了 CCR 模型中规模报酬不变的假设，将 CCR 模型发展成 BCC 模型。BCC 模型能

---

① Charnes A，Cooper W W，Rhodes E. Measuringthe Efficiency of Decision Making Units ［J］. European Journal of Operational Research，1978（2）：429 – 444.

将纯粹技术效率和规模效率分解开，可以衡量决策单元在既定的生产技术情况下，是否处于最佳生产规模状态。最后以 CCR 模型下计算的技术效率值除以 BCC 模型下计算的纯技术效率值，可得到各决策单元的规模效率值。

2. Malmquist 生产率指数

Malmquist 指数是 Malmquist 于 1953 年在消费分析过程中首次提出的。此后与 DEA 理论相结合，在效率测算中的应用日益广泛。为了客观衡量技术效率变动、技术变动与全要素生产率之间的关系，本研究使用 Caves 等（1982）所提出的第 t 期及第 $t+1$ 期的 Malmquist 生产力指数的几何平均数，其公式为：

$$M(x_t, y_t, x_{t+1}, y_{t+1}) = \left[\frac{D^t(x_{t+1}, y_{t+1})}{D^t(x_t, y_t)} \cdot \frac{D^{t+1}(x_{t+1}, y_{t+1})}{D^{t+1}(x_t, y_t)} \right]^{1/2} \qquad (5-7)$$

其中，(x_t, y_t) 和 (x_{t+1}, y_{t+1}) 分别为第 t 期和第 $t+1$ 期的投入产出关系。$D^t(x_t, y_t)$ 和 $D^{t+1}(x_{t+1}, y_{t+1})$ 是分别根据生产点在相同时间段（即 t 和 $t+1$）同前沿面技术相比较得到的投入距离函数；$D^t(x_{t+1}, y_{t+1})$ 和 $D^{t+1}(x_t, y_t)$ 分别是根据生产点在混合期间同前沿面技术相比较得到的投入距离函数。

根据 Färe 等（1994）的研究，Malmquist 生产力指数可以分解为技术效率变化和技术变化两部分，其中技术效率变化又可进一步分解为纯技术效率变化和规模效率变化。据此，式（5-7）可进一步转换为：

$$M(x_t, y_t, x_{t+1}, y_{t+1}) = \frac{S^t(x_t, y_t)}{S^t(x_{t+1}, y_{t+1})} \cdot \frac{D^t(x_{t+1}, y_{t+1}/VRS)}{D^t(x_t, y_t/VRS)} \cdot$$
$$\left[\frac{D^t(x_{t+1}, y_{t+1})}{D^{t+1}(x_{t+1}, y_{t+1})} \cdot \frac{D^t(x_t, y_t)}{D^{t+1}(x_t, y_t)} \right]^{1/2} \qquad (5-8)$$

其中，第一项表示规模效率变化 Sech，第二项表示纯技术效率变化 Pech，第三项表示技术变化 Techch，且第一项和第二项的乘积为技术效率变化 Effch。根据公式（5-8），全要素生产率 TFP 的变化就分解为规模效率变化、纯技术效率变化以及技术变化。规模效率大于 1 意味着改变了要素投入，提高了规模效率；纯技术效率大于 1 意味着管理改善使效率得到了改进；技术变化大于 1 意味着技术在考察期实现了跨越，即实现了技术进步；TFPch 大于 1 意味着生产力有所改善。反之，上述指标值小于 1，则表明相应效率恶化。

（二）投入产出指标选取

叶慧和王雅鹏（2006）运用数据包络分析法评估了中国 2004 年 26 个省区的粮食直补政策的效率，认为中国粮食直补的效率普遍不高。张红玉和李雪（2009）运用 DEA 超效率模型测算了我国 2004~2005 年 26 个省区的粮食直补政策的超效率，研究结果表明，粮食直补规模不足是导致效率低下的重要原因。他们都选取了各地区粮食直补总规模、粮食补贴标准和粮食补贴品种作为投入指标，将粮食产量作为主要产出指标之一。存在的共同问题是忽略了中国粮食主产区与非主产区间农业生产规模及生产条件的显著差异，违背了 DEA 法对决策单元同质性的要求，导致各省区效率测度的准确度与可信度降低。

然而，从前文的面板数据回归分析结果可知，对粮食产量具有高度显著性影响的投入指标是农业从业人员、农作物总播种面积与粮食直补总额等。因此，本研究选取的投入指标为农业从业人员、农作物总播种面积与粮食直补总额。我国粮食直补政策的目标定位对粮食直补效率水平的影响至关重要，学术界对粮食直补的现实目标定位主要存在两种观点：一是主张保障国家粮食安全（梁世夫，2005；王姣，2005；向丽，2008；侯石安，2008）；二是力求提高农民收入，缩小城乡居民收入差距（李成贵，2004）。我们认为，我国经济发展水平与财政能力现状直接决定了粮食直补政策的现实目标选择。我国粮食直补政策的近期主要目标为保障国家粮食安全，长远目标为提高农民收入水平、缩小城乡居民收入差距，而粮食产量和农民人均收入水平分别是衡量国家粮食安全和农民收入水平的最佳指标，所以，将粮食产量和农民人均纯收入作为产出指标。由于粮食主产区和非主产区的农业生产规模、生产技术水平及粮食直补规模等存在显著差异，2004~2008 年粮食主产区的粮食直补资金总额占全国粮食直补总规模的比重均超过80%，基于 DEA 对决策单元同质性的要求，加之受到非粮食主产区各省区粮食直补总额数据可得性的限制，本研究仅对粮食主产区的 13 个省区的粮食直补效率展开考察，从而在一定程度上提高了效率测定结果的精确度及可信度。

（三）实证分析结果

1. 基本效率评价

将 2004~2008 年粮食主产区的 13 个省区的投入产出数据经过 DEAP2.1 运行计算所得到的基于产出角度的综合效率值、技术效率值和规模效率值的结果进行整理，可以求出各年度效率的平均值，将其列于表 5-5。

表 5-5　主产区粮食直补平均效率值

年份	综合效率平均值	技术效率平均值	规模效率平均值
2004	0.918	0.964	0.952
2005	0.937	0.960	0.976
2006	0.892	0.923	0.968
2007	0.895	0.942	0.950
2008	0.904	0.944	0.958

从表5－5可以看出，粮食主产区的粮食直补的技术效率平均值较低，除2004年外，其他年份的技术效率平均值均低于规模效率平均值，由此推断，主产区粮食直补效率低主要源于技术无效率。技术效率视为粮食直补资金的发放效率，用于衡量粮食直补资金的发放程序简便性、合理化水平及操作成本的高低。规模效率是在粮食直补制度设计既定的前提下，用以考察各地区的粮食直补资金规模与其农业生产规模的优化程度和配置比例，即最佳补贴规模的确定问题。如果规模效率值为1，则意味着此时的粮食直补资金规模是最优的，处在规模报酬不变的最佳状态。因此，主产区粮食直补的低效率主要有两方面原因：一是技术效率低，即各地粮食直补资金的发放程序较烦琐、发放所需的操作成本较高，这是主要原因；二是规模效率低，这可能是由各省区的粮食直补资金规模与其农业生产规模的配置比例未达到最佳引致的。

表5－6列示了2004年和2008年两个年度13省区的粮食直补综合效率和它两个组成部分（技术效率和规模效率）及5年间的效率平均值。

表5－6　主产区粮食直补效率

地区	综合效率			纯技术效率			规模效率		
	2004 年	2008 年	平均	2004 年	2008 年	平均	2004 年	2008 年	平均
河北	0.817	0.778	0.802	0.827	0.809	0.823	0.988	0.963	0.974
内蒙古	1.000	1.000	0.997	1.000	1.000	1.000	1.000	1.000	0.997
辽宁	1.000	1.000	1.000	1.000	1.000	1.000	1.000	1.000	1.000
吉林	1.000	1.000	1.000	1.000	1.000	1.000	1.000	1.000	1.000
黑龙江	0.899	1.000	0.956	1.000	1.000	1.000	0.899	1.000	0.956
江苏	1.000	1.000	1.000	1.000	1.000	1.000	1.000	1.000	1.000
安徽	0.827	0.773	0.774	0.861	0.815	0.808	0.960	0.949	0.958
江西	0.831	0.824	0.821	1.000	1.000	0.953	0.831	0.824	0.868
山东	0.934	0.929	0.942	1.000	1.000	1.000	0.934	0.929	0.942
河南	0.825	0.866	0.858	1.000	1.000	1.000	0.825	0.866	0.858
湖北	0.798	0.703	0.752	0.843	0.708	0.769	0.947	0.993	0.979
湖南	1.000	0.964	0.978	1.000	1.000	1.000	1.000	0.964	0.978
四川	1.000	0.913	0.937	1.000	0.938	0.951	1.000	0.973	0.984
平均	0.918	0.904	0.909	0.964	0.944	0.946	0.953	0.959	0.961

从纯技术效率看，2004年只有河北、安徽和湖北3个省份的纯技术效率未达到有效前沿，2008年安徽、湖北和四川3省的纯技术效率没有达到有效前沿，其

他地区的粮食直补纯技术效率均是有效的。平均而言，粮食直补的技术效率略有下降，从 2004 年的 96.4% 降至 2008 年的 94.4%。

从规模效率看，2004 年规模有效的决策单元有 6 个，2008 年减少至 5 个。规模效率的平均值略有上升，从 95.2% 上升到 95.8%。2008 年规模效率最低的是江西省的 82.4%，倒数第二位是河南省。其余地区粮食直补的规模效率值均高于 90%。这表明除个别地区外，大部分地区的粮食直补规模与其农业生产规模基本上是相匹配的。

综合效率等于技术效率与规模效率的乘积，对综合效率的分析需要将技术效率与规模效率结合起来。2004 年，内蒙古、辽宁、吉林、江苏、湖南和四川 6 个地区综合效率是有效的，2008 年减少至 5 个地区。从考察期末的分析可以看出，只有江西、山东、河南、湖南 4 个地区的规模效率值低于其技术效率值，其他地区的规模效率值均高于其技术效率值。整体而言，这五年的规模效率平均值高于技术效率平均值，再次验证了我国粮食直补综合效率不高的主要原因是技术效率较低，而不是规模效率较低。

2. 粮食直补效率动态评价

粮食直补动态效率考察的是在技术可变条件下的效率变动情况。假设使用三种投入（农业从业人员、农作物总播种面积及粮食直补总额）生产两种产出（粮食产量和农民人均纯收入）的规模报酬不变的基于产出角度的粮食直补生产函数。用 DEAP2.1 软件计算了 2004～2008 年我国粮食主区的 13 个省份逐年粮食直补 Malmquist 生产率指数及其分解技术效率和技术进步的变化情况。表 5 - 7 列示了 2004～2008 年粮食直补 Malmquist 生产率指数及其分解值，表 5 - 8 列出了分省区的平均 Malmquist 指数及其分解值。

表 5 - 7　2004～2008 年粮食直补 Malmquist 指数变动

年份	技术效率变动	技术变动	纯技术效率变动	规模效率变动	Malmquist 指数
2004	1.000	1.000	1.000	1.000	1.000
2005	1.021	0.971	0.994	1.026	0.991
2006	0.950	1.077	0.958	0.991	1.023
2007	1.004	1.060	1.023	0.981	1.064
2008	1.010	1.059	1.001	1.009	1.070
平均	0.996	1.041	0.994	1.002	1.036

从表 5 - 7 可知，2004 年为基期，其 Malmquist 指数为 1。五年间，只有 2005 年的 Malmquist 指数小于 1，说明当年的生产率指数下降了，以后年份的生产率

指数均呈现上升态势。整体而言，生产率指数处于上升态势，其平均值为 1.036。从引起生产率变动的原因来看，粮食直补生产率上升的主要原因是技术进步及规模效率的提高，而不是纯技术效率的提高，在本研究的测算中，五年间技术进步水平的平均值为 4.1%，规模效率变动的平均值为 0.2%，而纯技术效率却平均下降了 0.6%。

由表 5-8 可以看出，2004~2008 年有 3 个省份的粮食直补的 Malmquist 指数有所下降，分别是湖北、湖南和四川，其他 10 个省区的 Malmquist 指数均有不同程度的提高，其中内蒙古和江苏的增幅最大。除湖南和四川外，其他省份的技术进步指数都大于 1，这是农民补贴网的建设及其完善、发放程序不断简化合理、操作成本有所降低的必然结果。

表 5-8　粮食主产区粮食直补 Malmquist 指数分析

地区	技术效率变动	技术变动	纯技术效率变动	规模效率变动	Malmquist 指数
河北	0.988	1.019	0.994	0.994	1.007
内蒙古	1.000	1.139	1.000	1.000	1.139
辽宁	1.000	1.070	1.000	1.000	1.070
吉林	1.000	1.067	1.000	1.000	1.067
黑龙江	1.027	1.037	1.000	1.027	1.065
江苏	1.000	1.095	1.000	1.000	1.095
安徽	0.983	1.025	0.986	0.997	1.008
江西	0.998	1.030	1.000	0.998	1.027
山东	0.999	1.026	1.000	0.999	1.025
河南	1.012	1.030	1.000	1.012	1.043
湖北	0.969	1.026	0.957	1.012	0.994
湖南	0.991	0.990	1.000	0.991	0.981
四川	0.977	0.988	0.984	0.993	0.966
平均	0.996	1.041	0.994	1.002	1.036

当然，以上分析只是在所获取数据基础上通过经验分析得出的结论。实际上，还有很多其他因素制约着我国粮食直补效率的提高。如粮食直补制度目标定位的准确度、粮食直补制度的健全程度、各地区的农业生产条件和生产技术水平等。

五、结论与政策建议

（一）结论

借鉴经济学中的投入产出核算方法，我们将农业从业人员、农作物总播种面积与粮食直补总额作为投入指标，粮食产量和农民人均纯收入作为产出指标，用DEA方法对2004～2008年粮食主产区13个省份的粮食直补效率进行测算，并将粮食直补的综合效率分解为技术效率和规模效率。研究结果显示，我国粮食直补效率不高的主要原因是技术无效率。粮食直补的 Malmquist 生产率年均增长3.6%，粮食直补生产率上升主要源于技术进步及规模效率的提高，而不是纯技术效率的提高。

（二）政策建议

第一，加强粮食直补工作的信息化建设，简化补贴资金发放程序，降低操作成本。上述分析结果显示，我国粮食直补效率不高的主要原因是技术效率较低，因此，提高技术效率是提升粮食直补综合效率的关键。应加快中国农民补贴网的建设，使补贴资金通过中国农民补贴网，以"一卡通"的方式，不经过任何中间环节，直接拨付到种粮农民账户，可有效防止补贴资金被截留、挪用或克扣，方便政府和农民对补贴政策和补贴资金的查询与监督。

第二，在财政能力可及的情况下，适度提高补贴标准，扩大补贴规模。上述分析表明，部分地区粮食直补是规模无效率的，因此，应适当扩大这些地区的粮食直补总规模，使粮食直补的规模达到最优，使补贴规模与其农业生产规模配置状态达到最佳，最终使粮食直补的效率显著提高。

第三，由于各地区的农业生产规模、生产技术水平、粮食直补规模、补贴范围、补贴依据、补贴标准等各不相同，导致各地区粮食直补的技术效率、规模效率与综合效率存在较大差异，因此，粮食直补制度的优化应区别对待，分类实施。

第四，在推动农业生产技术进步的同时，还需不断提高农业生产率和粮食直补资金自身的使用效率。另外，农业生产技术水平的提升、效率的改进均与农业生产规模高度相关，因此，应鼓励农民采取多种形式，推进农村土地经营权的流转，扩大农业生产规模，发挥规模经济的优势。

第六章　农业补贴制度的国际比较与经验借鉴

农业补贴是世界大多数国家支持和保护农业发展的最直接、最灵活、最有效的手段。国外尤其是发达国家实施农业补贴的历史较长，积累了许多先进做法与成功经验值得我们借鉴。2002年起，中国相继出台了粮食直补、良种补贴、农机具购置补贴、农资综合直补等一系列农业直接补贴政策，以促进粮食增产和农民增收。然而，由于我国的农业补贴政策起步较晚，在政策体系、补贴方式、补贴范围、补贴标准、补贴水平、补贴结构及补贴资金监管等方面暴露了诸多问题。比较、总结并借鉴欧盟、美国、日本等发达国家以及印度、巴西等金砖国家农业补贴的成功做法与先进经验，对中国农业补贴制度的创新与完善不无裨益。

第一节　发达国家农业补贴制度：比较与经验借鉴

农业补贴是许多国家支持农业发展最有效的政策之一，尤其是发达国家推行农业补贴的历史悠久，并逐渐形成了比较完善、既遵守WTO农业补贴规则又契合各国国情的农业补贴体系。由于各国的自然、经济、政治及社会环境等差异较大，各国的农业支持与保护政策亦不尽相同，欧盟模式、美国模式和日本模式因极具代表性而备受关注。因此，本部分将着重探讨欧盟、美国及日本等发达国家农业补贴制度的演变、主要政策工具及农业补贴的规模、水平和结构。

一、欧盟的农业补贴制度

（一）欧盟农业补贴制度

欧盟是当今世界经济实力最强、一体化程度最高的国家联合体。从20世纪

60 年代开始，欧盟在财力不断增强的背景下开始推行农业补贴，目前欧盟农业现代化水平已位居世界前列，由农产品净进口国转变为世界最大的农产品出口国家集团。推动农业现代化的共同农业政策（Common Agricultural Policy，CAP）是欧盟农业补贴制度形成的基石。值得注意的是，中国改革开放以来呈现的区域及城乡经济发展差距不断扩大的"二元"特征，与欧盟一体化初期的区域经济差距和工农业发展呈现的"二元"经济特点惊人的相似，农业补贴在化解欧盟"二元"经济矛盾的进程中功不可没。因此，研究欧盟农业补贴制度对缩小我国不断扩大的城乡收入差距无疑具有重要的参考价值。欧盟 CAP 自 1962 年正式实施以来，大约每隔 10 年重大调整一次，最终形成了系统的农业补贴政策体系。

（1）价格补贴。价格干预是 1962 年至 20 世纪 90 年代初 CAP 运行的核心，实行高于市场价格的内部农产品价格支持的主要工具是目标价格、门槛价格和干预价格（见图 6－1）：其一，目标价格（Target Price）是农产品价格支持体系的中心。即欧盟制定的指导价格，是生产者价格浮动的最高上限，根据一种农产品在欧盟内部供求缺口最大地区的市场价格确定，包含储藏和运输费用。欧盟部长理事会每年确定一次，并公布 14 类统管的农产品目标价格。作为农民希望获得的基本价格，当欧盟内部农产品的市场价格低于目标价格并达到一定水平时，欧盟将以事先制定的干预价格收购农产品，以维持价格稳定。其二，门槛价格（Threshold Price），即进口农产品的控制价格，加上进口农产品在欧盟内部的运费和装卸费，大致等于欧盟对有关农产品确定的目标价格。如果第三国农产品的到岸价格低于门槛价格，欧盟对两者的差额征收差价税（宋波，2003）。门槛价格主要是针对谷物交易，对欧盟内部市场与第三国之间的牛羊肉和禽类产品的交

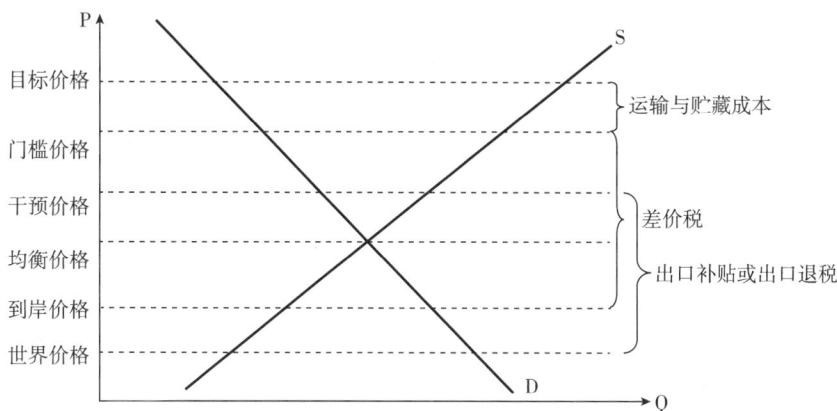

图 6－1 欧盟 CAP 农产品价格机制

易设置了闸门价格，即为了稳定禽肉、猪肉与蛋类的内部价格而对外制定最低入境价格，低于闸门价格的农产品不能进入欧盟内部市场。其三，干预价格（Intervention Price），即农产品价格下降的最低限度，代表欧盟内部市场农产品的最低保证价，保证生产者收回生产成本并获得微利，是农民最低的收入保障。欧盟的干预价格根据最大的产粮区法国奥尔姆的粮食生产成本和市场状况制定，比目标价格低 6% ~ 9%。欧盟价格干预的主要方式有干预收购、储藏补贴或撤出补偿、出口补贴和进口控制。

（2）直接收入补贴。1992 年，价格补贴改为直接收入补贴，对干预价格降低造成的农民收入损失，以历史为鉴分行业分种类予以补偿。2000 年，议程改革主要是降低农产品价格支持水平，增加对农民直接收入补贴和产量脱钩而与面积挂钩。面积补贴分为作物面积补贴和休耕面积补贴。前者的计算公式为：每公顷面积补贴额 = 每吨补贴额 × 生产区平均单产，粮食单产根据欧盟 1989 ~ 1991 年平均产量确定。后者的补贴依据是休耕面积，包括强制性休耕和无强制性休耕。强制性休耕面积至少要达到申请作物补贴面积的 10%，无强制性休耕可自愿休耕，休耕面积无下限，但有 33% 的上限（侯明利，2009）。欧盟内部，不同国家和不同地区的休耕补贴有所不同，每公顷的休耕补贴额与当地谷物产量的作物面积补贴额相当。

（3）结构调整补贴。从 1972 年开始，欧盟采取了一系列旨在调整农业结构的财政补贴政策。①运用补贴激励年轻农民从事农业生产和老年农民提前退休，以优化农业劳动力年龄结构；②为促进区域农业经济的协调发展，对边远山区等恶劣条件下从事生产的农民实施补贴，补贴率一般为所需投资的 25%，必要时高达 65%；③为青年农民提供创业补贴，对农业土地给予投资补贴。此外，欧盟还实施了环境保护补贴、信贷补贴、基础设施建设补贴以及农业保险补贴。

（二）欧盟农业补贴的规模、水平及结构分析

表 6 - 1 表明，1986 ~ 2014 年欧盟农业补贴规模在 725 亿 ~ 1100 亿欧元之间。市场价格支持无论是从绝对数额还是相对比例均呈逐年下降的趋势；基于当前耕地面积、牲畜数量、收入的补贴（生产要求）在 1993 ~ 2005 年规模较大；基于非当前耕地面积、牲畜数量、收入且生产限制的补贴从 2004 年起大幅增加，2009 年高达 344 亿欧元，超过市场价格支持 100 多亿欧元，2013 年高达 380 多亿欧元。1995 年 WTO《农业协定》生效后，欧盟农业补贴的绝对规模并没有明显下降。从农业补贴水平看（见图 6 - 2），2004 年以前 PPSE 在 30% ~ 42% 波动，而在 2004 年后呈现逐年递减的态势，2014 年降到历史新低 18.03%。

表6－1 欧盟生产者补贴结构 单位：百万欧元

年份	MPS	PO	PI	PC	PHR	PHNR	PN	PM	PSE	PPSE
1986	75044.32	4436.11	4046.39	2658.67	0.00	0.00	365.42	62.61	86613.52	38.60
1987	78505.78	5133.29	4911.79	3276.33	0.00	0.00	366.14	−204.08	91989.26	41.58
1988	70821.70	5619.52	4735.47	3649.48	0.00	0.00	550.98	36.91	85414.05	37.43
1989	56523.43	6344.88	4349.47	4639.04	0.00	317.95	577.14	−196.01	72555.91	29.31
1990	62362.67	7209.47	5750.09	6291.21	0.00	320.86	941.40	−77.06	82798.64	32.86
1991	77086.27	5793.44	6080.39	6354.99	0.00	315.40	1056.01	1341.00	98027.51	38.28
1992	62846.64	3768.54	6650.26	10556.72	0.00	842.75	1370.43	435.51	86470.86	34.45
1993	60416.83	2343.97	6016.83	18093.23	0.00	879.74	1175.27	−319.39	88606.48	36.70
1994	55088.33	1848.30	5774.28	23132.32	0.00	885.02	1164.85	1391.16	89284.26	35.64
1995	55644.84	3361.51	5360.37	29480.29	26.89	1192.24	−178.75	94887.39	34.94
1996	56012.33	3674.28	6451.46	30169.39	0.00	23.08	1172.49	−1083.52	96419.52	34.03
1997	50823.37	3511.00	7724.20	29675.89	0.00	21.85	598.76	−799.58	91555.50	32.33
1998	58620.98	3588.28	6059.33	29559.15	0.00	21.02	679.95	−668.32	97860.40	35.42
1999	66271.05	3902.75	6662.66	28578.10	0.00	20.74	807.83	−651.92	105591.21	38.50
2000	49883.61	4697.89	6934.02	32112.27	0.00	19.41	1210.49	−917.21	93940.47	32.87
2001	42522.13	4089.14	7564.88	34917.96	0.00	6.43	1129.99	−115.21	90115.32	30.28
2002	50772.00	4025.90	7748.75	34732.66	0.00	6.02	1175.05	−56.66	98403.73	33.90
2003	50121.42	3851.43	8398.74	35445.92	0.00	5.68	1136.93	−423.37	98536.74	33.78
2004	54365.80	5580.76	9836.16	37702.08	15.02	1454.64	1182.79	−271.31	109865.95	32.90
2005	44535.41	5176.71	10058.73	23724.69	120.85	16087.78	1349.48	−524.04	100529.61	30.70
2006	37306.75	1480.72	10993.58	17075.32	168.12	30558.22	1814.51	−298.93	99098.30	29.06
2007	29151.98	965.06	11440.87	15028.36	218.20	31950.97	1834.71	−71.55	90518.62	23.35
2008	28828.62	1013.18	11569.23	16372.92	190.97	33594.33	3332.85	7.49	94909.58	23.13
2009	21519.63	1228.62	11370.76	16158.10	169.03	34280.69	1853.35	238.64	86818.82	23.60
2010	13649.64	811.20	11816.85	14275.26	175.55	36892.85	1862.84	66.42	79550.61	20.28
2011	10895.34	832.45	12064.36	14924.74	107.40	37587.66	1932.13	306.37	78650.45	18.35
2012	17317.94	753.84	11989.86	13384.48	79.73	38661.18	1520.92	129.67	83837.61	19.13

续表

年份	MPS	PO	PI	PC	PHR	PHNR	PN	PM	PSE	PPSE
2013	22510.32	824.08	11646.01	14609.30	99.71	38794.14	2748.27	144.02	91375.85	20.47
2014	13852.18	813.81	10985.88	14076.46	111.82	37573.05	2454.28	135.54	80003.03	18.03

注：①基于产出的支持（包括市场价格支持和基于产出的支持，分别缩写为 MPC 及 PO）；②基于生产要素投入的补贴，缩写为 PI；③基于当前耕地面积、牲畜数量、收入且有生产要求的补贴，缩写为 PC；④基于非当前耕地面积、牲畜数量、收入且有生产要求的补贴，缩写为 PHR；⑤基于非当前耕地面积、牲畜数量、收入且无生产要求的补贴，缩写为 PHNR；⑥基于非产品标准的补贴，缩写为 PN；⑦杂项，缩写为 PM。下同。ECU 创立于 1978 年，是由当时欧洲共同体九国货币组成的一个"货币篮子"，ECU 创立时，各国在其中的权重按其在欧共体内部贸易中所占权重及其在欧共体 GDP 中所占权重加权计算，以确定各国货币在 ECU 内占有权数和金额，联邦德国 27.3%、法国 19.5%、英国 17.5%、意大利 14% 等，并依当天汇率，换算各国货币当天对 ECU 的比价。ECU 中各成员国货币所占的权重，每隔 5 年调整一次。ECU 逐步具有了计价、储备等用途，并最终在 1999 年成为欧元，成为取代欧元区各国主权货币的单一货币。在 1999 年 1 月 1 日欧元诞生后，埃居自动以 1∶1 的汇价折成欧元（EUR）。

资料来源：http：//www.oecd.org/tad/support/psecse。

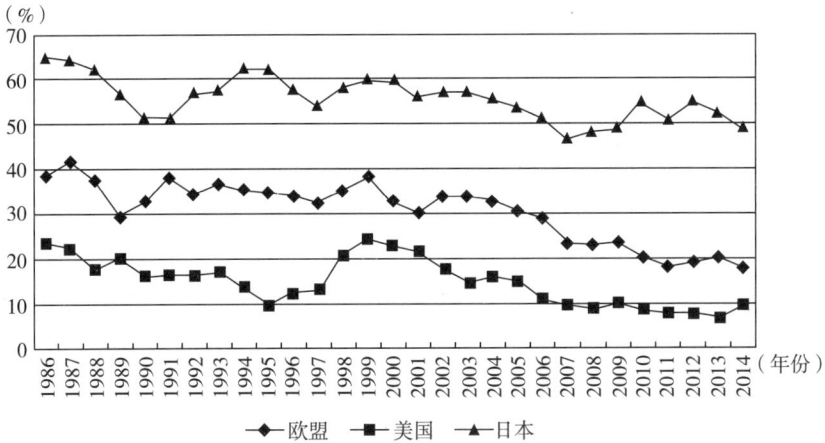

图 6-2　1986~2014 年欧盟、美国与日本 PPSE 变动趋势

从欧盟农业补贴的结构来看（见表 6-2），1986~2003 年（2001 年除外），市场价格支持占农业补贴总额比重均超过 50%；1986~2009 年，市场价格支持占比不断下降，从 1986 年的 86.64% 急剧下降至 2014 年的 17.31%，下降幅度高达 2/3。1998 年起，投入补贴占比从 1998 年的 6.24% 上升至 2014 年的 13.73%。1993~2005 年，基于当前耕地面积、牲畜数量、收入的补贴（出产要求）占比超过 20%，2014 年占比为 17.59%。增长速度最快的是基于非当前耕地面积、牲

畜数量、收入的补贴（无出产要求），从 2004 年的 1.32% 跃至 2014 年的 46.96%，成为欧盟第一大补贴项目。

表 6-2　欧盟生产者补贴比例结构　　　　　　　　单位:%

年份	MPS	PO	PI	PC	PHR	PHNR	PN	PM
1986	86.64	5.12	4.67	3.07	0.00	0.00	0.42	0.07
1987	85.34	5.58	5.34	3.56	0.00	0.00	0.40	-0.22
1988	82.92	6.58	5.54	4.27	0.00	0.00	0.65	0.04
1989	77.90	8.74	5.99	6.39	0.00	0.44	0.80	-0.27
1990	75.32	8.71	6.94	7.60	0.00	0.39	1.14	-0.09
1991	78.64	5.91	6.20	6.48	0.00	0.32	1.08	1.37
1992	72.68	4.36	7.69	12.21	0.00	0.97	1.58	0.50
1993	68.19	2.65	6.79	20.42	0.00	0.99	1.33	-0.36
1994	61.70	2.07	6.47	25.91	0.00	0.99	1.30	1.56
1995	58.64	3.54	5.65	31.07	0.00	0.03	1.26	-0.19
1996	58.09	3.81	6.69	31.29	0.00	0.02	1.22	-1.12
1997	55.51	3.83	8.44	32.41	0.00	0.02	0.65	-0.87
1998	59.90	3.67	6.19	30.21	0.00	0.02	0.69	-0.68
1999	62.76	3.70	6.31	27.06	0.00	0.02	0.77	-0.62
2000	53.10	5.00	7.38	34.18	0.00	0.02	1.29	-0.98
2001	47.19	4.54	8.39	38.75	0.00	0.01	1.25	-0.13
2002	51.60	4.09	7.87	35.30	0.00	0.01	1.19	-0.06
2003	50.87	3.91	8.52	35.97	0.00	0.01	1.15	-0.43
2004	49.48	5.08	8.95	34.32	0.01	1.32	1.08	-0.25
2005	44.30	5.15	10.01	23.60	0.12	16.00	1.34	-0.52
2006	37.65	1.49	11.09	17.23	0.17	30.84	1.83	-0.30
2007	32.21	1.07	12.64	16.60	0.24	35.30	2.03	-0.08
2008	30.37	1.07	12.19	17.25	0.20	35.40	3.51	0.01
2009	24.79	1.42	13.10	18.61	0.19	39.49	2.13	0.27
2010	17.16	1.02	14.85	17.94	0.22	46.38	2.34	0.08
2011	13.85	1.06	15.34	18.98	0.14	47.79	2.46	0.39
2012	20.66	0.90	14.30	15.96	0.10	46.11	1.81	0.15
2013	24.63	0.90	12.75	15.99	0.11	42.46	3.01	0.16
2014	17.31	1.02	13.73	17.59	0.14	46.96	3.07	0.17

资料来源：根据表 6-1 计算得到。

二、美国的农业补贴制度

（一）美国农业补贴制度

美国是最大的农产品出口国，农业的竞争力居世界前列。农业补贴政策在促进美国农业发展、提高农民收入平的作用不可替代。美国产业化农民收入的 1/3 源于农业补贴，正因如此，Schultz（1977）认为农业产量的决定性因素不是技术进步，而是政府对农业的保护和支持。在 WTO 自由贸易体制下，他国农民的竞争对手不是美国农民，而是美国财政部。近 70 多年来农业补贴政策的实施主要依据农业法案。美国自 1933 年第一个《农业调整法》出台到 2008 年《食物、环境保育与能源法》，共实施法案 16 个，调整 36 次（黄季焜，2009）。根据农业自身发展的要求、国内国际市场供求、政治因素的变动，美国政府采取了灵活多变、协同性良好的补贴工具，形成了一套完整、系统并极具特色的农业补贴政策体系，主要有价格补贴、收入补贴、自然资源与环境补贴、农产品出口补贴、食品与消费补贴等。

1. 价格补贴

（1）无追索权贷款（Non – recourse Assistance Loans）。无追索权贷款由农业部下属的农产品信贷公司具体负责实施，农场主自愿参加。凡参加该项目的农场主可以按照"贷款率"将符合条件的谷物抵押给农产品信贷公司，并获得"贷款率×谷物抵押量"数额的贷款。农产品信贷公司对贷款无追索权，是否偿还取决于贷款期限内未来市场价格走势。贷款到期前，如果谷物价格提高并超过贷款率，农场主可以将谷物自行出售并偿还贷款本息；如果谷物价格没有提高或超过贷款率，农场主可以放弃对抵押谷物的赎回权而不偿还贷款。

（2）营销贷款补贴。1996 年以前，"营销贷款补贴"是美国主要的农业补贴工具，之后被直接补贴取代，2002 年农业法案重新将其引入价格支持体系。农民在播种前将未来的农作物产量抵押给美国农业部的商品信贷公司，依据"贷款率"获得贷款从事农业生产（"贷款率"是容易引起误解的政策术语，实际上是政府预先设定的最低保护价，各种农作物销售贷款率见表 6 – 3）。作物收获后，市场价格高于"贷款率"则按市场价格销售农产品并按照贷款率偿还贷款；市场价格低于"贷款率"则按市场价格销售农产品以后再按照低于"贷款率"的市场价格偿还贷款，而"贷款率"与市场价格之间的差额相当于农民获得的直接补贴。

表 6 - 3　各种农作物国家平均贷款率

品种	单位	2002～2003 年	2004～2007 年	2008 年	2009 年	2010～2012 年
小麦	美元/蒲式耳	2.8	2.75	2.75	2.75	2.94
大麦	美元/蒲式耳	1.88	1.85	1.85	1.85	1.95
玉米	美元/蒲式耳	1.98	1.95	1.95	1.95	1.95
高粱	美元/蒲式耳	1.98	1.95	1.95	1.95	1.95
燕麦	美元/蒲式耳	1.35	1.33	1.33	1.33	1.39
大米	美元/百磅	6.5	6.5	6.5	6.5	6.5
大豆	美元/蒲式耳	5	5	5	5	5
其他油籽	美元/磅	0.096	0.093	0.093	0.093	0.1009
陆地棉	美元/磅	0.52	0.52	0.52	0.52	0.52
ELS 棉花	美元/磅	0.7977	0.7977	0.7977	0.7977	0.7977
花生	美元/吨	355	355	355	355	355
等级品羊毛	美元/磅	1	1	1	1	1.15
等级外羊毛	美元/磅	0.4	0.4	0.4	0.4	0.4
马海毛	美元/磅	4.2	4.2	4.2	4.2	4.2
蜂蜜	美元/磅	0.6	0.6	0.6	0.6	0.69
小扁豆	美元/百磅	11.94	11.72	11.72	11.28	11.28
干燥豌豆	美元/百磅	6.33	6.22	6.22	5.4	5.4
埃及大豆（小）	美元/百磅	7.56	7.43	7.43	7.43	7.43
埃及大豆（大）	美元/百磅	—	—	—	11.28	11.28

资料来源：http：//www. ers. usda. gov。

（3）反周期补贴（Counter - cyclical Payment）。反周期补贴是 2002 年农业法案提出的全新补贴工具，是贷款差额补贴与直接收入补贴相结合的产物。补贴额由过去的耕地面积和单产确定，与当期的产量无关。一个农场主在符合农业法规定的农产品上所得到的反周期补贴总额等于单位产品反周期支付额、支付面积[①]与单产的乘积。反周期补贴是"基于价格的反周期支付"，即基于目标价格与市场价格和直接支付之间的差额确定。全国平均市场价格与直接支付之和等于或大于目标价格时，不启动反周期补贴；相反则用反周期补贴来补偿两者之间的差额（侯明利，2009）。各种农作物的目标价格由农业部事先确定，2008 年，《农业法》又调整大部分作物的目标价格（见表 6 - 4），包括小麦、玉米、大米、棉花和油料作物。从 2009 年起，扩大反周期补贴范围，将干燥豌豆、小扁豆、埃及

---

① 支付面积为基础面积的 85%。

大豆（大）、埃及大豆（小）四种豆类产品纳入反周期补贴范围。除了将陆地棉的目标价格下调1%外，2010年起，小麦、大麦、高粱、燕麦、其他油籽种子、大豆目标价格的上调幅度分别为6.3%、17.4%、2.3%、24.3%、25.5%和3.4%。

表6-4　各种农作物目标价格

品种	单位	2002~2003年	2004~2007年	2008年	2009年	2010~2012年
小麦	美元/蒲式耳	3.86	3.92	3.92	3.92	4.17
大麦	美元/蒲式耳	2.21	2.24	2.24	2.24	2.63
玉米	美元/蒲式耳	2.6	2.63	2.63	2.63	2.63
高粱	美元/蒲式耳	2.54	2.57	2.57	2.57	2.63
燕麦	美元/蒲式耳	1.4	1.44	1.44	1.44	1.79
大米	美元/百磅	10.5	10.5	10.5	10.5	10.5
大豆	美元/蒲式耳	5.8	5.8	5.8	5.8	6
其他油籽	美元/磅	0.098	0.101	0.101	0.101	0.1268
陆地棉	美元/磅	0.724	0.724	0.7125	0.7125	0.7125
花生	美元/吨	495	495	495	495	495
小扁豆	美元/百磅	—	—	—	12.81	12.81
干燥豌豆	美元/百磅	—	—	—	8.32	8.32
埃及大豆（小）	美元/百磅	—	—	—	10.36	10.36
埃及大豆（大）	美元/百磅	—	—	—	12.81	12.81

资料来源：http://www.ers.usda.gov。

2. 收入补贴

美国的收入补贴包括固定直接补贴、农作物平均收益选择项目（Average Crop Revenue Election，ACRE）和农业保险与灾害补贴，其中农作物平均收益选择项目独具特色。营销贷款补贴和反周期补贴等以价格为基础的农业支持政策不无瑕疵：一是当农产品产量较低时，营销贷款补贴和反周期补贴提供的农业保护程度极其有限，营销贷款补贴是以农产品产量为依据的，产量普遍下降使农产品价格上升，从而减少甚至取消了营销贷款补贴和反周期补贴；二是产量增加幅度超过价格下降的幅度从而使农户收入增加，甚至高于平均收入，农户仍可获得营销贷款补贴和反周期补贴（Zulauf et al.，2008）。通过加强对农户一年内种植农作物所获收益减少的系统风险管理为农户提供补贴，正是农作物平均收益选择项目的政策目标。为此，2008年《农业法》设立了农作物平均收益选择项目。自

2009 年起，农业生产者可以自愿选择是否加入各州农作物平均收益选择项目。由此产生了两种农业补贴组合模式：一是传统组合模式，即"固定直接补贴 + 营销贷款补贴 + 反周期补贴"；二是 ACRE 组合模式，即"80% 的固定直接补贴 + 70% 营销贷款补贴 + 农作物平均收益补贴"。也就是说，参加该项目的农民必须同时减少 20% 的固定直接补贴和 30% 的营销贷款补贴（USDA，2008）。加入该项目的农作物年实际收益低于 ACRE 项目的基准收益（revenue guarantee）时，该生产者即可获得补贴。在 ACRE 项目下，各州每年每种作物每英亩的基准收益被预先确定，等于全国农产品两年移动价格平均值乘以该州每英亩种植土地产出的奥林匹克移动平均值（去掉最高值和最低值后过去五年的平均值）再乘以0.9。如果全国农产品价格乘以某州每英亩产量得到的结果小于基准收益（两者之间的差额就是补贴率），则该生产者可以获得 ACRE 补贴。任意一种农作物的补贴率均不得超过州基准收益的 25%。州基准收益上升或下降的幅度不得超过上一年度的 10%。2009 ~ 2011 年种植面积的 83.3% 可获得补贴，2012 年种植面积的 85% 均可获得 ACRE 补贴。

3. 自然资源与环境保护补贴

由于生态环境不断恶化，美国越来越重视自然资源与生态环境的保护，专门设立了农业补贴项目。美国农业部通过下属的自然资源保护中心（Natural Resources Conservation Service）和农业服务局（Farm Service Agency）负责实施自然资源及环境保护项目，补贴和资助农民自愿参与的农业环境恢复及改善行为，补贴规模持续增长，补贴范围逐渐扩大。通过实施土地休耕、水土保持、湿地保护、草地保育、野生生物栖息地保护、农田与牧场环境质量激励等生态保护补贴计划，以现金补贴和技术援助的方式，将这些资金分发到农民手中或用于农民自愿参加的各种生态保护补贴项目，让农民直接受益。2008 年，《食品、环境保护和能源法》继续扩大补贴资金规模，新增"农业用水提升计划"，扩大农村环境保护领域。2008 年新农业法投入 486.98 亿美元，用于土地休耕计划、农田水土保持、湿地保护、草地保育、农田与牧场环境激励等 15 个农业资源保育分项目。此外，还实施了土地休耕补贴。

（二）美国农业补贴的规模、水平及结构分析

从美国农业补贴的水平来看（见表 6 - 5 和图 6 - 2），1986 ~ 1995 年 PPSE 呈下降态势，从 1986 年的 23.98% 降至 1995 年的 10.08%；1996 ~ 1999 年基本呈现上升态势，从 1996 年的 12.75% 上升至 1999 年的 24.74%；从 1999 年起基本呈下降趋势，由 1999 年的 24.74% 下降至 2013 年的 6.91%。

表 6-5　美国生产者补贴结构　　　　　单位：百万美元

年份	MPS	PO	PI	PC	PHNR	PN	PSE	PPSE
1986	11070.84	5142.32	7026.01	13471.59	587.00	31.57	37329.34	23.50
1987	14479.74	2705.19	7019.57	12877.23	259.50	685.87	38027.10	22.42
1988	10458.03	1486.12	7138.62	10343.93	167.90	1058.91	30653.51	17.83
1989	19133.60	720.93	7816.23	7889.58	0.00	1381.21	36941.55	20.32
1990	12714.00	711.48	7348.62	7882.51	0.00	1541.03	30197.64	16.09
1991	13656.10	668.67	7143.05	6951.63	0.00	1650.54	30069.98	16.48
1992	13731.33	1161.95	6757.17	7836.00	0.00	1681.39	31167.84	16.28
1993	15292.60	893.77	6808.88	8426.05	0.00	1578.59	32999.90	17.14
1994	12758.02	308.88	6771.09	6297.14	0.00	1853.51	27988.64	13.85
1995	8225.43	67.43	6617.71	3023.79	0.00	1819.16	19753.52	9.75
1996	12780.19	58.47	6928.74	1282.52	5186.13	1813.58	28049.63	12.75
1997	13002.99	327.29	6377.07	1168.47	6285.83	1884.90	29046.56	13.14
1998	19366.96	4254.60	6358.07	4096.19	8470.14	2203.26	44749.21	20.77
1999	19414.54	10511.87	6926.50	4404.33	10938.68	1832.78	54028.71	24.74
2000	15721.95	10291.24	7255.01	5174.81	10530.39	1907.09	50880.50	22.67
2001	16419.67	9337.04	7870.78	5106.04	8738.76	2042.45	49514.73	21.44
2002	13525.51	1915.60	7589.93	6684.30	7096.60	2232.81	39044.75	17.86
2003	9385.33	2943.19	8726.32	5079.90	7032.14	2238.68	35405.56	14.75
2004	11786.68	5917.24	8760.19	4091.08	9586.46	2343.21	42484.85	16.04
2005	8399.67	6185.47	9275.06	2895.69	10912.35	2400.16	40068.39	15.05
2006	4615.65	1943.92	9440.64	4052.58	7692.45	2428.75	30173.99	11.10
2007	11911.15	376.65	8935.27	2814.77	5683.35	2338.00	32059.19	9.67
2008	924.17	1141.87	8611.74	9928.53	6995.86	2352.46	29954.64	8.62
2009	3821.66	795.85	8779.57	9142.55	6380.96	2614.43	31535.02	10.10
2010	6981.77	364.40	8949.04	6126.66	5734.84	2608.00	30764.72	8.58
2011	4513.85	76.79	9320.06	10335.64	5799.28	2667.50	32713.13	8.02
2012	6694.54	475.99	9135.10	8727.62	5775.88	2603.00	33412.13	7.89
2013	3019.87	322.74	9103.33	9033.26	4995.05	2347.00	28821.26	6.91
2014	9130.20	417.34	9571.62	7910.10	12505.70	1926.50	41461.45	9.80

注：PHR 与 PM 全部为零。

资料来源：http://www.oecd.org/tad/support/psecse。

从美国农业生产者补贴的比例结构来看（见表 6-6），基于非当前耕地面积、牲畜数量、收入且无生产要求的补贴所占比重最高，2014 年达 30.16%；其次是基于投入的补贴，占比为 23.09%；再次是基于当前耕地面积、牲畜数量、收入且有生产要求的补贴，占19.08%；然后是市场价格支持，占22.02%；基于非产品标准的补贴，占4.65%，产出品补贴最少，占比为1.01%。

表6-6　美国生产者补贴比例结构　　　　　　　　　单位:%

年份	MPS	PO	PI	PC	PHNR	PN
1986	29.66	13.78	18.82	36.09	1.57	0.08
1987	38.08	7.11	18.46	33.86	0.68	1.80
1988	34.12	4.85	23.29	33.74	0.55	3.45
1989	51.79	1.95	21.16	21.36	0.00	3.74
1990	42.10	2.36	24.34	26.10	0.00	5.10
1991	45.41	2.22	23.75	23.12	0.00	5.49
1992	44.06	3.73	21.68	25.14	0.00	5.39
1993	46.34	2.71	20.63	25.53	0.00	4.78
1994	45.58	1.10	24.19	22.50	0.00	6.62
1995	41.64	0.34	33.50	15.31	0.00	9.21
1996	45.56	0.21	24.70	4.57	18.49	6.47
1997	44.77	1.13	21.95	4.02	21.64	6.49
1998	43.28	9.51	14.21	9.15	18.93	4.92
1999	35.93	19.46	12.82	8.15	20.25	3.39
2000	30.90	20.23	14.26	10.17	20.70	3.75
2001	33.16	18.86	15.90	10.31	17.65	4.12
2002	34.64	4.91	19.44	17.12	18.18	5.72
2003	26.51	8.31	24.65	14.35	19.86	6.32
2004	27.74	13.93	20.62	9.63	22.56	5.52
2005	20.96	15.44	23.15	7.23	27.23	5.99
2006	15.30	6.44	31.29	13.43	25.49	8.05
2007	37.15	1.17	27.87	8.78	17.73	7.29
2008	3.09	3.81	28.75	33.15	23.35	7.85
2009	12.12	2.52	27.84	28.99	20.23	8.29
2010	22.69	1.18	29.09	19.91	18.64	8.48
2011	13.80	0.23	28.49	31.59	17.73	8.15
2012	20.04	1.42	27.34	26.12	17.29	7.79
2013	10.48	1.12	31.59	31.34	17.33	8.14
2014	22.02	1.01	23.09	19.08	30.16	4.65

注：PHR、PM均为零。①基于产出的支持（包括市场价格支持和基于产出的支持，分别缩写为MPC及PO）；②基于生产要素投入的补贴，缩写为PI；③基于当前耕地面积、牲畜数量、收入且有生产要求的补贴，缩写为PC；④基于非当前耕地面积、牲畜数量、收入且有生产要求的补贴，缩写为PHR；⑤基于非当前耕地面积、牲畜数量、收入且无生产要求的补贴，缩写为PHNR；⑥基于非产品标准的补贴，缩写为PN；⑦杂项，缩写为PM。

资料来源：http://www.oecd.org/tad/support/psecse。

三、日本的农业补贴制度

（一）日本农业补贴政策体系

日本农业耕地资源贫瘠，农业生产规模较小[①]，生产成本较高，农产品进口依赖度较大。战后，日本政府保护农业、保障国家粮食安全的主要手段是财政补贴。日本政府从 20 世纪 50 年代中期开始实施国内农业保护政策。特别是 1961 年《农业基本法》颁布后，日本出台了一系列农业补贴政策，农业保护水平迅速提升。20 世纪 80 年代以来，日本每年农业补贴总额均在 4 万亿日元以上，农民收入有 65% 源于财政补贴。WTO 数据表明，日本对农业的补贴已经超过了农业收入（孙自铎，1997）。2000 年，日本 GDP 为 514 兆日元，其中农业产值占 1.1%，而政府农业补贴却相当于 GDP 的 1.4%。2003 年，日本生产者补贴值（PSE）为 447 亿美元，低于欧盟的 1214 亿美元，但高于美国的 389 亿美元；如果按人均 PSE 比较，日本为 344 美元，超过欧盟的 303 美元，为世界最高；如果按 PSE 占 GDP 的比重比较，日本是 1%，略低于欧盟的 1.2%，高于美国的 0.4%；如果按 PSE 占农业产值的比重比较，日本为 58%，不仅明显高于美国的 18% 和欧盟的 37%，而且高于 OECD 平均值的 32%。由此可见，日本政府对农业的补贴力度堪称世界之最。

1. 农产品价格补贴

农产品价格补贴在日本农业补贴体系中最为重要，日本政府自"二战"后几乎对所有农产品都实施了不同形式的价格支持政策。比如，对大米实行国家直接控制的"双重米价制"，猪肉、蚕茧等的价格稳定制；甘薯的保证最低价格制，牛奶、大豆等的差价补贴制；蔬菜、鸡蛋的价格安定基金制。大米是日本的主食，因此，大米是日本价格支持政策的核心，其补贴占整个价格补贴的 70% 以上。国家向农户支付的"生产者米价"明显高于其向消费者出售的"消费者米价"，购销倒挂部分由政府补贴（秦富等，2003）。最低保护价制度主要用于小麦、大麦以及加工用的土豆、甘薯、甜菜、甘蔗等的价格支持。政府规定了这些农产品的最低价格标准，市场价格低于最低保护价格时产品由政府的有关机构按规定的最低价格购入，促使农产品价格回升到最低价格以上并保证生产者的收入。价格差额补贴，政府事先确定大豆、油菜籽和加工用牛奶等农产品的基准价格。无论市场价格高于或低于基准价格，农民都在市场上按市场价格出售。只是

---

① 日本农业主要以小规模家庭经营为主，每个农户的平均耕地面积为 1.2 公顷。

当市场价格低于基准价格时，政府将实际市场价格与基准价格之间的差额直接以补贴金形式发放给农民。

2. 农业基础设施建设补贴

日本政府高度重视农田水利基本设施建设，专门设立了资助与补贴项目。大型农田水利设施一般由中央政府直接投资，只要经过审批程序并达到一定标准后，中央财政补贴其全部投资的50%左右，都道府县和市町村财政分别补贴25%和15%，剩余部分修建成本由农户自身负担；政府对小型水利工程的补贴比例为全部费用的80%～90%，政府还为由农民负担的部分提供低息贷款，国家财政对发放此类贷款的金融机构给予适当利息损失补贴（周建华和贺正楚，2005）。对于品种改良、优育与繁育、育苗、栽培管理与农业技术推广等生产基本设施建设，同样可获得补贴。

3. 农业生产资料购置补贴

日本农业现代化离不开农业机械化，而农业机械化又得益于农业机械设备购置补贴政策。1965年，日本开始对农民购买的两类农业机械给予较大规模的补贴：一是农民联合购买粮食生产动力与作业机器，例如拖拉机、插秧机、收割机、灌溉动力机、动力喷雾机与撒粉机；二是粮食加工、运输与储藏机械设备，例如磨米机、烘干机、农用运输汽车及储藏设备。从补贴规模来看，1972年直接补贴总额为491亿日元，1981年为2439亿日元，1995～1999年总额接近6万亿日元，平均补贴率约为机械购置成本的50%。然而补贴额的50%从中央财政得到，25%从都道府县财政得到，还有25%则从接受国家补贴的金融机构得到低息贷款，有的地方町村财政还要补贴12.5%（周建华和贺正楚，2005）。

4. 农业贷款利息补贴

农业贷款利息补贴又称为"制度性贷款"，一般不直接支付给农户，而是当农户按一定条件向有关金融机构获得低于正常市场利率33%～66%的低息贷款时（韩喜平和李二柱，2005），依据该贷款利率低于正常市场利率的差额，补贴这些金融机构以补偿其低利造成的损失。目前，农业低息贷款补贴项目主要有"农业改良资金""农业现代化资金""农林公库资金"三种。其中，仅"农业现代化资金"一项，中央财政在1990年即向农协金融机构支付了14915亿元的补贴，而农户则由此从农协金融机构获得了11010亿元的低息贷款。

5. 农业保险补贴

日本农业保险制度由政府直接参与保险计划，具有强制性，凡是生产数量超过规定数额的农民和农场都必须参加保险。保险额根据每千克保险额乘以标准产量的70%得到，每千克保险额每年由农林渔业部规定，标准产量由农业互助社按土地情况确定，稻农交纳相当于正常年份收入10%的保险费，政府对农作物的保费补贴50%~80%。保费补贴和损失赔偿，有助于农民收入的稳定。

（二）日本农业补贴规模、水平及结构分析

农业补贴规模基本呈现递减趋势。1986年农业补贴总额高达7764.2亿日元，2009年下降为4331.75亿日元，23年间下降了44.21%，平均每年减少约2个百分点（见表6-7）。

表6-7　日本生产者补贴结构　　　　　　单位：十亿日元,%

年份	MPS	PO	PI	PC	PHNR	PSE	PPSE
1986	7002.5	211.13	300.47	0	250.1	7764.2	65.07
1987	6431.55	196.31	304.63	0	215.6	7148.09	64.56
1988	6122.7	257	291.78	0	218.4	6889.87	62.24
1989	5871.74	194.21	277.5	0	227.2	6570.65	56.83
1990	5523.51	204.69	278.52	0	172.6	6179.32	51.52
1991	5529.15	195.53	284.48	0	171.5	6180.66	51.70
1992	6059.09	206.91	300.66	0	145.9	6712.56	56.86
1993	5684.67	220.86	322.68	0	101.2	6329.41	57.49
1994	6830.93	207.35	296.2	0	74.8	7409.28	62.65
1995	6233.3	208.09	316.15	0	89.3	6846.84	62.22
1996	5704.12	130.79	290.89	0	133.4	6259.21	57.95
1997	5015.95	173.34	287.63	0	133	5609.92	54.25
1998	5454.9	162.36	256.17	0	115.7	5989.13	58.15
1999	5352.64	188.71	246.19	0	116.7	5904.24	59.94
2000	5198.05	262.66	209.83	0	162	5832.54	59.74
2001	4716.34	290.26	180.77	0	183.2	5370.58	56.32
2002	4828.77	281.53	166.79	0	200.7	5477.79	57.19
2003	4816.6	278.46	151.62	0	202.00	5448.69	57.42
2004	4618.77	257.77	149.04	8.24	161.7	5195.52	55.92
2005	4314.31	233.48	139.74	29.55	170.5	4887.58	53.80
2006	4019.46	237.57	128.02	23.74	171.7	4580.49	51.51
2007	3510.39	169.53	172.43	13.23	271.13	4136.70	46.56
2008	3746.7	169.32	155.41	63.91	272.13	4407.46	48.29

续表

年份	MPS	PO	PI	PC	PHNR	PSE	PPSE
2009	3634.62	154.03	151.38	84.16	307.55	4331.75	48.74
2010	4009.77	151.14	173.6	285.00	360.07	4979.58	54.77
2011	3681.37	219.5	126.25	425.35	366.33	4818.80	51.35
2012	4259.28	224.18	143.87	237.53	365.83	5230.68	55.08
2013	3987.76	192.26	156.05	238.90	387.71	4962.68	52.56
2014	3632.12	265.79	138.32	199.00	395.00	4630.22	49.20

注：PHR、PN、PM 均为零。

与欧盟和美国相比（见图 6-2），日本的农业补贴水平最高，1986 年 PPSE 超过 65%，1986～2006 年 PPSE 均在 50% 以上，1999 年后呈下降趋势。

从生产者补贴的结构来看，价格补贴一直是日本农业补贴的最主要政策工具，价格补贴占农业补贴的比重在 76%～93%，近几年略有下降（见表 6-8）。

表 6-8　日本生产者补贴比例结构　　　　　　　单位：%

年份	MPS	PO	PI	PC	PHNR
1986	90.19	2.72	3.87	0.00	3.22
1987	89.98	2.75	4.26	0.00	3.02
1988	88.87	3.73	4.23	0.00	3.17
1989	89.36	2.96	4.22	0.00	3.46
1990	89.39	3.31	4.51	0.00	2.79
1991	89.46	3.16	4.60	0.00	2.77
1992	90.26	3.08	4.48	0.00	2.17
1993	89.81	3.49	5.10	0.00	1.60
1994	92.19	2.80	4.00	0.00	1.01
1995	91.04	3.04	4.62	0.00	1.30
1996	91.13	2.09	4.65	0.00	2.13
1997	89.41	3.09	5.13	0.00	2.37
1998	91.08	2.71	4.28	0.00	1.93
1999	90.66	3.20	4.17	0.00	1.98
2000	89.12	4.50	3.60	0.00	2.78
2001	87.82	5.40	3.37	0.00	3.41

年份	MPS	PO	PI	PC	PHNR
2002	88.15	5.14	3.04	0.00	3.66
2003	88.40	5.11	2.78	0.00	3.71
2004	88.90	4.96	2.87	0.16	3.11
2005	88.27	4.78	2.86	0.60	3.49
2006	87.75	5.19	2.79	0.52	3.75
2007	84.86	4.10	4.17	0.32	6.55
2008	85.01	3.84	3.53	1.45	6.17
2009	83.91	3.56	3.49	1.94	7.10
2010	80.52	3.04	3.49	5.72	7.23
2011	76.40	4.56	2.62	8.83	7.60
2012	81.43	4.29	2.75	4.54	6.99
2013	80.35	3.87	3.14	4.81	7.81
2014	78.44	5.74	2.99	4.30	8.53

注：PHR、PN、PM均为零。

四、发达国家农业补贴制度对中国的启示

欧盟与美国的农业补贴实践经验、农业补贴体系的构建及其体现的共同特征与一般规律，值得我国在农业补贴制度改革上虚心借鉴。

（1）在WTO农业补贴规则的框架下，根据国情变化适时调整和优化农业补贴政策，并使之法律化和制度化。1995年1月1日，WTO《农业协定》生效前后，为积极应对该规则对本国农产品价格补贴、出口补贴等农业补贴政策的限制，克服实际农产品价格的高额补贴所带来的市场价格与贸易扭曲、补贴效率低下等弊端，美国、欧盟多次调整农业补贴政策。共同点是减少农产品价格补贴与出口补贴，适度增加收入补贴和农业结构调整补贴，改革主旋律越来越呈现市场化的取向。各国根据农业发展状况及国情的变化，相应调整农业补贴政策。各国均运用法律法规明确规定农业补贴的目标、具体项目、补贴范围、补贴标准等相关要素，保障和提高农业补贴实施的有效性和权威性。农业补贴范围广泛，仅凭一部单独的法律对其做全面的规定几乎是不可能的。发达国家建立了农业补贴基本法规和专业法规配套的完整法律制度体系，借此保障粮食安全、提高农民收入

和实现农业经济的可持续发展。

（2）农业补贴目标定位清晰，表现出多元化及阶段性调整的特征。在实行农业补贴政策的初期阶段多根据具体的政策目标采取相应措施，要求各项补贴措施目标清晰、指向明确、分工合理，避免各类补贴措施整合一体或边际效应下降（程国强，2009）。多元化的农业补贴目标大致可归纳为保障粮食安全、稳定农产品价格、提高农民收入水平、保护资源与环境等，但补贴目标的侧重点随着基础农产品供求状况、农业生产条件、经济发展水平、产业结构变动和政府财政实力的不断变化而调整。农业生产率较低、农产品无法实现自给时，提高粮食产量是补贴重点；粮食实现自给甚至过剩、城乡收入差距较大时，稳定农产品价格与提高农民收入水平是补贴重点；随着经济发展水平和农民收入水平进一步提升，保护自然资源和生态环境、实现农业经济的可持续发展便成为补贴重点。因此，在不同经济发展阶段，补贴目标的侧重点根据经济发展状况和与之适应的要求的变化相应做出动态调整，农业补贴目标呈现阶段性调整的特征。

（3）与各国经济发展水平和财政能力相适应，农业补贴的总体水平依然较高。农业补贴政策的顺利实施必须以充裕的财政收入作为支撑和后盾，在财政收入分配制度既定的情况下，财政收入主要取决于经济发展水平。实践中，发达国家均在实现了工业化后才开始全面实施农业补贴政策。发达国家较高的经济发展水平与较大的财政收入规模，为有效实施高强度农业补贴提供了坚强的资金保障，发达国家农业补贴规模和水平普遍高于发展中国家。从农业补贴的总体水平看，日本最高，欧盟次之，美国最低（见图6-2）。这进一步验证了Gulati 和 Sharma（1992）的研究结论。受国内政治、社会等因素影响，发达国家农业补贴具有典型的"刚性"特征，增加易、削减难。近年来，各国迫于WTO减让压力而被迫改革农业补贴政策，削减受WTO约束的价格补贴、出口补贴等黄箱补贴措施，但削减的相当一部分又以收入补贴的方式转移到绿箱政策。所以，发达国家改变的仅仅是农业补贴方式，而农业补贴的总体水平依然较高。这些国家农业补贴绝对规模非但没有减少，反而呈现增加的趋势。尽管近年来发达国家农业补贴在其经济总量中的比重和人均补贴水平有所下降，但补贴规模依然较大。

（4）迫于WTO减让压力而不得不逐步调整和优化农业补贴结构，但农业补贴水平并未实质性削减。对农业补贴结构做了较大幅度调整，适当减少需要削减且生产及贸易扭曲效应较高的"黄箱"补贴政策，又大幅增加无须削减且生产及贸易扭曲效应较小的"绿箱"补贴政策。欧盟市场价格支持所占比重从20世纪 80 年代的 75%～85% 骤降为 2009 年的 24.06%，减少了 2/3。从 2005 年起，基于非当前耕地面积、牲畜数量、收入且无产出要求的支付快速增长，从 1989 年的 0.44% 提高到 2009 年的 39.58%。美国的价格补贴同样有所下降，尤其是在 2008 年，其占生产支持的比重降为 2.89%。[①]

（5）农业补贴方式灵活多样。补贴方式集中表现为两大类：价格和收入补贴方式是发达国家在控制农产品价格、稳定农产品供给、影响农产品需求和保障农业生产者收入等农业政策目标的常用手段，包括市场干预类补贴方式和收入支持类补贴方式。政策目标是支持和提高农业生产者收入以弥补自由市场制度在收入分配方面的不足，具体包括对生产者提供农产品给予差价补贴、针对耕种面积和饲养的牲畜数量的补贴（不按照农民提供的农产品数量，而是根据政府确定的农业投入规模核发补贴）和针对农场和农场主的补贴（根据农场规模和市场收入的多少而核发补贴）。绿色补贴方式，例如，自然资源和环境保护补贴，WTO《农业协定》的要求及发达国家所做的农业补贴削减承诺，是基于"黄箱"补贴的价格与贸易扭曲效应，绿色补贴方式符合"绿箱"措施要求而无须承担削减承诺的考虑。20 世纪 70 年代以来，可持续发展的理念深入人心，农业可持续发展和资源保护成为农业政策的重要目标，绿色农业补贴方式不仅有助于增加农民收入，而且有利于促进本国农业的可持续发展。

（6）在农业补贴方式上，循序渐进地实现从价格补贴（间接补贴）向收入补贴（直接补贴）的转变。价格补贴的生产与贸易扭曲效应最大且效率最低，但因其促进农业生产提高粮食产量的效果显著，在粮食未能实现自给或自给率较低的严峻形势是合理选择。与价格补贴相比，直接补贴流通环节少，补贴效率较高而使农民得到真正的实惠。为了减少农产品过剩、缓解居高不下的财政补贴支出压力并适应 WTO 规则，发达国家逐步减少价格支持而转向收入直接补贴。

（7）注重各种农业补贴政策工具间衔接配套及财政补贴政策与其他政策的协同配合。例如，欧盟设计的目标价格、门槛价格及干预价格，融为一体，相辅相成，缺一不可，形成了严密、精致、灵活的农产品价格支持机制。美国建立的由营销贷款补贴、固定直接补贴和反周期补贴构成的"三级收入安全网"，具有价格支持与直接补贴相互配套的政策合力（程国强，2009）。与此同时，注重协调国内补贴与边境保护措施之间的关系。

---

① 根据 OECD 官方网站数据计算。

第二节 发展中国家农业补贴制度：比较与经验借鉴

与发达国家一样，发展中国家随着经济发展水平提高、财政实力增强、产业结构调整，同样推行了农业补贴政策。"金砖国家"与中国经济发展阶段相近，农业补贴模式具有代表性，因此，本部分将着重探讨印度、巴西和埃及的农业补贴政策体系及农业补贴规模、水平和结构等，总结对我国的启示。

一、印度的农业补贴制度

印度是一个人口仅次于中国的农业大国[①]，也是农产品净出口国，2005～2006 年农业的 GDP 贡献率高达 21.7%，吸纳了近 60% 的劳动力。印度农业比较落后[②]。支持和保护农业的发展及农产品市场对印度具有重大的政治、经济及社会意义。印度农业政策的主要目标为确保食物自给及缓解贫困。当下，印度政府遵守 WTO《农业协定》的农业补贴规则，制定、实施并逐步形成了契合国情的农业补贴制度。虽然市场价格支持和投入品补贴的效率最低且贸易扭曲度最高（OECD，2007），但依然是印度农业补贴体系的核心。

1. 最低保护价政策（Minimum Support Price，MSP）

最低保护价是印度实施《基本商品法案》（*Essential Commodities Act*，ECA，1955）的重要政策工具，其主要目标是保证生产者有利可图，减少生产者的经营风险，促进农产品多样化和保证贫困人口的食物安全。农业成本与价格委员会（Commission on Agricultural Costs and Prices，1965 年成立）主要依据农产品生产成本，并结合工农产品比价、作物之间的比价及供需状况、农民的合理利润等因素，每年向政府提出有关农产品支持价格的建议，然后经政府确定并在收获前正式公布，该价格即为最低保护价。有些州政府在此基础上进一步提高了最低保护价，提高幅度从 20% 到 25% 不等。印度最初农产品最低保护价政策的支持对象主要是小麦、大米和玉米等粮食作物，20 世纪 70 年代中期粮食实现基本自给之

---

① 尽管过去的 25 年农业人口所占比重不断下降，但 2007 年农业人口比重仍超过 70%。2004 年，有 3.05 亿人（近 28%）生活在贫困线（每月 327 卢比，约合 7.22 美元）以下，39% 的儿童营养不良。

② 有学者将印度农业的三个特征总结为生存性、小规模和低生产率（Ahuja A. Agriculture and Rural Development in Indai：Post - Liberlisation Initiatives ［M］. India：New Century Publications，2006：9 - 13）。

后，逐渐扩大到黄麻、大豆、油料等 24 种农产品。据估算，受最低保护价格保护的作物产值占农业总产值的比重约为 2/3。在实践中，一小部分州对大米、小麦及甘蔗的最低保护价很有效。1965 年，印度粮食公司成立，负责全国的粮食购销，对粮食收购实行支持价格，当农产品过剩时，剩余部分由政府收购，作为储备和出口之用，从而消除了增产不增收的后顾之忧。

对未得到 MSP 支持的其他农产品，政府实施了市场干预计划（Market Intervention Scheme，MIS）。在 MIS 政策下，如果一种产品的价格低于特定的"水平"，政府就会通过不超过生产成本的干预价格来购买此商品，计划执行中的损失由中央和各邦政府共担。1998 年起，受 MIS 支持的产品有柑橘、苹果、油椰子、槟榔、马铃薯、红辣椒、洋葱和生姜等。

2. 投入品补贴政策

从 20 世纪 80 年代中期，印度对化肥、农业灌溉及农业用电等农业投入品给予补贴。补贴范围逐渐扩大到种子、除草剂、农药。另外，商业银行、合作银行及地区农村银行以低于市场水平的优惠利率为农业生产者提供用于购买农业生产资料的低息贷款。

2001～2002 年，化肥补贴占投入品补贴的比重为 34.7%，灌溉及农业用电补贴分别占 36.7%、27.8%（OECD，2007）。加入 WTO 后，印度仍然充分利用了《农业协议》中针对发展中国家的补贴条款，投入品补贴项目主要包括：第一，化肥补贴。化肥补贴是印度最大的农业补贴项目。根据稳定价格补贴计划，印度对尿素（占印度化肥使用总量的 60%）采取政府定价、对生产化肥的厂商和进口商直接予以补贴、对运费进行补贴的办法，以维持其低价格。因此，不管是进口还是国产化肥，售价普遍低于生产成本。尽管研究表明，1981～2000 年化肥补贴估计有 33.46% 的比例被化肥企业获得，对生产者的补贴出现了利益流失，但是，近年来降低化肥补贴的建议仍未付诸实施。据《印度斯坦时报》报道，2008～2009 年之前的四个财政年度，印度化肥一直没有提价，政府还削减了 19% 的复合化肥价格。印度以 26000 卢比每吨（约合 619 美元每吨）的价格购买尿素，以 4830 卢比每吨（约合 115 美元每吨）的价格销售给农民。同时，磷肥 DAP 和钾肥 MOP 的销售价也从买入价的 56000 卢比每吨（约合 1333 美元每吨）和 36000 卢比每吨（约合 857 美元每吨），分别降至 9300 卢比每吨（约合 221 美元每吨）和 4800 卢比每吨（约合 114 美元每吨），损失均由政府补贴（林柳，2008）。2008～2009 年印度政府发放的化肥补贴达到 215.3 亿美元，是上一财年补贴额的两倍之多，较 2004～2005 年财年补贴增长了 530%（张番，

2010)。印度化肥补贴政策已经执行了七年，政府在巨大的财政负担下不得不考虑改革。新政策于 2010 年 4 月 1 日正式启动，在放开化肥市场的同时，由现在的依据产品发放补贴改变为依据养分发放补贴。即从 2010 年 4 月 1 日起，除尿素销售价格上涨 10% 至 114.8 美元每吨外，其他化肥的销售价格由化肥企业根据国内外市场水平决定，政府则根据化肥中养分的含量提供相应补贴。每种养分的补贴额度将由政府按年度调整后确定。第二，邦政府对农用柴油、灌溉用电的财政补贴。被誉为"印度粮仓"的旁遮普邦规定，农民购买柴油的价款可在出售农产品之后支付；农业用电则采取区别对待的办法，生活在贫困线以下的农民免费用电，一般农户可免费使用灌溉用电，其他用电则享受优惠价。第三，农业机械补贴。印度"九五"计划（1997～2002 年）确定了一项农业机械化的项目，即重点推广以电力为动力的农具和小型拖拉机。"九五"前两年政府拨款 2306 亿卢比（1 卢比约合 0.023 美元，下同），补贴 31 万台拖拉机。

近年来，上述三大投入品补贴呈明显增长趋势。肥料补贴从 1993 年的 456 亿卢比上升到 2002 年的 1260 亿卢比，几乎增加了两倍；灌溉补贴从 1993 年的 587 亿卢比增加到 2002 年的 1331 亿卢比；2002 年的电力补贴高达 934 亿卢比，是 1993 年的 4 倍。

3. 农业信贷政策

为提高资本有机构成、增加农民积累资金，印度政府通过发展农村信贷业以营造良好的金融环境。农业信贷按贷款期限不同分为三种：一是短期信贷，用于购买肥料、种子等生产资料，贷款期限 15 个月，无须担保抵押，利率优惠为 10%。二是中期信贷，用于改善生产条件的投资，贷款期限 5 年以内，利率更低。三是长期贷，主要用于农田保护和农村电气化，期限 5 年以上。具体执行过程中，通过改善信贷管理，简化批准和支付手续，消除商业银行对农业和农民的信贷歧视，特别注重增加农村的小规模信贷等。印度中央储备银行决定在 2006～2010 年向农业部门提供 5000 亿卢比的信贷资金，明确规定了从开垦荒地、选育良种到改造农业基础设施、增加灌溉面积、提高粮食加工和储藏能力、完善粮食市场流通环节等具体环节的投资导向。政府还计划向 70% 的农民提供低息贷款，指导农民进行产业升级。

4. 农业保险补贴

2005 年，23 个州和两个直辖区的 1600 万农民参加了农业保险计划（National Agricultural Insurance Scheme，NAIS）。农业保险仅限于少数农作物。保险费率是以耕地面积为依据的，从小麦的 1.5% 到油籽的 3.5% 不等。小农户所支付保险费的 10% 由政府给予财政补贴，补贴费用由中央政府和州政府共担。2004 ~ 2005 财年，保险费超过 70 亿卢比（约合 1.59 亿美元）（OECD，2007）。

二、巴西的农业补贴制度

农业在巴西国民经济体系中占有非常重要的地位。农业产值占 GDP 比重为 10% 左右。2005 年农产品占其出口总额的 37%，而仅占进口总额的 7%，解释了 86% 的贸易顺差。

（一）农业补贴政策体系

为支持农业发展，巴西实施了一系列复杂的农产品价格支持和信用工具。

1. 农产品价格支持政策

（1）政府直接购买。政府直接购买，即政府以预先公布的最低保护价格直接从农业生产者或合作组织购买农产品。它在特定地区实施，同时受政府预算分配资金数量的限制。政府直接购买共涵盖了十二种农产品，包括大米、小麦、玉米等主要粮食作物以及棉花和黄麻等非粮食农作物。2004/05 与 2005/06 大部分农产品的最低保护价保持不变。大部分农产品市场价格下降，表明每单位产品支持价格有所上升。为减少农产品的运输和储备，2005 ~ 2006 年政府直接购买数量从 2004 ~ 2005 年的 170 万吨下降为 120 万吨。

（2）地区间差价补贴。产品售出计划是政府向加工企业和批发商支付"差价"补贴来支持农产品价格。例如，当中西部农民将农产品出售给南部的加工企业或批发商时，政府将两地之间的价差（主要是运费）补贴给后者，从而鼓励其到内陆收购农产品，维持内陆地区农产品价格。

（3）期权合约补贴。期权合约补贴实质上是一种价格保证制度，即预先确定一定时期以后的期权价格，但要先购买保险。如果加入保险，到期实际市场价格高于期权价格时，农民自行出售；到期实际市场价格低于期权价格时，政府直接将市场价格低于期权价格的部分补给农民，仍由农民自己在市场上销售。

2. 农业信贷政策

巴西主要通过国家农村信贷制度（National Rural Credit System）为农业生产提供银行信贷。巴西政府依据土地占有面积、农业产值、农业生产率和农业现代化水平发放农业贷款。国家农村信贷制度以控制利率水平为农民提供的直接信贷大致分为三种：一是销售和储存信贷（Marketing and Storage Credit），主要帮助生产者解决销售资金周转，包括：①生产者销售和储存信贷，这种信贷是为政府价格支持的主要农作物的农业生产者与合作社提供短期优惠贷款，以利于其在收获后无须立即出售农产品，可选择等市场价格较高时出售。其担保物是收获的农产品或饲养的牲畜，贷款额根据产量和政府最低收购价格确定，贷款期一般为180天，但也可适当缩短（90天）或延长（60天）。②加工商销售和储存信贷，政府最低价格支持的农产品加工商可获得此类贷款，但其必须以等于或高于该水平的价格支付给生产者货款。一般加工商和合作社加工商分别可获得其加工能力的50%和100%的贷款。③特别营销系列贷款，是从2003年开始实施的农贷项目，目的是为玉米和高粱的生产者提供支持。该类贷款和生产者销售和储存信贷功能相同，但条件更灵活，贷款额也较高。④销售前贷款，是生产者销售和储存信贷的变种，其差别在于销售前贷款可以在收获前最长60天获得，因此贷款期限也更长一些。⑤农业本票及其副本（Rural Promissory Note and Rural Duplicate），它们实质上相当于另外一种加工商信贷。农产品下游加工商据该本票承担购买特定数量农产品的义务，副本持有者则有义务出售该产品。加工商可以将该本票作为担保获得短期银行贷款以在签发日30天内履行买卖合同支付货款，生产者也可以提前从买方获得现金或生产投入。⑥个别产品储存信贷，主要针对咖啡和乙醇。咖啡储存信贷可以满足生产者在收获后处理和储存所需的流动资金，一般贷款期限是6~7个月。乙醇储存信贷是对甘蔗生产者（甘蔗可用来生产乙醇）的援助。二是经营资本信贷（Workingcapital）。经营信贷以固定优惠利率在播种或收获阶段提供给生产者或其合作社，不同作物的还款机制有所差别。三是投资信贷（Investment Credit）。投资信贷有一系列不同项目，其中最大的项目是农机购买融资，其他项目则针对水果、牛奶和肉类的投资，也包括加工业（李飞和孙东升，2007）。

2005~2006年，农业信贷总额中，销售和储存信贷占21%，经营资本信贷占57%，投资信贷占22%（OECD，2007）。信贷构成分为两类，政府信贷占10%，商业信贷占90%。政府规定农业信贷年利率最高为12%（一般市场信贷利率为25%），对中、小生产者在贷款利率上更加优惠，分别为9%和6%。

3. 农业保险补贴

巴西政府实施了一系列农业保险计划。生产者遭受自然灾害或暴发牲畜疾病时，可获得政府提供的保险补贴。政府农业保险项目传统上与农业信贷相联系，灾害发生导致减产时，政府保险提供部分补偿生产者的损失。目前巴西政府提供的农业保险项目业有多种。除传统与信贷相联系的政府保险项目外，还有保费补贴项目、农业家庭保险项目和农作物担保项目。保费补贴是为与政府指定名单上的保险公司签约的生产者提供一定比例的保费补贴。自2004年开始，农业家庭保险项目不仅提供 100% 与减产有关的银行债务担保，还为生产者提供部分收入（相当于生产者预期现金收益的 50%）损失补贴。农作物担保是为在巴西干旱地区从事灌溉重要作物和棉花种植的农民家庭提供，因旱灾等遭受损失时，该项目为其提供收入支持①。

（二）巴西农业补贴的规模与结构分析

首先分析巴西农业补贴的规模和水平（见表 6-9），1999 年之前巴西政府对农业实施的是负补贴政策，从 2000 年开始 PSE 基本上逐年增加，2009 年高达 21594.48 百万巴西雷亚尔，2012 年、2013 年下降幅度较大。近几年巴西的 PPSE 基本维持在 6% 左右。

表 6-9　巴西生产者补贴规模　　　单位：百万巴西雷亚尔

年份	MPS	PO	PI	PC	PSE	PPSE
1995	-8990.95	155.57	1171.89	0.00	-7663.49	-14.76
1996	-10398.37	20.14	3995.15	0.00	-6383.08	-11.18
1997	-10282.45	49.15	3854.15	0.00	-6379.14	-9.90
1998	-7321.43	70.05	5327.30	0.00	-1924.08	-2.78
1999	-11754.96	108.87	5741.37	0.00	-5904.73	-7.36
2000	1207.54	72.74	3825.05	0.00	5105.33	5.77
2001	99.94	96.06	4230.40	0.00	4426.40	4.32
2002	510.26	114.00	5560.61	0.00	6184.87	4.69
2003	1988.12	163.82	8080.81	39.90	10272.66	5.86
2004	1922.92	125.12	6242.93	28.50	8319.47	4.34
2005	4517.19	167.88	7997.71	39.30	12722.09	6.79
2006	2759.99	1193.14	7394.05	56.56	11403.74	6.20
2007	4380.91	1662.03	5247.02	185.50	11475.45	5.29
2008	2468.48	1195.02	6890.84	89.10	10643.44	4.02
2009	14863.05	1140.67	5460.70	130.06	21594.48	8.07
2010	10304.82	581.38	5206.79	320.06	16413.04	5.82
2011	9684.73	963.20	8702.88	130.00	19480.81	5.61
2012	5550.39	656.76	6595.84	627.13	13430.13	3.55
2013	2691.36	1010.47	8683.90	980.33	13366.05	3.02
2014	1006.93	2060.55	16538.80	916.27	20522.55	4.39

注：PHR、PHNR、PN、PM 均为零。

———————

① 李亮. WTO《农业协定》与中国农业国内支持制度研究［D］. 北京：中国政法大学博士学位论文，2008.

从补贴结构来看（见表 6 - 10），市场价格支持和基于生产要素投入的补贴所占比重很高，2009 年，市场价格支持占生产补贴总量的 68.83%，基于生产要素投入的补贴占 25.29%，产出补贴占 5.28%，而基于当前耕地面积、牲畜数量、收入且有生产要求的补贴仅占 0.60%。2014 年，市场价格支持锐减至 4.91%，基于生产要素投入的补贴剧增至 80.59%。

表 6 - 10　巴西生产者补贴比例结构　　　　单位:%

年份	MPS	PO	PI	PC
1995	117.32	− 2.03	− 15.29	0.00
1996	162.91	− 0.32	− 62.59	0.00
1997	161.19	− 0.77	− 60.42	0.00
1998	380.52	− 3.64	− 276.88	0.00
1999	199.08	− 1.84	− 97.23	0.00
2000	23.65	1.42	74.92	0.00
2001	2.26	2.17	95.57	0.00
2002	8.25	1.84	89.91	0.00
2003	19.35	1.59	78.66	0.39
2004	23.11	1.50	75.04	0.34
2005	35.51	1.32	62.86	0.31
2006	24.20	10.46	64.84	0.50
2007	38.18	14.48	45.72	1.62
2008	23.19	11.23	64.74	0.84
2009	68.83	5.28	25.29	0.60
2010	62.78	3.54	31.72	1.95
2011	49.71	4.94	44.67	0.67
2012	41.33	4.89	49.11	4.67
2013	20.14	7.56	64.97	7.33
2014	4.91	10.04	80.59	4.46

注：PHR、PHNR、PN、PM 均为零。

三、埃及的农业补贴制度

埃及的补贴可以分为直接补贴、间接补贴（隐性补贴）及转移补贴。

（1）直接补贴又称作预算补贴，国家预算承担大饼（小麦和面粉）、谷类、豆类、油、肉、冻鸡、糖、茶、木材等的补贴。补贴增加的幅度很大，从1960年的900万埃镑增加至1982年的20亿埃镑（汇率调整也是补贴快速增加的原因之一），其中对小麦和面粉的补贴额度占直接补贴总数的40%左右（钱艾琳，2002）。

（2）间接补贴（隐性补贴）是指某些可出口的产品（如原棉、石油等），以低于世界市场的价格销售给国内其他单位，差价由政府补贴。埃及政府决定，在从2009年7月1日开始的下一个财政年度里，政府预算中对食品的补贴将由2008年的96亿埃镑（1埃镑约合人民币1.29元）增至170亿埃镑。同时，政府还将拨款47亿埃镑，专门用于应对国际市场小麦价格上涨而造成的埃及国内食品价格上涨问题。按照政府的补贴价格，1埃镑可以购买20张大饼，而未获得政府补贴的大饼价格则为每张0.3~0.6埃镑（郭春菊和余忠稳，2008）。据悉，在埃及，1袋50公斤面粉的政府补贴价格为8埃镑，而市场价格则为100埃镑。

将棉花补贴在现有标准基础上提高50%，以扶植棉花产业。提高补贴后，政府对每50公斤棉花的补贴将由此前的100埃镑（1美元约合5.6埃镑）提高至150埃镑（陈公正和王薇，2009）。

四、发展中国家农业补贴制度对中国的启示

印度、巴西等"金砖国家"的农业补贴制度具有一定的代表性，因此对同为发展中国家的中国而言，更具参考价值。

（1）农业补贴法律体系不健全。农业补贴政策的有效实施，必须通过颁布和修改一系列法律法规，将农业补贴政策法制化，才能为农业补贴措施的顺利推行提供强有力的制度保障。然而，发展中国家往往只通过制定农业补贴的相关措施或计划，而不是法律法规的形式对农业补贴的具体项目、补贴目标、补贴范围、补贴标准等相关补贴要素做出明确规定，农业补贴法律制度相当不健全，难以保障农业补贴实施的有效性和权威性，因此，必须首先建立健全农业补贴法律制度。

（2）农业补贴的政策目标定位不清。农业是基础性产业，是推动工业化与促进经济发展的基础。然而，大多数发展中国家没有明确提出农业补贴的政策目标，从而导致目标定位模糊不清。综观发展中国家农业补贴政策的实践，大致隐含着几重政策目标：一是确保消费者尤其是城市消费者有质量可靠且价格较低的农产品；二是保证农业生产者获利，扩大农业再生产；三是提高农产品竞争力，

扩大农产品出口，积累外汇储备；四是为国家工业化提供资金积累和支撑。

（3）农业补贴规模较小、水平较低。广大发展中国家农业人口所占比重较高，同时受国家财力限制，根本无力实施大规模、高水平的农业补贴，有些国家对农产品甚至是负补贴，其补贴规模及水平与发达国家不可同日而语。目前，大部分发展中国家政府对农业采取的是"奉献型"政策——从农业中抽取资金优先支持工业发展，而发达国家对农业采取"受哺型"政策——工业支持和反哺农业发展。即使很多国家已经逐渐意识到这一问题并逐步扩大了农业补贴的规模，但其补贴水平仍然远远低于《农业协定》的限定水平。在WTO《农业协定》要求范围内，扩大农业补贴规模，是维护世界各发展中国家农民利益，促进农业和农产品贸易发展的必然选择，也是适应整个国际农业经济形势的客观需要。

（4）农业补贴方式相对单一。市场价格支持（价格补贴）是发展中国家主要的农业补贴方式，属于对生产及贸易产生双重扭曲效应的"黄箱"措施，补贴方式相对单一。然而发展中国家并未充分利用WTO《农业协定》免除削减承诺义务的大量"绿箱"补贴措施，"蓝箱"措施则也基本闲置未用。与发展中国家农业补贴方式形成鲜明对比的是，发达国家比较重视对农业自然资源和生态环境的补贴，而广大发展中国家为了促进本国农业发展，比较重视对农业基础设施、农业科研和技术开发等一般政府服务给予补贴。同时，大量农业补贴都主要通过流通领域间接实施，许多农业补贴并未直接发放给农业生产者，而是补给了中间环节，补贴效率较低。

（5）农业补贴覆盖的地域和产品范围较窄。首先，从补贴覆盖的地域范围来看，广大发展中国家农业补贴的地域范围非常狭窄，很多发展中国家和地区对农业实行的还是负保护。即使有些发展中国家实行了一些农业补贴措施，也仅仅是区域性的有重点地推行，农业补贴政策并没有在全国范围内广泛实施。其次，从补贴覆盖的产品范围来看，很多发展中国家（如印度）仅限于本国的特定农产品。同时，由于发展中国家人口较多，经济发展水平较低，面临的最为紧迫的问题就是生存和发展问题，因此，在农业补贴的产品选择上，一般是对关系国计民生的水稻、小麦、玉米等主要粮食作物提供补贴，而对于像牛奶、食糖和肉类等农产品的补贴很少，甚至为零或为负补贴。

第三节　比较分析与经验借鉴

比较分析上述发达国家与发展中国家的农业补贴制度、农业补贴的规模、水平与结构，我们可以归纳出许多有益的结论和启示：

其一，从农业补贴法律制度的健全程度看，发达国家的农业补贴法律法规体系较健全，而大多数发展中国家的农业补贴法律制度有待进一步完善。欧盟、美国、日本等发达国家均通过法律法规明确规定农业补贴的目标、补贴方式、补贴范围、补贴依据、补贴标准等相关要素，以保障农业补贴实施的有效性和权威性。发达国家的农业补贴政策不但体现在农业基本法中，还体现在相关配套制度上，形成了农业补贴基本法规和专业法规相配套的完整法律制度体系，借此保障粮食安全、提高农民收入和实现农业经济的可持续发展。与此形成鲜明对比的是，发展中国家往往只通过制定农业补贴的相关措施或计划，而不是通过法律法规对农业补贴的具体项目、补贴目标、补贴范围、补贴标准等相关要素法制化，农业补贴法律制度不够健全，难以保障农业补贴实施的有效性和权威性，影响了农业补贴政策效应的发挥。

其二，从农业补贴的发展阶段判断，发达国家经济发展水平高，政府财政实力充裕，农业补贴历史较长，政府驾驭农业补贴政策的能力较为娴熟，而且农业补贴体系相对完善。然而，发展中国家经济发展水平较低，农业补贴尚处于初级发展阶段，对农业补贴政策的运用和驾驭尚不成熟，农业补贴制度有待于进一步完善。

其三，从农业补贴目标定位的清晰度看，发达国家农业补贴政策目标定位比较清晰；然而发展中国家农业补贴政策目标定位往往较模糊。

其四，从农业补贴规模和水平看，发达国家的经济发展水平较高，而发展中国家农业补贴水平一般较低。其主要原因在于经济发展水平、农民相对收入、农业在国民经济中的份额、农业人均 GDP、农业比较优势、恩格尔系数、食物自给率、农产品与工业品的国际贸易条件等影响农业保护水平的经济因素存在较大差异。一般而言，除经济发展水平外，其他经济因素均与农业补贴水平负相关，即农业补贴水平将随着农民相对收入的降低、农业在国民经济中所占份额的下降、农业人均 GDP 的下降、农业比较优势的逐渐丧失、恩格尔系数的变小、食物自给率的下降以及农产品对工业品的国际贸易条件的恶化等有所提高，农业补贴水平将随着经济发展水平的提高而提高。

其五，从农业补贴方式和补贴结构看，发达国家农业补贴方式呈现出灵活多样、协同配合性强的特点；然而发展中国家的农业补贴方式相对单一，而且缺乏协同配合性。发达国家往往充分利用 WTO 的"绿箱""蓝箱"以及"黄箱"补贴措施，补贴方式主要为价格补贴、收入补贴及绿色补贴方式，各种补贴方式的协同配合性较强，所以政策效应合力较大。然而发展中国家的农业补贴大多以市场价格支持（价格补贴）为主，尚未充分利用 WTO《农业协定》免除削减承诺义务的大量"绿箱"补贴措施，"蓝箱"措施基本处于闲置状态。

其六，从农业补贴覆盖的产品范围看，发展中国家农业补贴的产品范围一般小于发达国家的农业补贴的产品范围。

随着农民相对收入的降低、农业在国民经济中所占份额的下降、农业人均 GDP 的下降、农业比较优势的逐渐丧失、恩格尔系数的变小、食物自给率的下降以及农产品对工业品的国际贸易条件的恶化等，农业补贴水平将有所提高，农业补贴水平将伴随经济发展水平的上升而提高。我们可以运用上述理论指导中国农业补贴的实践。中国政府制定并推行了"统筹城乡发展，坚持工业反哺农业、城市支持农村和多予、少取、放活"的发展战略，结合当前的经济形势，重新审视了工业与农业的关系。中国经济创造了持续快速发展的奇迹，经济发展水平不断提高，财政收入年年创新高，农业在 GDP 中所占比重逐渐下降，产业结构不断优化，农村剩余劳动力持续向城市转移，城镇化进程呈现较好的态势，所以，适度提高农业补贴水平既是适应经济发展形势变化的客观要求，也是实现农业增产、农民增收和农业可持续发展等目标的理性选择。

第七章　优化农业补贴制度的总体设计

在考察中国农业补贴制度存在的突出问题、准确评估和测度中国农业补贴的政策效应与效率、比较国外农业补贴制度并总结经验的基础上，立足中国的具体国情，本章分析了影响农业补贴水平的主要经济因素，对中国农业补贴制度的目标时行定位，依次给出中国农业补贴制度优化的指导原则、总体思路与基本框架。

第一节　农业补贴水平及其影响因素分析

农业补贴水平在很大程度上决定了农业补贴制度的目标定位。因此，对影响农业补贴水平的相关因素进行分析是非常重要的。就研究对象和研究方法而言，国外文献与国内文献均存在一定差异。在研究对象的表述上，国外文献倾向于使用"农业保护水平"，而非农业补贴水平；在研究方法上，国外则更多运用了经验分析法。影响农业保护水平的因素是多方面的，而本文主要从理论研究和经验分析两个方面探讨影响农业保护水平的经济因素。

一、理论分析

发达工业化国家的农业政策表现为通过贸易限制和直接价格支持等手段形成对国内农业生产者高度保护的特征，与此形成鲜明对比的是发展中国家通过出口关税和高估汇率等手段剥夺农业（Schultz，1978；Bale and Lutz，1981）。其结果导致世界农业发展的严重失衡，主要表现为工业化国家农产品的过剩生产和剩余累积与发展中国家食物生产不足及慢性营养不良并存的困境。尽管通过 GATT 多边贸易谈判在工业品贸易自由化方面取得了重大进展，但近几十年来，农业保护主义势头非但不减反而有所增强。

国外诸多学者对农业保护水平及其主要影响因素开展了较为深入的理论研究，并取得了一系列可喜的研究成果。Nash（1955）、McCrone（1962）做了开创性研究。Gardner（1987）的研究发现，农业保护与农产品自给率存在负相关关系。试图解释农业保护水平影响因素的理论研究大都强调政治决策制定过程中组织成本的重要性。如 Olson（1985）认为，经济发展降低了农民的组织成本，从而导致公共政策对农业越来越有利。诸多文献研究发现，"农业相对收入"（农业收入与其他收入的比例）和"农业保护水平"呈负相关性。Bullock（1992）研究了美国政府对农业的转移支付与农户经济收益的周期性调节关系，即农民处境越艰难，其所获得的政府支持就越多。Baldwin（1989）的研究表明，农民相对收入与政府给予农民的转移支付呈负相关关系。此后，Swinnen（1994）较为全面的研究得出了相同的结论。

在一般均衡框架下，Swinnen（1994）运用一个政治模型，分析了信息完全充分的理性选民与追求政治支持最大化的理性政治家之间的博弈过程，对农业保护做出政治经济学解释。研究表明，经济结构的变动通过其对要素禀赋的收入效应、政策对个人福利的影响以及政策在收入转移中的效率等作用于政治均衡。经济结构的变动影响选民对政策的支持力度，进而影响政治均衡。城乡收入差距、资本密集度、总产出与总就业中农业所占份额、食物支出占消费支出的比例以及食物自给率等经济变量的变动均会影响政治均衡政策。研究结果表明：①农业保护与经济发展的相关性受多重复杂因素的影响；②如果农业收入相对于其他部门收入下降，则农业保护将会增加；③工业部门从业人员的增加和（或）农业部门从业人员的减少将提高农业保护；④如果相对农业资本存量，工业资本存量是足够大的，那么无论是农业资本密集度还是工业资本密集度提高均会使均衡农业补贴增加；⑤总产出中农业所占份额下降，政治均衡补贴将会增加；⑥随着食物消费支出比例的下降，最优农业补贴将有所上升；⑦若农产品供给的价格弹性较高，则农业保护较低，而农产品需求弹性一般不会影响政治均衡补贴，只有在进口大国或出口大国，需求弹性才会影响补贴；⑧随着食物自给率的上升，农业保护水平会下降。另外，当农产品世界价格下降时，政府会增加对农民的保护和支持，以抵消市场效应对农业生产者收入的不利影响。① 此外，除经济因素外，其

---

① Swinnen J F M. A Positive Theory of Agricultural Protection［J］. American Journal of Agricultural Economics，1994，76（1）：1 – 14.

他因素也会影响农业保护水平。如政治制度的变化同样会影响农业保护水平。民主改革诱致政治均衡的重大转变，一人一票制度的引入将导致农业保护水平的提升。

二、经验研究

Japan Economic Planning Agency（1969）、Kruer 和 Bernston（1969）、Gulbrandsen 和 Lindbeck（1973）、Sampson 和 Yeats（1977）、Sanderson（1978）、Bale 和 Greenshields（1978）、Magiera（1982）、Saxon 和 Anderson（1982）、UNCTAD（1983）等，依据国内价格与国际价格之差额估计了工业化国家的农业保护水平。但由于农产品涵盖范围和数据口径存在较大差异，所以这些针对不同国家和不同年度的研究缺乏可比性。为克服此弊端，Honma 和 Hayami（1986）在公共选择框架下，利用相同的产品涵盖范围[①]与数据口径，凭借名义保护率[②]公式计算了 1950~1980 年每间隔 5 年的十个工业化国家[③]平均名义农业保护率，然后将名义保护系数（名义保护系数 = 名义保护率 + 1）作为被解释变量进行多元回归分析。研究结果表明，这十个工业化国家农业保护水平近 80% 的变动，可由农业比较优势差异、农业占国民经济的比重、农产品与工业品的国际贸易条件等经济因素以及区域主义（欧共体）、与非军事同盟相关的食物安全考虑等政治因素共同解释；与理论预期一致，农业比较优势（用农业与工业的劳动生产率之比或农业与工业的要素比表示）、农业在国民经济中所占份额（农业产值占 GDP 比重或农业劳动力占全部劳动力比重）及农产品对工业品的国际贸易条件等因素均与农业保护水平呈负相关。也就是说，伴随经济增长与工业化，农业保护主义呈增长趋势。通过经济增长过程中的资本积累，尤其是在耕地等农业资源相对匮乏的国家，比较优势将从农业转向工业。劳动力从农业部门向工业部门的转移成本越高，农业保护主义的需求则越强烈；农业部门的相对萎缩，导致农业生产者更容易组织起来进行政治游说，从而减少了非农业人口对农业保护主义的抵制。需求与供给的共同作用促成了发达工业化国家在经济发展进程中农业保护主义的变动特征。农业保护水平与农业国际贸易条件的变化呈反周期性，即工业化国家实施稳定国内农产品价格政策是以国际农

---

① 包括小麦、黑麦、大麦、燕麦、玉米和大米六种粮食，牛肉、猪肉、鸡肉、鸡蛋和牛奶五种畜牧产品，甜菜和爱尔兰土豆两种其他产品。

② 名义保护率 = $\dfrac{\text{国内价格表示的农产品价值} - \text{边境价格表示的农产品价值}}{\text{边境价格表示的农产品价值}}$

③ 指丹麦、法国、联邦德国、意大利、日本、荷兰、英国、美国、瑞典、瑞士等。

产品市场的更加不稳定为代价的。欧共体等区域性因素对农业保护主义的强化作用在统计上是显著的。如果经济增长与工业化进程中农业保护主义呈现增长趋势是共同规律，那么，农业保护主义将从西欧和日本等发达工业化国家扩散到经济增长和工业化成功的发展中国家和地区，如韩国、中国台湾以及东南亚国家联盟。

还有相关文献运用经验分析法检验了农民相对收入与农业保护之间的关系，其结论与理论研究结论一致。如 Honma 和 Hayami（1986）、Gardner（1987）的经验研究表明，农民相对收入与农业保护呈负相关性，很多研究忽视了两者呈负相关性这一主要因素。Gorter 和 Tsur（1991）首次在一个政治经济学框架下，将农民相对收入作为解释农业保护水平的一个重要变量，在其设定的模型中，信息完全充分的理性政治家与选民相互作用，农民相对收入的变动影响选民的行为选择乃至政府决策。他们使用的包括来自世界银行政治经济项目（World Bank Political Economy Project）的相关数据等经验实例，也证实了这一负相关关系。他们一致认为过多关注组织成本的压力集团模型并不能较好地对此进行解释。Inhwan（2008）运用 1986～2004 年数据，对人均收入较高、农业在经济总量中所占份额较低的 23 个工业化国家[①]影响农业保护水平的经济及政治性因素进行了分析。他以生产者名义补贴系数（NAC_p）[②]作为被解释变量建立面板数据模型，采用工具变量法[③]和广义最小二乘法（GLS）[④] 等估计方法，引入欧盟、G10、凯恩斯集团等虚拟变量[⑤]捕捉个体效应。回归结果表明：①农业保护水平与经济总量中的农业份额及农业人均 GDP 成反比；②当市场条件变得对农业不利和农业生产存在比较劣势时，农业保护水平会有所提升；③乌拉圭回合达成的《农业协定》并未降低国际农业保护水平；④模型中引入 WTO 农业谈判中的各个联盟虚拟变量表明，由于农业生产效率和对农业多功能性立场不同，每一联盟均有其独立的特征和不同的农业保护水平。

---

　①　即澳大利亚、奥地利、比利时、加拿大、丹麦、芬兰、法国、德国、希腊、爱尔兰、意大利、日本、韩国、卢森堡、荷兰、新西兰、挪威、葡萄牙、西班牙、瑞典、瑞士、英国和美国等。

　②　$NAC_p = (P_W \times Y + PSE)/(P_W \times Y) = 1 + (PSE/P_W \times Y)$，其中 P_W、Y 分别是表示农产品的世界价格和产量。

　③　运用工具变量法估计回归方程的参数，较有效地解决了外生性问题。

　④　为解决面板数据模型随机误差项通常存在的异方差、同期相关及序列相关等问题，运用了广义最小二乘法，从而得到协方差矩阵的一致估计。

　⑤　解决个体效应的最好方法是采用变截距固定效应模型。由于欧盟成员国的 NAC 相同，所以不能使用带有国家的个体固定效应模型。作为对国家虚拟变量的替代，这里引入了相关虚拟变量作为替代变量以大体捕捉个体效应。

还有文献探讨了政治制度等影响农业保护水平的其他因素。例如，Olper（2007）实证检验了农村土地所有的非均等化与政府意识形态（左翼与右翼）对农业保护模式的影响。结果表明，农业保护与土地所有非均等化及政府的左翼倾向呈负相关关系，但不是线性形式。在更不均等的社会中，左翼政府更倾向于支持农业发展。这些结论在民主制国家比在独裁制国家更能获得支持。Runge 和 Witzke（1986）及 Koester（1992）认为，诸如规则的一致性和财政的团结性等欧盟决策制定的体制框架，平均而言提高了农业保护水平。

三、结论及其在中国的运用

综观上述理论分析与经验研究，可以得到如下结论：

农业补贴水平的影响因素是复杂的、多方面的，其中经济性解释变量主要包括经济发展水平、工农业资本密集度、农业在国民经济中所占份额（一般用农业产出在总产出的占比或农业就业人数占总就业人数的比重表示）、农业人均 GDP、农业比较优势（以农业与工业的劳动生产率之比或农业与工业的要素比表示）、农民相对收入、恩格尔系数、农产品对工业品的国际贸易条件、食物自给率，等等。所以，相关经济因素的变化将引发农业补贴水平的相应变动，而且理论研究和经验分析得出的结论是一致的，即除经济发展水平和工农业资本密集度与农业补贴水平正相关外，其他经济因素均与农业补贴水平呈负相关。即农业补贴水平随着经济发展水平和工农业资本密集度的上升而提高；随着农民相对收入的降低、农业在国民经济中所占的份额下降、农业人均 GDP 的下降、农业比较优势的逐渐丧失、恩格尔系数的降低、食物自给率的下降以及农产品对工业品的国际贸易条件的恶化等，农业补贴水平将有所提高。

我们可以运用上述理论指导中国农业补贴的实践。中国政府制定并实施了"统筹城乡发展，坚持工业反哺农业、城市支持农村和多予、少取、放活"的发展战略，结合当前的经济形势，重新认识了工农业之间的关系。中国经济创造了持续快速发展的奇迹，经济发展水平不断提高，财政收入年年创新高，农业在 GDP 中所占比重有所下降，产业结构不断优化，农村剩余劳动力不断向城市转移，城镇化进程呈现较好势头，所以，适度提高农业补贴水平既是适应经济发展形势变化的客观要求，也是实现农业增产、农民增收和农业可持续发展等政策目标的理性选择。

第二节　农业补贴制度的目标定位

正如第五章所言，欧盟、美国及日本等发达国家的农业补贴目标呈现多元化及阶段性特征，大致可以概括为保障粮食安全、稳定农产品价格、提高农民收入水平、保护自然资源与环境等，但补贴目标的侧重点会随着基本农产品的供求状况、农业生产条件、经济发展水平、财政能力、产业结构以及生态环境状况的变化而做出相应调整。一般而言，当农业生产率较低、农产品供给短缺时，农业补贴的主要政策目标为保障粮食安全；当农产品基本实现供给乃至过剩而且城乡居民之间收入差距扩大时，农业补贴的主要目标应定位于稳定农产品价格、提高农民收入水平；当经济发展水平进一步提高、城乡居民间的收入差距不断缩小时，补贴的主要目标为保护自然资源和环境、实现农业和农村经济的可持续发展。因此，农业补贴目标表现出多元化和阶段性特征，但是在不同的经济发展阶段，补贴目标的侧重点会有所不同。三大主要政策目标在顺序上是层层推进的。农业补贴政策目标的现实选择，取决于经济发展水平与财政能力的高低，对于经济发展水平低且财政收入规模较小的发展中国家来说，往往选择只需较低补贴标准就能实现的保障粮食安全作为主要现实目标；就经济发展水平高且财政收入规模较大的发达国家而言，可以将需要较高补贴标准才能实现的弥补城乡居民收入差距作为现实目标[①]。

根据对我国经济发展形势的基本判断，提高粮食产量、保障粮食安全应是我国农业补贴政策的近期主要目标；提高农民收入水平、缩小城乡居民收入差距应为中期主要目标；保护自然资源和环境、实现农业和农村经济的可持续发展为远期主要目标。

一、保障粮食安全

粮食安全始终是关系一国国民经济发展、社会稳定及国家自立的全局性重大战略问题。确保我国粮食安全，对构建社会主义和谐社会和推进社会主义新农村建设具有十分重要的意义。中国政府（1992）将粮食安全定义为"能够有效地

---

① 孙开，高玉强．粮食直接补贴：问题考察与政策优化［J］．财经问题研究，2010（8）：100－104.

为全体居民提供数量充足、结构合理、质量达标的包括粮食在内的各种食物"。学者们对粮食安全的界定不断深入，但综合来看，粮食安全至少包括数量安全、结构安全及质量安全三个层面，三者相辅相成、缺一不可。当前我国粮食安全总体形势较好，连续7年粮食增产，粮食综合生产能力稳步提升，食物供给种类日益丰富，供需实现基本平衡，为改革、发展和稳定全局奠定了重要基础。但是我们必须清醒而深刻地认识到，农业仍然是国民经济的弱势产业和薄弱环节，随着工业化和城镇化的推进以及加入 WTO，我国粮食安全面临诸多严峻挑战：①粮食消费需求刚性增长。据预测，2020 年人均粮食消费量为 395 公斤，需求总量约为 5725 亿公斤。②耕地面积逐年减少。由于农业结构调整、生态退耕、非农建设占用和自然灾害损毁等因素的影响，耕地资源逐年减少。据调查，2007 年全国耕地面积为 18.26 亿亩，比 1996 年减少 1.25 亿亩，年均减少约 1100 万亩。目前，全国人均耕地面积只有 1.38 亩，约为世界平均水平的 40%。受陡坡、瘠薄、干旱、洪涝、盐碱等多种不利因素的影响，质量相对较差的中低产田约占 2/3。土地沙漠化、土壤退化、"三废"污染等问题相当严重。随着工业化和城镇化进程的加速，耕地仍将继续减少，宜耕后备土地资源日趋匮乏，今后扩大农作物播种面积的空间极为有限。③水资源短缺矛盾突出。目前，我国人均水资源占有量约为 2200 立方米，不到世界平均水平的 28%，每年农业生产缺水 200 多亿立方米，且水资源分布严重失衡，水土资源严重不匹配。我国北方地区水资源短缺矛盾更加突出。此外，近年来我国自然灾害严重，不利气象因素增多，北方地区降水持续偏少，干旱化趋势严重。受全球气候变暖影响，我国旱涝灾害特别是干旱缺水状况呈加重趋势，可能会对农业生产带来诸多不利影响，将对我国中长期粮食安全造成极大威胁。④供需区域性矛盾突出。主要表现在以下方面：一是粮食生产重心北移。2009 年 13 个粮食主产区产量占全国总产量的 74.8%。其中河北、内蒙古、辽宁、吉林、黑龙江、山东、河南 7 个北方产区的粮食产量占全国的比重从 1991 年的 36.2% 提高到 2009 年的 43.3%。二是南方粮食生产总量下降。安徽、江苏、江西、湖北、湖南、四川 6 个南方产区的粮食产量占全国比重由 1991 年的 36% 下降至 2009 年的 31.5%。[①] 三是主销区粮食产需缺口不断扩大。北京、天津、上海、浙江、福建、广东和海南 7 个主销区，粮食产量占全国的比重已由 1991 年的 12.2% 下降至 2009 年的 6.3%；产需缺口由 2003 年的 485 亿公斤扩大到 2007 年的 550 亿公斤左右。西部部分地区生态环境较差、土地贫

---

① 根据《中国统计年鉴》相关数据计算。

瘠，粮食生产水平较低，存在供需缺口。⑤品种结构性矛盾加剧。小麦供需总量基本平衡，但品种优质率有待进一步提升。大米在居民口粮消费中约占 60%，且比重仍将逐步提高，但南方地区水田不断减少，水稻种植面积大幅下降，恢复和稳定生产的难度很大，稻谷供需总量将长期偏紧。玉米供需关系趋紧。大豆生产徘徊不前，进口依存度逐年提高。北方种植大豆、南方种植油菜籽比较效益低，生产缩减。粮食品种间（如东北大豆、玉米、水稻）争地及粮食作物与油料、棉花、烤烟等经济作物之间的争地矛盾将长期存在。⑥种粮比较效益偏低。近些年来，化肥、农用柴油、农药等农业生产资料价格上涨和人工成本上升，导致农民种粮成本大幅增加，从而农业比较效益下降。随着我国工业化及城镇化快速发展，农村外出务工人员增多，特别是粮食主产区一半以上的青壮年劳动力外出务工，农业劳动力出现结构性紧缺，有些地区粮食生产呈现"副业化"的趋势。与进城务工和种植经济作物相比，种粮效益明显偏低，保护农民种粮积极性、保持粮食生产稳定发展的难度加大。⑦全球粮食供求偏紧。全球粮食产量增长难以满足消费需求增长的需要。据测算，近 10 年来全球谷物消费需求增加 2200 亿公斤，年均增长 1.1%；产量增加 1000 亿公斤，年均增长 0.5%。目前，世界谷物库存消费比已接近 30 年来最低水平。2006 年以来，国际市场粮价大幅上涨，小麦、玉米、大米、大豆和豆油价格相继创历史新高。今后受全球人口增长、耕地和水资源约束以及气候异常等多重因素影响，全球粮食供求将长期趋紧。特别是在能源紧缺、油价高位运行的背景下，全球利用粮食转化生物能源的趋势加快，能源与食品争粮矛盾日渐突出，将进一步加剧全球粮食供求紧张的局面，我国利用国际市场弥补国内个别粮油品种供给不足的难度增大。①

　　与发达国家相比，我国农产品缺乏国际竞争力，其主要因素之一是农业领域的公共投入不足。据赵阳等（2001）测算，我国农业科研投入长期以来严重不足，近十年来虽有明显改善，但农业科研投资的密集度与发达国家相比还是相当低。我国农业绿箱政策的支持水平占农产品生产总值的平均值远远低于美国、欧盟和日本等发达国家，我国农业生产的基本设施条件同样与发达国家差距很大，这些都致使我国单位农产品的私人投入成本大大高于发达国家，并且仍在不断增加。基于对我国粮食安全面临的种种挑战、财政对农业投入的不足以及由经济发展水平所决定的国家财力状况之综合考虑，农业补贴的近期主要目标应定位于保障国家粮食安全。我国目前实施的良种补贴、农机购置补贴及最低收购价的主要

---

① 参见《国家粮食安全中长期规划纲要（2008～2020 年）》。

目的是保障我国的粮食安全。

完善粮食补贴和奖励政策。完善粮食直补、农资综合直补、良种补贴和农机具购置补贴政策，今后随着经济发展，在现有基础上中央财政要逐年较大幅度增加对农民种粮的补贴规模。完善粮食最低收购价政策，逐步理顺粮食价格，使粮食价格保持在合理水平，使种粮农民能够获得较多收益。借鉴国际经验，探索研究目标价格补贴制度，建立符合市场化要求、适合中国国情的新型粮食价格支持体系，促进粮食生产长期稳定发展。继续实施中央对粮食（油料）主产县的奖励政策。加大对东北大豆、长江流域油菜籽和山区木本粮油生产的扶持力度。完善农业政策性保险政策，加快建立大宗粮食作物风险规避、损失补偿机制和灾后农田恢复能力建设的应急补助机制。

二、提高农民收入水平、缩小城乡居民收入差距

农民收入水平的高低将直接决定农业自身的发展能力，在我国，农民收入问题不仅事关农村的改革、发展和稳定，而且与国民经济发展和社会稳定的全局息息相关。然而中国城乡收入差距过高已成不争的事实。李实（2005）研究认为如果综合考虑货币收入和非货币因素，中国是世界上城乡收入差距最大的国家。当然，造成这一现象的原因是多方面的、复杂的，中国政府如同诸多发展中国家政府在所采取的歧视农业与农村的政策中扮演了重要角色。此类政策歧视具体包括农产品和投入品定价和流通干预，以及偏向于工业部门的财税与金融政策。此外，政府还往往采取诸如贸易保护、汇率扭曲等政策间接地歧视农业。研究结果表明，这些政策干预导致经济体制的扭曲、收入大规模从农村向外转移，最终使农业发展以及经济增长受阻（蔡昉和杨涛，2000）。而且，毋庸置疑的是，我国长期以来实施"农业支持工业、农村支持城市"的发展战略及与其密切配合的偏向性财税制度是导致城乡收入差距不断拉大的重要原因。前已述及，欧盟、美国、日本等发达国家的农业补贴成功经验表明，农业补贴是提高农民收入水平和缩小城乡收入差距的极其有效的政策工具。陆铭和陈钊（2004）则通过构建省级面板数据，实证检验表明，加大财政支农力度对缩小中国城乡收入差距的作用在统计上是显著的。从我国农业经济发展形势来说，随着农产品供给不足转变为过剩，农民收入问题日益成为一个政府和社会高度关注的问题。因为没有农民的小康就没有全国人民的小康，没有农业的稳定，就没有全国的稳定，没有农业的现代化就没有整个国民经济的现代化（庄小琴，2000）。因此，增加农民收入事关我国国民经济发展的全局，增加农民收入应该是农业和农村经济发展的出发点和

归宿。当经济发展达到一定水平后，就必须想方设法缩小乃至最终消除城乡收入差距。因此，实施农业补贴理应成为提高中国农民收入水平及缩小城乡居民收入差距的合理、理性的路径选择。我国政府目前出台的一系列农业补贴政策，如粮食直接补贴、农资综合直接补贴以及政策性农业保险补贴正是以促进农民增收为政策出发点的。

三、实现农业和农村经济的可持续发展

农业生态系统是农业生产的自然基础，它为农业生产提供自然资源和生态环境，并为农作物生产提供必需的物质循环和能量转化。因此，保持良好的生态环境，是实现农业和农村经济可持续发展的基本前提。然而，从现实情况来看，中国农业生态环境状况非常令人担忧。耕地数量日益减少，土壤退化、环境污染等现象非常严重，防灾抗灾能力很差，森林覆盖率低、水土流失严重，江河的防洪标准普遍偏低，农田水利灌溉设施失修老化现象严重，农业抵御自然灾害的能力较弱。另外，由于在农业生产过程中，化肥、农药等农业投入要素的过量使用，中国的农业生态环境正在遭到严重破坏，而且缺乏有效的制度设计能够加以缓解或遏制。正是基于这样的考虑，我们不能重蹈工业化国家先污染后治理的覆辙，应该借鉴国外实行生态补贴的先进经验，择机实施和推广农业生态补贴，促进经济社会发展与人口资源环境相协调，走可持续发展之路。

上述三大目标，前一层次目标的实现有助于后一目标的实现，三大目标对政府财力保障水平的需求是逐步递增的，因而在逻辑上表现为层层递进的关系。

第三节　农业补贴制度优化的指导原则

通过深入剖析中国农业补贴制度存在的突出问题、实证分析中国农业补贴的政策效应、测度省域农业补贴效率以及农业补贴的国际比较和借鉴，我们可以概括出优化中国农业补贴制度应当遵循的基本原则。

一、遵守 WTO 农业补贴规则

GATT1947、WTO《农业协定》和《农业框架协定》对 WTO 全体成员国的农业国内支持和农产品出口补贴在补贴种类、补贴方式、补贴水平等诸方面做出

了较为全面、细致的约束、规制及削减承诺，而且伴随经济全球化趋势日益深入，WTO 对农业补贴的规制将更加苛刻。从农业补贴制度的国际比较与借鉴中不难看出，WTO 各成员国农业补贴制度均是在 WTO 相关农业补贴规则的框架下建立并逐步完善的。我国作为 WTO 的成员国，当然也不例外，农业补贴制度的改革以及完善同样必须严格遵守 WTO 相关农业补贴规则，兑现我国加入 WTO 时在农业补贴方面许下的不利承诺。在不导致农业对补贴产生依赖的前提下，我们应充分利用 WTO 体系为中国农业补贴余留的政策空间，支持和保护农业发展，从而实现农业增产、农民增收以及农业的可持续发展等目标。

二、适合国情

国内外农业补贴实践的经验和教训表明，农业补贴政策的制定一定要充分考虑国情和国力。我国是人口众多的发展中农业大国，经济发展水平尚不高，农业仍然是国民经济体系中的弱势产业与薄弱环节，农业生产条件相对落后，农业人口所占比例较大，这是中国的基本国情。中国农业补贴目标的清晰定位、规模的适度选择、结构的合理安排、补贴方式的多样灵活性及较强协同性等必须与这一国情密切契合。基本国情决定我国农业补贴政策的近期主要目标是保障粮食安全，农业补贴规模和水平不可能也无法在短期内达到发达国家的规模及水平。

三、效率原则

农业补贴制度改革、完善所遵循的效率原则主要表现为两方面：第一，农业补贴对农业生产效率的改进及提高。即农业补贴的实施应有利于提高基础农产品的生产效率，推动农业生产的现代化进程，促进农业增产和农民增收。第二，农业补贴资金自身的发放效率。制度设计应适度减少环节、简化农业补贴资金的发放程序，降低农业补贴发放过程中的操作成本，防止农业补贴资金的"跑、冒、滴、漏"等现象的发生。

四、公平原则

公平原则主要体现为农业补贴对象选择的横向公平、补贴标准的纵向公平以及补贴资金供给机制的公平性。所谓农业补贴对象选择的横向公平，是指不论是粮食主产区、产销基本平衡区抑或主销区的农户，只要从事粮食生产、为国家粮食安全做出贡献就应获得补贴，并且补贴标准应该大致相同。补贴标准的纵向公平，是指种植粮食的农户所获补贴数额应与其对粮食安全贡献度的大小基本成正比，贡献大者多得补贴，贡献小者少得补贴，适当向粮食主产区和产粮大户倾斜。与粮食主产区对我国粮食安全的贡献度相比，虽然产销基本平衡区和主销区的粮食生产对粮食安全的贡献度小，但同样构成国家粮食安全的重要组成部分。既然都在为国家粮食安全做贡献，就应该按其贡献大小，分别给予同等标准的补贴，其差异在于由于粮食主产区对国家粮食安全做出的贡献较大，所以其获得的农业补贴总额大于产销基本平衡区和主销区。补贴资金供给机制的公平性，指应着力构建粮食安全责任与粮食安全成本相匹配的补贴资金供给机制。

五、分类指导

我国区域经济发展不均衡，农业生产规模和生产条件同样呈现显著的区域性差异。粮食主产区、产销基本平衡区和主销区的划分正是此差异的佐证和充分体现。通过省域农业补贴效率的测度和评估可以发现，粮食主产区、产销基本平衡区和主销区等不同粮食产区及同一产区内的不同省份间的农业补贴效率存在一定差异。因此，我国的农业补贴制度的改革和完善应在遵循农业补贴对象选择的横向公平、补贴标准的纵向公平以及补贴资金供给机制公平性的同时，农业补贴制度的其他方面应因地制宜、区别对待，从而更有效地发挥农业补贴的政策效应，最大限度地提高农业补贴的效率。

六、协同原则

为实现农业补贴的多元化和阶段性目标，要求其政策工具必须是灵活多样的，同时还必须满足高度的协同配合，从而形成政策效应合力，防止和避免各政策工具之间的效应相互抵消。这在美国、欧盟以及日本等发达国家的农业补贴制度改革和完善中体现得淋漓尽致。我国正在实施的粮食直补、农资综合直补、良种补贴、农机具购置补贴、政策性农业保险补贴五项直接补贴农民的政策应密切配合，最大限度地发挥政策的协同效应。

第四节 优化农业补贴制度的总体思路与框架设计

在遵循上述指导原则的基础上，提出了优化中国农业补贴制度的总体思路和基本框架。

一、总体思路

概括而言，农业补贴制度完善的总体思路为：从国家粮食安全和可持续发展两大战略需要出发，以保障国家粮食安全、促进农民增收和实现农业经济可持续发展为目标，以确保国家粮食安全为根本，循序渐进拓宽补贴范围，合理调整（界定）补贴依据，适度提高补贴标准，适时转换补贴方式，优化补贴结构，建立公平的农业补贴资金供给机制，加强农业补贴资金的监管，妥善处理好财政补贴与市场调节，直接补贴与间接补贴，提高效率与保护积极性三大平衡点，着力构建科学合理、稳定持续、前瞻测度（前瞻性强）①、联动运行的动态调整机制。综合考虑生产补贴、价格支持和公共基础投入三种财政强农惠农方式，最终构建目标清晰、受益直接、灵活多样、协同配合性强、简化高效、符合 WTO 要求和国情的农业补贴体系。在严格遵守 WTO 农业补贴规则的前提下，按照适合国情、公平、效率、因地制宜及高度协同配合的原则，整合并有效利用各级财政补贴资金，努力形成确保国家粮食安全、有效保障基础农产品供给的长效动态补贴机制和运行框架。

二、框架设计

（一）法律法规

将《农业补贴法》等相关农业补贴法律法规的起草和颁布尽快提上议事日程，提高各项具体农业补贴政策的立法层次。

（二）循序渐进拓宽补贴范围与补贴对象

基于对我国经济发展水平、政府财政能力、农业生产条件等因素的考虑，政府应千方百计整合各级财政资金，优先并重点补贴以水稻、小麦和玉米，以及棉花、油料和生猪等为主的基础农产品。对于蔬菜、水果、水产品等其他农产品，需更多依靠市场调节，暂不纳入补贴范围。要保证补贴针对性、提高补贴效率、增强补贴效果。农业补贴对象即为基础农产品的生产者。

（三）合理调整补贴依据

农业补贴的近期主要目标定位于保障国家粮食安全，所以应以能够准确衡量农业生产者对粮食安全贡献度大小的定量指标为补贴依据，而综合考虑到补贴发放在操作上的可行性等，衡量粮食数量安全贡献度大小的最佳数量指标是基础农

---

① 根据农业生产成本变化现状与趋势，预见性地测度政府需要提供的财政专项补贴规模、结构和方向。

作物实际种植面积（生产粮食的数量）或饲养的畜牧产品数量，因此，农业补贴应以基础农作物实际种植面积（生产粮食的数量）或饲养的畜牧产品数量为补贴依据。补贴依据应根据农业补贴政策的主要阶段性目标进行相应调整。

（四）适度提高补贴标准

补贴标准的设计应遵循公平的基本原则。针对不同的农作物或畜牧产品，可以考虑设计存在一定差异的补贴标准。从区域上看，各省份消除补贴标准上的差异，统一补贴标准。为贯彻和突出政府向粮食主产区（地）、种粮大户、畜牧业大省倾斜的政策意图，可以借鉴上海在粮食直补中实行的超额累进制补贴标准或重庆在农资综合补贴中实施全额累进制补贴标准的做法[1]，设置并实施全额或超额累进制的补贴标准，继而更好地体现公平性。累进制补贴标准不仅能最大限度地调动农民的种粮积极性，而且有助于农业生产规模效应的发挥，进而有利于加快农业现代化步伐。

（五）逐步扩大补贴规模

在政府财政能力可及的条件下，充分利用 WTO 相关农业补贴规则为我国余留的政策空间，伴随经济发展水平的不断提高、产业结构的逐步调整、农业人口比重的下降，循序渐进地扩大农业补贴规模，适度提高农业补贴水平，逐步实现农业补贴三个不同层次的目标。

（六）适时转换补贴方式、优化补贴结构

借鉴国外农业补贴的成功做法与先进经验，不断探索与创新符合 WTO 规则、目标清晰、受益直接、灵活多样、协同配合性强、简便高效且适合我国国情的农业补贴方式，从而更好地发挥农业补贴的政策效应，提高农业补贴的效率。同时根据农业补贴目标侧重点的阶段性变动，适时调整农业补贴方式，合理调整和优化农业补贴结构。如价格补贴方式有利于实现粮食增产的目标；收入补贴方式有助于提高农民的收入水平、缩小城乡居民收入差距；生态补贴方式有利于保护自然资源和环境、实现农业经济的可持续发展。

另外，着力构建粮食安全责任与粮食安全成本基本匹配的补贴资金供给机制，将在下章详细论述。

---

[1]　重庆农资补贴政策为向粮食主产地及种粮大户倾斜，对种粮大户实行两个档次的补贴标准，即种植 20 亩（含 20 亩）以上 100 亩以下（不含 100 亩）的，每亩补贴 140 元；种植 100 亩以上的，每亩可补贴 200 元。

第八章 农业补贴制度优化的具体措施

在设计的基本框架内，首先遵循优化农业补贴制度的指导原则并沿着总体思路，从法律体系、农业补贴水平、政策工具、结构、补贴资金的发放程序和监管等方面给出完善农业补贴制度的基本着力点；其次，针对各项农业补贴政策，提出了优化的具体措施；最后，提出了完善农业补贴制度的配套措施。

第一节 基本着力点

政府对农业生产者实施补贴的方式有多种类型，大致可归结为三大类：一是使国内农业生产者以高于自由贸易条件下的价格出售农产品的国内外政策，主要包括国内支持价格政策、进口关税、配额、出口增加计划、价格稳定措施、进口许可和相关的国际贸易政策。如果这些政策使国内价格高于相应的国际市场价格，则表明生产者获得保护或暗补。我国在粮食主产区实施的最低保护价收购就属于此类补贴。二是以低于成本价或同等商品售给其他消费者的价格向农业生产者提供农业生产的投入要素，如对农机具、农业生产用电、肥料、灌溉、交通、信贷、牲畜饲料、农作物保险的补贴。我国现行的农资综合补贴、良种补贴、农机具购置补贴就属于此类补贴。三是向农业生产者提供的直接支付，如灾害救济、营销贷款等。我国目前实施的粮食直补就属于此类补贴。我国当前粮食直补、农资综合直补、良种补贴农机购置补贴等单项政策效果较为显著，但由于各项政策自成体系，缺乏综合协调，未形成整体效能，导致农业补贴政策的整体效果欠佳。因此，有必要对各项农业补贴政策进行整合。

一、完善农业补贴法律体系

建立健全农业补贴法律体系。我国是 WTO 成员国，所以农业补贴立法必须遵守 WTO 的相关规则与要求，充分体现 WTO 有关农业补贴规则的核心精神并兑现我国加入 WTO 所做的相关承诺（李长健，2009）。通过制定与完善立法意旨清晰的农业补贴法律法规，明确细致的规定农业补贴目标、采用的具体政策工具、各补贴项目的补贴对象、补贴范围、补贴依据、补贴标准、发放程序、补贴资金来源、资金监管，实现农业补贴的法制化管理，以法律法规的形式扩大农业补贴的规模、提高农业补贴水平，确保政府依法保护农民的利益。

二、适度提高农业补贴水平

农业补贴的水平和规模受多种经济因素影响，并呈现一定规律。Swinnen（1994）的理论研究与 Inhwan（2008）的经验分析均表明，农业补贴水平随着经济发展水平的提高、政府财力的丰裕、农业在 GDP 中所占比重的下降、农业比较优势的逐渐丧失以及农产品对工业品的国际贸易条件的恶化而有所提高。粮食直补的效率测度实证结果表明，我国部分省份粮食直补是规模无效率的（高玉强和贺伊琦，2010），因此，适当扩大这些地区的粮食直补总规模，使粮食直补的规模达到最优，进而使补贴规模与其农业生产规模配置状态达到最佳，最终使粮食直补的效率显著提高。我国制定并实施了"统筹城乡发展，坚持工业反哺农业、城市支持农村和多予、少取、放活"的发展战略，密切结合当前经济形势，重新审视了工农业的关系。中国经济创造了持续快速发展的奇迹，财政收入年年创新高，农业在 GDP 中所占比重有所下降，产业结构不断优化，农村剩余劳动力不断向城市转移，城镇化进程呈现良好势头，所以，适度提高农业补贴水平既是适应经济发展形势变化的客观要求，也是实现农业增产、农民增收和农业可持续发展等政策目标的理性选择（高玉强等，2011）。

三、增强农业补贴政策工具的多样化与灵活性，使协同效应最大化

增强农业补贴政策工具的多样化与灵活性，使协同效应最大化。各种农业补贴政策工具的补贴对象、传导机制、政策效果、所需的财力支撑等差异较大，而农业补贴的政策目标往往呈现多元化、阶段性调整的特征，所以客观上需要灵活多样、协同性强的政策工具。为改善我国农业补贴政策多样性、灵活性不足及协同配合性欠佳的现状，必须开发和创新符合 WTO 农业补贴规则、适合我国国情

的补贴政策工具，并不断加强工具间的协同配合度。此外，在运用农业补贴政策的同时，合理运用金融政策、边境保护措施等，协调农业补贴政策与其他措施之间的关系，使政策合力和综合效能发挥到极致。

四、优化农业补贴结构

其一，有选择地启用闲置未用的绿箱政策。目前我国只使用了 WTO 所允许的 12 项绿箱政策中的 6 项。未使用的绿箱政策是对农民的直接支付措施，按政策目标可分为两大类：一类是保证农民收入的直接支付措施，包括不挂钩的收入补贴、收入保险和收入安全网计划中的政府资金投入两项。2004 年以来，中国实施了粮食直接补贴并开始着力推行政策性农业保险补贴，但粮食直接补贴在粮食主产区部分省份所采用的补贴方式并非是完全脱钩的，因此尚不能完全纳入"绿箱"范畴，需进一步改革与完善。另一类是为实现特定的农业结构调整目标而对农民所造成的损失给予补贴，包括生产者退休援助、资源休耕援助及投资援助（马述忠和冯冠胜，2010）。其二，充分利用黄箱补贴措施。我国黄箱补贴措施仍有较大剩余空间，特定产品支持的剩余率与非特定产品支持的剩余率分别为49.6%、35.9%。目前我国运用的"黄箱"补贴措施主要有良种补贴、农机具购置补贴、农资综合直接补贴、最低收购价等，而目前发达国家普遍采用的特定产品价格支持、营销贷款补贴、商品贷款利息补贴等"黄箱"补贴，中国几乎均未使用。从我国黄箱补贴措施补贴的对象和受益者来看，相当长一段时间内，大量农业补贴主要补给了消费者和粮食企业，而没有直接补贴给农业生产者。最后，伴随经济发展水平的逐渐提高及政府财政实力的不断壮大，择机启用"蓝箱"补贴（朱行和李全根，2005）。

五、适当简化农业补贴资金发放程序

农业补贴发放程序烦琐，工作量大、操作成本较高。农业补贴资金的核算与发放需要财政、农业等多家政府机构共同完成，所以必须明确界定各部门的职责分工，加强协调，密切配合，齐心协力，精心组织，推动各项农业补贴项目的顺利实施。为确保农业补贴资金的及时足额发放并降低农业补贴资金发放的执行成本，可以考虑在精确核算各农户所获得的农业补贴资金数额的前提下，适当简化农业补贴的发放程序。

六、加强农业补贴资金监管，确保农业补贴资金落实到位

农业补贴作为政府转移性支出的重要组成部分，各级相关部门必须强化对农

业补贴的科学化、精细化管理，有条件的地方通过"一卡通"或"一折通"发放。各项农业补贴资金必须"专款专用"。积极改革"条块"分割的资金管理模式，实行公开透明的管理机制，在补贴资金的管理和发放过程中，尽量体现"公开、公平、公正"，实行规范化、制度化、法制化管理。同时，建立健全全程化监督约束机制，加大违法违纪行为的惩罚力度。财政部、农业部应开展不定期专项检查和重点抽查。各省区市将督导检查情况和违规违纪案件查处情况及时上报财政部和农业部。在监督管理环节上，应由现行的事后监管为主转变为事前审核、事中监督和事后稽查的全过程监管模式，防止农业补贴资金的"跑、冒、滴、漏"，确保农业补贴资金及时足额地发放到农民手中。

第二节　完善农业产出补贴制度的建议

农业产出补贴制度主要包括粮食直补制度和最低收购价制度，重点探讨粮食直补制度的完善问题。

一、粮食直补制度[①]

（一）粮食直接补贴的目标定位与要素设计

在一般条件下，粮食直补政策的理论目标可概括为两点：一是弥补种植粮食取得收入与同等农业生产要素的竞争性用途取得收入之间的差额，提高种粮的比较收益，促使粮食种植业获得平均利润，提高农民种粮积极性，保障粮食安全；二是弥补城乡居民收入之间的差距，使农民获得与城镇居民大体相当的收入水平，提高整个社会的经济福利水平。粮食直补政策目标的现实选择，取决于经济发展水平与财政能力的高低，对于经济发展水平低且财政收入规模较小的发展中国家来说，往往选择只需较低补贴标准就能实现的保障粮食安全作为现实目标；与此相反，就经济发展水平高且财政收入规模较大的发达国家而言，可以将需要较高补贴标准才能实现的弥补城乡居民收入差距作为现实目标。应该说，这两个目标的层次是各不相同的，所需财力保障水平也有差异。然而这两者之间并不矛盾，更不能截然分开，前者是必经阶段，前者的达成有利于后者的实现。由此可

---

① 孙开，高玉强. 粮食直接补贴：问题考察与政策优化［J］. 财经问题研究，2010（8）：100 - 104.

见，我国粮食直补政策应以稳定粮食生产、保障粮食安全、确保国家长治久安为近期的主要目标，以提高农民收入为长远目标。这样的目标定位决定着粮食直补的要素设计应体现以下基本理念：

1. 粮食直补政策设计应有助于保障粮食安全

作为一个拥有 14 亿人口的大国，我国以世界 8% 的耕地养活了约 20% 的人口，这本身就是一个了不起的成绩。但还需要认识到，我国现有耕地面积为 18.26 亿亩，人均仅为 1.4 亩，而世界人均耕地为 5.5 亩。我国粮食年消费量高达 4 亿吨，而世界粮食的年贸易总量仅约为 2 亿吨，而且随着一定时期内我国人口的持续增加，粮食年消费需求呈刚性增长。粮食是一种重要的战略资源，如果粮食消费主要依赖进口，必将带来难以预料的可怕后果。我国粮食生产的制约因素较多，其中包括水土流失面积增大、土壤沙化加剧、水污染严重和耕地面积逐年减少等。从耕地面积的变化情况来看，1998 年全国耕地面积为 19.45 亿亩，2002 年、2005 年和 2007 年的耕地面积逐渐减少至 18.89 亿亩、18.31 亿亩和 18.26 亿亩。从全球粮食安全的严峻形势看，世界银行 2008 年 4 月 9 日发表的粮食报告认为，全球出现了近 20 年来最严重的粮食危机，过去 3 年国际市场小麦价格上涨 181%，食品整体价格上涨 83%（侯石安，2008）。所以，粮食压力是显而易见的，保障粮食安全任重道远。保障粮食安全，最重要的渠道是保证基本粮源。在工农业产品倒挂的价格体制下，农民的种粮积极性长期受到压制，基本粮源的供给能力不断下降，对粮食安全直接构成威胁。通过增加农民收入、提高农民种粮积极性，粮食直补政策必将会在保障粮食安全方面发挥积极、有效的作用。

2. 补贴标准的制定应遵循合理补偿的原则

农业生产要素在粮食和非粮食生产用途上的竞争性，取决于种粮收入与非种粮收入的比较，竞争的临界点是农业生产要素生产粮食与非粮食收入相等。所以，维持农业生产要素用于粮食生产的最基本前提是该要素粮食生产取得的收入高于非粮食生产所取得的收入。粮食补贴后的收益至少应等于农业生产要素竞争性用途的平均收入水平。补贴标准至少应等于农业生产要素（主要是耕地和农村劳动力）竞争性用途与种粮收益之间的差额，使粮食种植业获得平均利润，从而确保粮食生产的稳定发展。从这个意义上讲，粮食直补的补贴标准应按合理补偿的原则进行设计。

3. 粮食直补对象选择的横向公平与补贴标准的纵向公平

粮食直补对象选择的横向公平，是指不论是粮食主产区、产销基本平衡区抑或主销区的粮食生产者，只要生产粮食就应获得补贴，且补贴标准相同。补贴标准的纵向公平，是指按农户对粮食安全贡献大小给予不同数额的补贴，贡献大者多补贴，贡献小者少补贴。粮食主产区对我国粮食安全的贡献很大，但非粮食主产区和消费区内的粮食生产也是国家粮食安全的重要组成部分。既然都为国家粮食安全在做贡献，就应该按其贡献大小，分别给予相应的补贴。

4. 降低操作成本，提高补贴效率

这里所指的效率是指在政策制定和实施过程中都要坚持"少花钱、多办事、办好事"的原则。粮食直补效率可以从两个方面来衡量：一是在补贴成本既定条件下粮食直补目标的实现程度；二是为实现既定目标花费多少补贴成本，包括直接成本和间接成本。前已述及，目前我国粮食直补的操作成本较高，有许多不足之处亟待改进。因此，应着力简化粮食直补的操作程序，加强粮食直补资金的管理与监督，尽量减少政策执行过程中的漏损，降低运行成本，提高粮食直补资金的使用效率。

（二）完善粮食直补的政策建议

基于上述分析，在既定的政策目标导向下，粮食直接补贴诸要素设计中应遵循和体现保障粮食安全、合理补偿以及公平与效率相结合的原则，进一步完善我国的粮食直补政策。

1. 统一补贴对象和范围

直接补贴政策应遵循公平的原则，不论是处于粮食主产区、产销平衡区或粮食主销区，所有生产粮食的农户都是补贴对象；不论粮食用于自身消费还是销售，都同样为粮食安全做出了贡献，将农户生产的全部粮食纳入补贴范围。从补贴的粮食品种来看，考虑到补贴的效率，应将小麦、玉米水稻和大豆等主要粮食品种纳入补贴范围。

2. 以实际粮食产量作为补贴依据

发达国家涉及的粮食补贴政策主要是以"农民收入平价"为目标，即通过补贴使农民收入维持在与城镇居民收入大体相当的水平上。相比较之下，我国目前粮食直补的目标更强调保障粮食安全的重要性，因此，粮食直补应以农户对粮食安全所做贡献的大小作为依据，而测度粮食安全贡献大小的最佳指标便是实际粮食产量。以实际粮食产量为补贴依据更符合粮食直补的政策目标，但考虑到我国农户数量多、规模小、各农户种植粮食作物种类多等特点，若在实际操作中以实际粮食产量为补贴依据，有可能导致出现操作成本高的问题，鉴于此，可以用统一的计税总产量（计税面积与计税单产之积）作为替代指标。这样做，不必区分品种，更简便易行。

3. 提高补贴标准，适度向产粮大县（户）倾斜

粮食直补政策补贴标准的确定，应符合公平和合理补偿的原则。农业生产要素在粮食和非粮食生产用途上竞争取决于种粮收入与非种粮收入的比较。竞争的临界点是农业生产要素生产粮食与非粮食收入均等。所以，维持农业生产要素从事粮食生产的最基本前提是农业生产要素生产粮食的收入高于生产非粮食收入。粮食补贴后的收益至少应等于农业生产要素竞争性用途的平均收入水平。从理论上讲，每单位粮食的补贴标准应等于生产每单位粮食所需同等农业生产要素竞争性用途取得的平均收入与种植每单位粮食取得的收入之差。从实践运行状况看，很多地区尤其是粮食主产区的实际单位补贴标准低于理论上的单位补贴标准，这在一定程度上削弱了粮食直补的政策效应，因此应在全国统一并且按照国家财政收入增长情况逐年提高单位粮食补贴标准。同时，为更好地发挥产粮大县种粮的比较优势和规模经济效应，应在统一补贴标准的基础上向产粮大县和产粮大户适当倾斜，可考虑借鉴上海2004年的做法实行超额累进式的补贴标准。

4. 强化对粮食直补资金的监管

粮食直补政策的实施涉及土地、农业、粮食、财政、农业发展银行等多个部门和机构，针对这种多头管理、权责不清的状况，可以考虑将分散在各个机构的相关职能集中起来，交由一个专门机构，负责粮食直接补贴事宜；要适度简化粮食直补资金的发放程序，降低政策操作的成本；对粮食直补资金实行专户管理，专款专用，不得截留、挤占和挪用。各市、县（区）、乡（镇）政府及农业、财政部门，要定期或不定期地对种粮补贴的申报、拨付等情况进行监督检查，发现问题及时纠正。审计部门对补贴资金实行全程监督审计，确保补贴资金如数兑现给符合补贴条件的农民，减少补贴发放过程中的资金漏损，提高补贴资金的使用效率。

5. 构建合理的粮食直补资金筹集机制与分配机制

应该根据粮食安全的成本与受益对称的原则，建立粮食直补资金筹集机制。就粮食生产与消费而言，粮食安全的受益主体包括粮食主产区、产销平衡区和粮食主销区。如果按照受益者承担成本的原则，无论粮食主产区、产销平衡区和粮食主销区均应该分别承担其辖区内的粮食安全成本。从理论上讲，粮食主产区所承担的粮食安全成本，应依据其辖区内全部人口的年实际粮食消费总量确定，产销平衡区和粮食主销区承担的粮食安全成本则依据本地区内粮食生产量加消费量的缺口确定（梁世夫，2005）。由于各辖区人均年粮食消费量大体相当，所以在

实际操作中，可以按各辖区人口的总量来分配其承担的粮食安全成本。与此同时，还应根据粮食安全贡献程度合理分配补贴资金。在分别确定了粮食主产区、产销平衡区和粮食主销区承担的粮食安全成本后，这些粮食安全成本首先上缴中央政府，再按各地对粮食安全的贡献程度，由中央政府通过专门的粮食补贴机构下拨到各地区所有的粮食生产者手中。从理论上讲，测度粮食安全贡献程度的最佳指标是实际粮食产量，但考虑到实际操作的可行性，可采用计税总产量作为其替代指标。粮食主产区对国家粮食安全贡献程度大，得到的补贴资金就多；然而非主产区、消费区对国家粮食安全贡献程度较小，则获得的粮食补贴资金也相对较少。这既符合公平原则，也有利于粮食直补政策目标的实现。

受财政实力所限，农业补贴总量短期内很难大幅提升，为更有效地刺激粮食生产，只能寻求在现有规模下通过修正和调整补贴资金供给机制来优化结构，即将各区域粮食安全责任与成本挂钩，对补贴资金进行科学化、精细化分配。可以全国人均粮食产量为标尺，对各省粮食生产是否可承担本辖区粮食安全进行评估，并将现有粮食生产省份划分为粮食自产区与粮食非自产区。粮食自产区所生产粮食不仅能满足本地居民需求，而且还有盈余可部分承担非自产区的粮食供给。粮食非自产区所生产粮食无法全部满足本地粮食安全需要，需从自产区调入。然而现有补贴资金供给机制是补贴集中在生产环节，地方财政要以本地粮食生产为基数来拨付补贴，如此，粮食自产区就承担有额外的源于非自产区部分粮食安全成本，粮食非自产区则避免为自身粮食缺口支付补贴，造成粮食安全责任与粮食安全成本的严重不匹配。正是基于此，原先以省为单位的补贴资金供给机制局限于微观粮食安全，带有鲜明的权责自负色彩，有悖公平与效率原则。应以粮食安全责任与粮食安全成本相挂钩和匹配为基本原则，放眼宏观粮食安全，统筹和融合包括中央财政及地方财政支出的有限补贴资金，具体是指，按粮食产量均分全国补贴资金总量，再根据各省实际产量分配。如此，一是可有效协调由于各省补贴水平不一造成的区域补贴差异过大问题；二是有助于同粮食自产区重合度极高的粮食主产区种粮积极性提高；三是实现区域粮食生产权责统一。以2009年粮食直补为例（见表8-1），以全国人均粮食产量403.17公斤为划分界限，河北、内蒙古、吉林、黑龙江、江苏、安徽、江西、山东、河南、湖北、湖南、宁夏、新疆13个省可列入粮食自产区，北京、天津、广东、浙江等其余18个省则被列入粮食非自产区。2009年全国粮食直补总额为151亿元，平均每吨28.4元，再乘以各省粮食产量就获得各省应获补贴，同理，其余"三补"同样可根据自身特点建立各自分配体系。全国补贴资金重新分配问题上，中央财政资金可继续加大对粮食自产区或主产区的倾斜力度，并逐步取消地方财政的配套，对粮食非自产区或非主产区中地方财力较强省份则继续降低其粮食风险基金的中央比例和减少中央拨付，地方财政资金方面可考虑建立地方政府横向转移支付制度。

表 8-1 2009 年各省粮食直补配置

地区		粮食产量	人口	人均产量	粮食缺口	人均一般预算支出	应获补贴
粮食主产区（13 个省份）	河北	2910.17	7034.40	413.71	180.82	3337.30	8.28
	内蒙古	1981.70	2422.07	818.18	1041.94	7955.33	5.64
	辽宁	1591.00	4319.00	368.37	−84.77	6210.67	4.53
	吉林	2460.00	2739.55	897.96	1397.05	5399.46	7.00
	黑龙江	4353.01	3826.00	1137.74	2868.52	4907.84	12.38
	江苏	3230.10	7725.00	418.14	232.80	5200.47	9.19
	安徽	3069.87	6131.00	500.71	691.04	3493.59	8.73
	江西	2002.56	4432.16	451.83	282.88	3525.09	5.70
	山东	4316.30	9470.30	455.77	641.82	3450.44	12.28
	河南	5389.00	9487.00	568.04	1708.04	3062.89	15.33
	湖北	2309.10	5720.00	403.69	89.74	3655.46	6.57
	湖南	2902.70	6406.00	453.12	417.17	3450.58	8.26
	四川	3194.60	8185.00	390.30	18.82	4386.95	9.09
产销基本平衡区（11 个省份）	山西	942.00	3427.36	274.85	−387.82	4556.58	2.68
	广西	1463.20	4856.00	301.32	−420.93	3339.83	4.16
	重庆	1137.20	2859.00	397.76	27.91	4519.39	3.23
	贵州	1168.27	3798.00	307.60	−305.35	3613.13	3.32
	云南	1576.92	4571.00	344.98	−196.63	4271.14	4.49
	西藏	90.53	290.03	312.14	−22.00	16209.78	0.26
	陕西	1131.40	3772.00	299.95	−332.14	4882.39	3.22
	甘肃	906.20	2635.46	343.85	−116.36	4728.90	2.58
	青海	102.69	557.30	184.26	−113.54	8734.00	0.29
	宁夏	340.70	625.20	544.95	98.12	6915.59	0.97
	新疆	1152.00	2158.63	533.67	314.45	6239.66	3.28

地区		粮食产量	人口	人均产量	粮食缺口	人均一般预算支出	应获补贴
主销区（7个省份）	北京	124.77	1755.00	71.09	−556.17	13215.76	0.35
	天津	156.29	1228.16	127.26	−320.24	9154.16	0.44
	上海	121.68	1921.00	63.34	−623.67	15562.99	0.35
	浙江	789.15	5180.00	152.35	−1220.69	5122.29	2.24
	福建	666.86	3627.00	183.86	−740.41	3892.54	1.90
	广东	1314.50	9638.00	136.39	−2425.04	4497.17	3.74
	海南	187.60	864.07	217.12	−147.66	5625.27	0.53
全国		53082.08	131660.69	403.17	—	4636.47	151.00

注：单位依次为万吨、万人、公斤、万吨、元、亿元。

资料来源：根据《2010 年中国统计年鉴》相关数据计算。

二、粮食最低收购价

可考虑借鉴美国和日本实施的价格差额补贴政策，将我国的粮食最低购价政策改为价格差额补贴政策。即政府事先确定小麦、水稻、玉米等基础农产品的基准价格。无论市场价格高于还是低于基准价格，农民都在市场上按市场价格出售上述农产品。只是当市场价格低于基准价格时，政府将实际市场价格与基准价格之间的差额直接以补贴金形式发放给农民。这样，既可以正常发挥市场机制的作用，又可以减轻财政负担、推进国有粮食企业改革。

第三节　投入品补贴制度优化的政策建议

投入品补贴制度主要包括农机购置补贴制度、良种补贴制度、农资综合直补制度以及政策性农业保险补贴制度。

一、农机购置补贴制度

有效的农机购置补贴传导机制是最大限度地发挥农机购置补贴的"杠杆"作用、"撬动"农户购机能力的基本前提。因此，只有创新与优化农机购置补贴政策，确保传导机制的畅通，才能充分发挥农机购置补贴政策"四两拨千斤"的导向性功能，优化农业机械与其他农业生产要素的配置结构，进而充分发挥各自的生产潜力，获得规模效益，实现农业增产增效、农民节本增收之目标。

（1）将小型农机具纳入补贴范围。国家在制定的农机购置补贴产品目录时，除参照平原地区、发达地区农业机械化的发展水平和自然条件而制定外，还必须考虑西部贫困地区农牧民比较落后的农业机械化水平及经济发展水平，南方地区稻田普遍地块小、落差大，丘陵山地较多，道路及田间通过性差，我国农业生产规模较小、不适合大中型农机具作业等特征，逐步将小型农业机具纳入补贴范围。

（2）在财政能力可及的情况下，适度提高农机购置补贴的补贴率和单机最高补贴限额，扩大农机购置补贴的规模。财政安排的单位面积土地上的农机购置补贴对单位面积土地上的农机总动力影响较小，很大程度上源于较低的补贴率及单机最高补贴限额，从而制约了农机购置补贴政策效应的释放。

（3）粮食主产区与非主产区单位面积土地上的农机购置补贴及财政支农支出对土地生产率的弹性系数有较大差异，说明两区的农机购置补贴及财政支农支出对土地生产率的影响是不同的，因此，两区的农机购置补贴和财政支农政策应区别对待，分类实施。

（4）规范农机购置资金的使用程序，严格管理，强化监督，提升农机购置补贴资金自身的使用效率。按照《农业机械购置补贴专项资金使用管理办法》的有关规定，规范操作，补贴资金的使用应遵循公开、公正、农民直接受益的原则。保证补贴资金全部用于购买农机产品。同时加强对各市、县、团场的指导和监管，确保政策落实。此外，必须保持农机购置补贴和财政支农政策的稳定性与持续性。

（5）耕地的规模化是农业机械充分发挥作用的基本前提，所以要确保农机购置补贴传导机制的顺畅，必须扩大农业的生产规模，发挥规模经济的优势。这就不单纯是农机购置补贴的政策层面问题，而是与农村的土地制度密切相关。农业机械正确使用还必须以农户的较高素质和适用技术为保障，所以必须提高农村的教育水平并推广普及农业先进适用技术。

（6）农机购置补贴政策的有效实施必须让政府与金融机构共同发力，拓宽农机购置补贴资金来源渠道。作为一个发展中国家，我国经济发展水平在很大程度上决定了财政支出的规模，所以单纯依靠财政为实施农机购置补贴政策提供资金支撑，恐怕独木难支，必须充分发挥银行等金融机构在财政贴息贷款中的重要作用，为经济欠发达地区和购买价格较高农机的农户提供抵押贷款。

二、良种补贴制度

保持政策的相对稳定性，发挥其带动效应。良种补贴政策与最低价收购有所差别，当满足一定条件时及时启动或暂停，只有保持政策的相对稳定性，才能更有利于带动效应的充分发挥。这种带动效应既可以促进农业科技进步，还可以增强农产品市场竞争力，这是实现我国农业可持续发展的必要条件。同时，可较好缓解农业生产资料与劳动力价格上涨带来的农民增收压力。

扩大补贴品种范围，不同地域可选择各自的优势农作物。补贴品种主要限于基础农作物，在政府财力允许的前提下，可以考虑将补贴品种范围扩大到主要畜牧、蔬菜、水果等。各地的优势农产品有较大差异，为优化农业产业结构、发挥各地的优势，不同地域在良种补贴品种的选择上有所不同。

逐步扩大补贴的地域覆盖范围，将良种补贴面积比重作为地方政府的良种推广工作评价指标，调动各级政府推行良种补贴的积极性，不断提高补贴的地域覆盖率，从而更好地体现补贴政策的公平性。

适度提高补贴标准。良种补贴政策自推行以来，补贴标准不断提高，然而与种子费用和生产成本相比，现行补贴标准普遍偏低。良种补贴政策的实施，需要考虑到农业生产资料、人力资本的上涨、农产品市场价格变化趋势、通货膨胀等因素，在综合考虑各种市场因素的基础上制定合适的补贴标准，使农民不需要或仅需要支付少量的差价即可购买到理想的种子品种，真正发挥良种补贴政策的惠农作用。

简化资金发放方式，提前预发补贴资金。目前，补贴资金发放采取预拨补贴资金，由基层核实面积，公示发放，按实际种植面积多退少补的办法。从调查情况看，生产者和种子企业不太欢迎这种做法，希望补贴资金能早发。建议补贴资金提前到位，提前一个年度下达良种补贴计划，便于种子企业提前组织种子生产和布局，有效保证种源的数量与质量。

完善补贴机制，加强补贴资金监管。良种补贴资金必须专款专用，切实依照国家规定严格使用。任何地方、单位和个人都不得虚报良种补贴面积，不得套取、挤占、挪用补贴资金。地方各级财政部门应安排所需配套推广工作经费，保障补贴品种推介展示、补贴面积核实、补贴资金发放、补贴档案建立和项目实施监督检查等管理支出，严禁挤占、挪用中央下拨的补贴资金用于工作经费。同时必须强化监督检查。省级农业和财政部门要对项目实施情况进行不定期抽查，通过实地走访基层干部和农户，认真了解项目区面积落实、种子质量和价格、补贴资金发放等相关情况，及时纠正项目实施过程中出现的各种问题，确保良种补贴政策的贯彻落实。

三、政策性农业保险补贴制度

完善农业保险补贴政策，健全农业风险补偿机制。一是由政府直接开办或由政府委托的保险机构开办农业保险业务，经营亏损由财政补贴。这项补贴肯定比财政直接用于救灾支出少得多。二是鼓励地方或农户成立互助保险合作组织，建立农业保险专项风险基金，通过减免农业税、所得税等优惠办法，扶持其发展。三是建立健全农业补贴的政策法规，使财政对农业的补贴成为一项长期和稳定的制度。另外，在政府财力允许的前提下，可推广实施生态补贴。

此外，农资综合直补制度主要是进一步完善农资综合补贴的动态调整机制。

第四节　完善农业补贴制度的配套措施

加快中国农业补贴网的信息化建设。加快中国农民补贴网的建设，使补贴资金通过中国农民补贴网，以"一卡通"的方式，无须经过任何中间环节，直接拨付到种粮农民账户，可有效防止补贴资金被截留、挪用或克扣，方便政府和农民对补贴政策和补贴资金的查询与监督。

进一步明确部门职责分工，加强协调，密切配合，齐心协力，精心组织。对于各项农业补贴补贴项目，加强领导，明确分工，落实责任，密切配合，形成合力，推动项目顺利实施。例如，农资综合补贴工作由财政部牵头负责。发展改革委负责农资价格、粮食价格监测和粮食成本收益调查等工作，农业部负责监测提供化肥、柴油用量及粮食播种面积等有关数据，财政部负责补贴资金安排。建立部门会商机制，由财政部会同发展改革委、农业部等部门研究提出农资综合补贴年度安排意见，报国务院批准后实施。对于良种补贴而言，财政部门负责落实补贴资金预算、拨付工作；农业部门负责项目组织实施、制订方案、良种推介、技术服务等工作。其他各部门也要各司其职，各负其责，为良种补贴项目搞好服务。对农机购置补贴而言，农机化主管部门要与当地种植业、畜牧、渔业、农垦以及水利、林业等部门搞好沟通协调，切实把牧业、林业和抗旱、节水机械设备纳入补贴范围。县级农机化主管部门主要负责政策宣传、补贴对象的确定公示、购机情况核实、档案登记汇总及项目监管等。地方各级财政部门要保证必要的组织管理经费，主要用于政策宣传、信息档案建立、公示等组织管理方面的支出。对于财政确有困难的县可由省级财政给予适当支持。

合理划分各级财政间的事权和财权，完善财政管理体制，达到基层财政财力与事权的基本匹配。财权的上收和事权的下放，基层政府的财力更难以满足其行使事权的基本需要，尤其作为县乡政府主要财政收入来源的农业税被全面取消后，县乡政府的财政状况更是雪上加霜，只能更加依赖源于上级政府的纵向转移支付。然而农业补贴政策的顺利推行需要地方财政资金的配套或需要地方政府筹集农业补贴政策的操作成本，所以，必须着力构建财力与事权基本匹配的财政管理体制，从体制上解决基层政府财力短缺的问题。

推进农村土地经营权流转，扩大农业生产规模，发挥规模效应。无论是农机购置补贴的政策效果评估结果，还是粮食直补效率的测度结果，均从实证角度证实扩大农业生产规模有利于提高农业补贴的政策效果和效率。耕地的规模化是农业机械充分发挥作用的基本前提，所以要确保农机购置补贴传导机制的顺畅，必须扩大农业的生产规模，发挥规模经济的优势。农业生产技术水平的提升、效率的改进均与农业生产规模高度相关，因此，应鼓励农民采取多种形式，推进农村土地经营权的流转，扩大农业生产规模，发挥规模经济的优势。

改革农业金融政策，加强金融支持。农村金融体系和农业财政补贴体系是构成支持和保护农业发展的两大重要支柱。健全农村金融体系、改善农村金融服务也是统筹城乡发展的重要内容和客观要求。目前，农村金融服务主体少、能力弱，难以满足农民和农村中小企业的信贷需求，已成为制约农业和农村经济发展的一个"瓶颈"。因此，要从农村实际和农民需要出发，按照有利于增加农民和企业贷款、有利于改善农村金融服务的原则，改革和创新农村金融体制，切实解决农民和农村中小企业贷款难的问题。要努力增加农村信贷资金总量，通过明确县域内金融机构为"三农"服务的义务、完善邮政储蓄政策等措施，缓解农村资金的外流。加快现有农村金融机构的改革和调整力度，完善政策性金融的功能，逐步扩大农村金融信用社改革试点。采取多种形式解决农民和农村中小企业贷款担保问题，鼓励各类信用担保机构积极拓展符合农村特点的担保业务，有条件的地方可设立农业担保机构。同时，要加大信贷资金对农业支持的力度。

参考文献

［1］埃斯平 - 安德森．福利资本主义的三个世界［M］．苗正民，滕玉英，译．北京：商务印书馆，2010：74 - 93.

［2］安体富，周升业．财政与金融［M］．武汉：武汉大学出版社，1992：176 - 183.

［3］布鲁，格兰特．经济思想史［M］．7 版．邸晓燕，译．北京：北京大学出版社，2008：12 - 34.

［4］财政部财政科学研究所课题组．中国的农业补贴：形势分析与政策建议［J］．经济研究参考，2004（75）：29 - 35.

［5］财政部经济建设司．做好财政粮食工作　保障国家粮食安全［J］．中国财政，2009（3）：12 - 15.

［6］财政部农业司考察团．英意两国政府农业补贴政策［J］．农村财政与财务，2003（2）：44 - 48.

［7］蔡昉，杨涛．城乡收入差距的政治经济学［J］．中国社会科学，2000（4）：11 - 22.

［8］蔡增正．中国和西欧共同体粮食价格补贴政策的比较［J］．价格理论与实践，1989（4）：46 - 49.

［9］曾富生，朱启臻．改革开放以来中国农业补贴政策的历史考察与现状分析［J］．中国石油大学学报（社会科学版），2010（4）：41 - 45.

［10］陈公正，王薇．埃及将棉花补贴提高 50%［N］．中国纺织报，2009 - 05 - 19（002）．

［11］陈共．财政学［M］．成都：四川人民出版社，1994：115.

［12］陈平．建立统一的社会保障体系是短视国策［J］．中国改革，2002（4）：18 - 19.

［13］陈秋珍，JohnSumelius．国内外农业多功能性研究文献综述［J］．中国农村观察，2007（3）：71－78，81．

［14］陈锡文，程国强．美国新农业法对中国农业的影响和建议［J］．WTO经济导刊，2003（2）：12－16．

［15］程国强．发达国家农业补贴政策的启示与借鉴［J］．红旗文稿，2009（15）：22－24．

［16］程国强．中国农业面对的国际农业补贴环境［J］．经济研究参考，2003（29）：24－31．

［17］戴蓬军．欧盟共同农业政策的新改革［J］．农业经济问题，2001（10）：61－63．

［18］邓聚龙．灰色预测与决策［M］．武汉：华中理工大学出版社，1986：103－107．

［19］邓宗豪，王维敏．欧盟共同农业政策的改革及其影响分析［J］．西南民族学院学报（哲学社会科学版），2002（5）：98－101．

［20］丁声俊．瑞士农业补贴的目标、范围与实施［J］．世界农业，2005（6）：31－34．

［21］段爱群．论WTO中的财政补贴与我国的战略取向［D］．北京：财政部财政科学研究所博士学位论文，2003：22－25．

［22］段治平．价格补贴政策的演变及特点［J］．价格与市场，2003（4）：42－43．

［23］樊纲．土地是农民的保命田　反对农地私有化［EB/OL］．［2008－11－24］．http：//news. sina. com. cn/c/2008－11－24/093116713024. shtml.

［24］方松海，王为农．成本快速上升背景下的农业补贴政策研究［J］．管理世界，2009（9）：91－108．

［25］冯海发．关于我国农业税制度改革的思考［J］．中国农村经济，2001（6）：52－55．

［26］冯继康．美国农业补贴政策：历史演变与发展走势［J］．中国农村经济，2007（3）：73－78，80．

［27］高峰，王学真，羊文辉．农业投入品补贴政策的理论分析［J］．农业经济问题，2004（8）：49－52．

［28］高峰．农业投入品补贴政策的理论分析［J］．农业经济问题，2004（8）：49－52，80．

［29］高铁梅．计量经济分析方法与建模［M］．北京：清华大学出版社，2016：388-403.

［30］高玉强，贺伊琦．我国粮食主产区粮食直补效率研究［J］．中南财经政法大学学报，2010（4）：118-123.

［31］高玉强，经庭如，余红艳．国内农业补贴制度：一个文献综述［J］．兰州商学院学报，2011（6）：109-113.

［32］高玉强．基于DEA模型的粮食直接补贴效率评价［J］．西华大学学报（哲学社会科学版），2010（3）：92-96，101.

［33］高玉强．农机购置补贴与财政支农支出的传导机制有效性——基于省际面板数据的经验分析［J］．财贸经济，2010（4）：61-68.

［34］高志辉，崔计顺，郝娟娟．发达国家农业补贴政策及其启示［J］．前沿，2005（1）：92-94.

［35］格罗索．罗马法史［M］．黄风，译．北京：中国政法大学出版社，2009：11-12.

［36］古德温．新编剑桥世界近代史：第8卷［M］．北京：中国社会科学出版社，2008：770-774.

［37］郭春菊，余忠稳．埃及：政府补贴保证食品供应［N］．中国社会报，2008-03-28（002）.

［38］郭军，冷博峰．我国农作物良种补贴政策发展现状与存在问题探析［J］．调研世界，2010（6）：39-40，21.

［39］国家发改委宏观经济研究院课题组．利用WTO规则加强农业保护的政策体系研究（主报告）［J］．经济研究参考，2004（74）：2-24.

［40］国家发展改革委员会．2007年小麦成本收益情况调查分析［R］．2007.

［41］国务院发展研究中心、中共中央政策研究室农业投入总课题组．进一步推动农村金融体制改革　加大支持与保护农业的力度［J］．经济研究参考，1997（A9）：2-12.

［42］韩喜平，李二柱．日本农业保护政策的演变及启示［J］．现代日本经济，2005（4）：55-59.

［43］韩喜平，蔺荔．我国粮食直补政策的经济学分析［J］．农业技术经济，2007（3）：80-84.

［44］何忠伟，侯胜鹏，陈艳芬．中国农业补贴的一个理论分析［J］．山东

农业大学学报（社会科学版），2004（3）：5－8.

［45］何忠伟，蒋和平.我国农业补贴政策的演变与走向［J］.中国软科学，2003（10）：8－13.

［46］何忠伟，蒋和平.中外农业补贴政策的比较分析［J］.农业科技管理，2003（5）：17－19.

［47］何忠伟.中国粮食补贴政策的演进与绩效分析［J］.科技导报，2006（4）：71－75.

［48］何忠伟.中国农业补贴政策的效果与体系研究［D］.北京：中国农业科学院博士学位论文，2005.

［49］贺雪峰.土地不能私有化——《地权的逻辑——中国土地制度向处何去》结语［EB/OL］.［2010－12－21］.http：//www.snzg.cn/article/2010/1221/article_ 21345.html.

［50］贺伊琦，林光祺.周秦之变中"自由—福利"的论争与逻辑演进——一项政治哲学史考察［J］.学术界，2011（11）：188－197，279－282.

［51］侯玲玲，穆月英，张春晖.中国农业补贴政策及其实施效果分析［J］.中国农学通报，2007（10）：289－294.

［52］侯明利.中国粮食补贴政策理论与实证研究［D］.无锡：江南大学博士学位论文，2009.

［53］侯石安.国外政府对农业的补贴政策及其启示［J］.中国农业银行武汉培训学院学报，2003（5）：28－31.

［54］侯石安.粮食安全与财政补贴政策的优化［J］.管理世界，2008（11）：172－173.

［55］侯石安.我国财政对农业补贴的目标选择与政策取向［J］.农业经济问题，2001（4）：42－44.

［56］胡靖.非对称核算理论与农户属性［J］.开放时代，2005（6）：92－97.

［57］胡静林.谈种粮农民粮食直接补贴政策有关问题［R］.2007.

［58］黄德林，李向阳，蔡松锋.基于中国农业 CGE 模型的耕地政策对粮食安全影响研究［J］.中国农学通报，2010（23）：413－419.

［59］黄季焜.增加收入、市场化：美国农业补贴政策的历史演变［N］.中国社会科学报，2009－08－13（006）.

［60］文明的历史脚步——韦伯文集［M］.黄宪起，张晓玲，译.上海：

三联书店，1988：47-54.

［61］霍布豪斯. 自由主义［M］. 北京：商务印书馆，1998：83-84.

［62］姜亦华. 国外农业补贴趋向及其启示［J］. 学术界，2005（1）：201-205.

［63］经济合作与发展组织. 中国农业政策回顾与评价［M］. 北京：中国经济出版社，2005：55-64.

［64］卡尔·波兰尼. 大转型：我们时代的政治与经济起源［M］. 冯钢，刘阳，译. 杭州：浙江人民出版社，2007：57-58.

［65］柯炳生. 美国新农业法案的主要内容与影响分析［J］. 农业经济问题，2002（7）：58-63.

［66］李昌平. 慎言农村土地私有化［J］. 读书，2003（6）：93-98.

［67］李成贵. 粮食直接补贴不能代替价格支持［J］. 中国农村经济，2004（8）：54-57.

［68］李传健. 选择适当的农业补贴方式，实现农业多功能性［J］. 经济研究参考，2007（48）：24-25.

［69］李飞，孙东升. 巴西的农业支持政策及对中国的借鉴［J］. 中国农机化，2007（5）：20-24.

［70］李海波. 财政与金融［M］. 上海：立信会计出版社，1996：15-16.

［71］李建君. 我国农机具购置补贴的政策效应分析［J］. 天水行政学院学报，2006（6）：65-68.

［72］李建平. 我国农业保护政策研究［M］. 北京：人民出版社，2007：37-46.

［73］李亮. WTO《农业协定》与中国农业国内支持制度研究［D］. 北京：中国政法大学博士学位论文，2008.

［74］李茂岚. 中国农民负担问题研究［M］. 太原：山西经济出版社，1996：93-95.

［75］李鹏. 粮食直接补贴政策对农民种粮净收益的影响分析——以安徽省为例［J］. 农业技术经济，2006（1）：44-48.

［76］李平. 美国农业补贴政策及其支持力度［J］. 中国农村经济，2002（6）：75-80.

［77］李瑞锋，肖海峰. 我国粮食直接补贴政策的实施效果、问题及完善对策［J］. 农业现代化研究，2006（2）：92-95.

［78］李实，岳希明．中国城乡收入差距世界最高［J］．理论参考，2005（4）：50－52．

［79］李小科．澄清被混用的"新自由主义"——兼谈对 New Liberalism 和 Neo－Liberalism 的翻译［J］．复旦学报（社会科学版），2006（1）：56－62．

［80］李扬．财政补贴经济分析［M］．上海：三联书店，1990：40－41．

［81］李永强，伍娟花．对当前世界粮食供求形势的分析与思考［J］．调研世界，2008（7）：29－30，33．

［82］李长健，李昭畅．利益和谐语境下中国农业补贴的路径选择——以欧美农业补贴的借鉴为视角［J］．经济与管理，2008（3）：82－87．

［83］李长健．中国农业补贴的法律制度研究——以生存权与发展权平等为中心［M］．北京：法律出版社，2009：98－100．

［84］李忠．简析麦克萨里改革［J］．欧洲，2001（1）：51－57，109．

［85］梁世夫，姚惊波．农业多功能性理论与我国农业补贴政策的改进［J］．调研世界，2008（4）：7－11，19．

［86］梁世夫．粮食安全背景下直接补贴政策的改进问题［J］．农业经济问题，2005（4）：4－8，79．

［87］梁新潮．财政与金融［M］．上海：上海财经大学出版社，2000：67－68．

［88］粮食购销市场化调查组．种粮大户需要扶持和保护——粮食购销市场化对种粮大户的影响及对策［J］．调研世界，2001（5）：25－27．

［89］林柳．印度政府大幅度追加化肥补贴［N］．中华合作时报，2008－09－11（A01）．

［90］林毅夫．制度、技术与中国农业发展［M］．上海：三联书店，1994：98－100．

［91］刘欢，刘贤钊．农用生产资料价格补贴政策研究（上）［J］．中国化工，1995（3）：30，33－35．

［92］刘敏芳，席美丽．欧盟的粮食安全政策及对我国的启示［J］．西北农业学报，2005（6）：205－208．

［93］刘迎霜．中澳农业补贴政策比较研究［J］．华南农业大学学报（社会科学版），2005（2）：1－8．

［94］龙才．英国、意大利的农业补贴政策及借鉴［J］．中国财政，2003（3）：61－63．

［95］龙文军，李娜．国外农业流通补贴的做法及其改革取向［J］．世界农业，2004（12）：21－24.

［96］卢锋．"入世"受阻凯恩斯集团国　要求我方削减农业补贴［J］．中国国情国力，2001（5）：10－11.

［97］鲁礼新．1978年以来我国农业补贴政策的阶段性变动及效果评价［J］．改革与战略，2007（11）：54，64－67.

［98］陆铭，陈钊．城市化、城市倾向的经济政策与城乡收入差距［J］．经济研究，2004（6）：50－58.

［99］罗伯特·赖克．国家的作用——21世纪的资本主义前景［M］．上海：上海译文出版社，1998：11－15.

［100］马述忠，冯冠胜．健全农业补贴制度［M］．北京：人民出版社，2010：23－32.

［101］马晓春，宋莉莉，李先德．韩国农业补贴政策及启示［J］．农业技术经济，2010（7）：122－128.

［102］穆弗里特．1688－1715年的法国形式［A］．布朗伯利．新编剑桥世界近代史：第6卷［C］．北京：中国社会科学出版社，2008：426.

［103］穆瑞·罗斯巴德．以史为鉴：重商主义的历史教训［EB/OL］．Free-man，1963．［2010－07－03］．http：//article.yeeyan.org/view/82893/114951.

［104］穆月英，王艺璇．我国农业补贴政策实施效果的模拟分析［J］．经济问题，2008（11）：87－89.

［105］穆月英，小池淳司．我国农业补贴政策的SCGE模型构建及模拟分析［J］．数量经济技术经济研究，2009（1）：3－15，44.

［106］穆月英．中国农业补贴政策的理论及实证分析［M］．北京：中国农业出版社，2008：48－51.

［107］农业部赴法国农业税费与对农民补贴制度考察团．法国、欧盟农业补贴政策及对我国的几点启示［J］．农村经营管理，2004（11）：45－47.

［108］农业部农村改革试验区办公室．农业税费制度与粮食购销体制同步改革的探索——关于农村基层税费改革试点情况的综合分析报告［J］．中国农村经济，1995（9）：16－22，28.

［109］诺斯，托马斯．西方世界的兴起［M］．厉以平，蔡磊，译．北京：华夏出版社，2009：176－177.

［110］诺斯．经济史上的结构和变革［M］．北京：商务印书馆，1992：

170 – 173.

［111］彭慧蓉，钟涨宝．建国六十年我国农业补贴政策演变轨迹及逻辑转换［J］．经济问题探索，2010（11）：39 – 44.

［112］彭腾，马跃龙．论我国农业补贴的增收效应［J］．现代经济探讨，2009（6）：72 – 75.

［113］彭腾．我国农业补贴政策的缺陷与完善［J］．广东行政学院学报，2009（2）：65 – 68.

［114］钱艾琳．小议埃及的补贴问题［J］．亚非纵横，2002（2）：27 – 29.

［115］钱克明．2004 年中央"一号文件"执行效果分析［J］．农业经济问题，2005（2）：8 – 13，79.

［116］钱克明．中国"绿箱政策"的支持结构与效率［J］．农业经济问题，2003（1）：41 – 45，80.

［117］乔翠霞．国外农业补贴改革比较分析及对我国的启示［J］．理论学刊，2009（2）：56 – 60.

［118］秦富，王秀清，等．国外农业支持政策［M］．北京：中国农业出版社，2003.

［119］秦晖．自由主义、社会民主主义与当代中国"问题"［J］．战略与管理，2000（5）：83 – 91.

［120］秦晖．文化决定论的贫困——超越文化形态史观［A］．刘军宁，杨东平，赵汀阳，等．学问中国［C］．南昌：江西教育出版社，1999：311 – 312.

［121］秦晖．耕耘者言——一个农民学研究者的心路［M］．济南：山东教育出版社，1999：307.

［122］秦晖．权力、责任与宪政：关于政府"大小"问题的理论与历史考查［J］．社会科学论坛，2005（2）：10 – 37.

［123］秦晖．唐代柜坊为"金融机构"说质疑——兼论封建后期金融市场的形成机制问题［J］．陕西师范大学学报，1990（2）：63 – 73.

［124］秦晖．我们需要怎样的"重农主义"［N］．经济观察报，2006 – 04 – 17（40）.

［125］秦晖．中国的崛起和"'中国模式'的崛起"［EB/OL］．［2010 – 09 – 27］．http：//www. aisixiang. com/data/detail. php？id = 36235.

［126］秦玉云．粮食最低收购价的五年之痒［J］．全国商情（经济理论研究），2008（12）：79 – 81.

［127］宋波．欧盟共同农业政策的改革及其特点［J］．国际经济合作，2003（5）：20-23.

［128］宋则行，汪祥春．社会主义经济调节概论［M］．沈阳：辽宁大学出版社，1986：111.

［129］孙大光．直接收入补贴改革与我国农业国内支持政策［J］．中国农村经济，2002（1）：21-29.

［130］孙开，高玉强．粮食直接补贴：问题考察与政策优化［J］．财经问题研究，2010（8）：100-104.

［131］孙自铎．日本的粮食问题及其对中国的启迪［M］．上海：上海财经大学出版社，1997：50-51.

［132］索贵彬，张晓林．基于超效率DEA方法的第三产业竞争力评价［J］．统计研究，2005（7）：58-60.

［133］王朝才．目前我国"三农"问题及其财政政策［J］．经济研究参考，2003（64）：2-8，15.

［134］王东京．论农业补贴的性质及其补贴方式的转变［J］．贵州财经学院学报，2009（1）：1-4.

［135］王姣，肖海峰．中国良种补贴、农机补贴和减免农业税政策效果分析［J］．农业经济问题，2007（2）：24-28.

［136］王姣．我国粮食直接补贴政策存在的问题［J］．中国粮食经济，2005（6）：25.

［137］王绍光．中国政府汲取能力下降的体制根源［J］．战略与管理，1997（4）：1-10.

［138］王维芳．多边体制下美国农业补贴政策的审视［J］．农业经济问题，2008（9）：106-109.

［139］温铁军．农民政策的底线是不搞土地私有化——专访温铁军［N］．凤凰周刊，2008-02-15（282）．

［140］文小才．美国农业财政补贴政策的经验与启示［J］．云南财经大学学报，2007（3）：93-96.

［141］吴硕．中国粮食购销政策的演变及评价［J］．中国农村经济，1995（6）：56-59.

［142］向丽．粮食安全背景下粮食直接补贴政策的经济学解析［J］．安徽农业科学，2008（29）：12944-12945，12948.

［143］肖国安．粮食直接补贴政策的经济学解析［J］．中国农村经济，2005（3）：12－17．

［144］辛欣．世界各国对农业的财政补贴［J］．财税与会计，1996（4）：40－42．

［145］徐全红．我国农业财政补贴的经济学分析［J］．经济研究参考，2006（93）：21－26．

［146］许志方，孔祥元．亚洲国家对可持续发展水稻灌溉的新认识［J］．水利水电科技进展，2004（2）：1－4．

［147］杨文良．粮食购销"两头叫中间笑"现象透视［J］．中国农村经济，1995（11）：15－18，32．

［148］杨友孝，罗安军．我国粮食直接补贴政策的理论分析［J］．国际经贸探索，2006（4）：35－38．

［149］叶慧，王雅鹏．采用数据包络分析法的粮食直接补贴效率分析及政策启示［J］．农业现代化研究，2006（5）：356－359．

［150］叶静怡．欧盟90年代共同农业政策改革的理论与实践——从价格干预到直接收入补贴的初步转变［J］．经济科学，2000（5）：111－121．

［151］叶宁．发达国家农业补贴政策调整的启示与借鉴［J］．浙江财税与会计，2003（11）：46－48．

［152］叶兴庆．对我国农业政策调整的几点思考［J］．农业经济问题，2005（1）：21－24．

［153］尹成杰．农业多功能性与推进现代农业建设［J］．中国农村经济，2007（7）：4－9．

［154］于建嵘．土地流转要遵循自愿有偿原则［EB/OL］．［2008－10－19］．http：//www．aisixiang．com/data/detail．php？id＝21501．

［155］俞奉庆，蔡运龙．耕地资源价值重建与农业补贴——一种解决"三农"问题的政策取向［J］．中国土地科学，2004（1）：18－23．

［156］约翰·米尔斯．一种批判的经济学史［M］．北京：商务印书馆，2005：106．

［157］张番．印度化肥补贴改革或引起市场变革［J］．中国农资，2010（2）：12．

［158］张红宇，刘德萍．多功能性理念能拯救日本农业吗？［J］．改革，2001（5）：121－126．

[159] 张红玉，李雪. 我国增收型粮食补贴最佳规模——基于 DEA 超效率模型的分析 [J]. 上海立信会计学院学报，2009 (3)：86-90.

[160] 张少春. 贯彻落实十七届三中全会精神努力开创财政粮食工作新局面——在全国财政粮食工作会议上的讲话 [EB/OL]. 财政部网站，2009-12-05.

[161] 张桃林. 努力推动农机化工作再上台阶 [J]. 中国农民合作社，2009 (3)：4-6.

[162] 张同森. 关于粮食购销企业改制若干问题的探讨 [J]. 中国粮食经济，2002 (2)：34-35.

[163] 张晓涛. 中国粮食政策演变的制度经济学分析 [J]. 经济体制改革，2005 (1)：24-28.

[164] 张照新，陈金强. 我国粮食补贴政策的框架、问题及政策建议 [J]. 农业经济问题，2007 (7)：11-16.

[165] 赵德余，顾海英. 我国粮食直接补贴的地区差异及其存在的合理性 [J]. 中国农村经济，2004 (8)：58-64.

[166] 赵梦涵，李维林，李森. 完善农业补贴政策的思路与对策——以山东省为例 [J]. 东岳论丛，2010 (3)：48-52.

[167] 赵敏. 论农业的多功能性 [J]. 求索，2005 (1)：29-30.

[168] 赵阳. 中国农业科研投入的理论分析和政策建议 [J]. 中国农村观察，2001 (6)：2-8.

[169] 赵云旗. 中国当代农民负担问题研究（1949-2006）[J]. 中国经济史研究，2007 (3)：97-106.

[170] 郑志冰. 进一步完善我国农业补贴政策的思考 [J]. 中央财经大学学报，2007 (12)：18-22.

[171] 中国社会保险编辑部. 中国社会保障走过 50 年 [J]. 中国社会保险，1999 (10)：3-5.

[172] 周慧秋，李孝忠. 价格支持、直接补贴与粮食政策改进 [J]. 学习与探索，2008 (4)：172-174.

[173] 周建华，贺正楚. 日本农业补贴政策的调整及启示 [J]. 农村经济，2005 (10)：123-126.

[174] 周应恒. 近期中国主要农业国内支持政策评估 [J]. 农业经济问题，2009 (5)：4-11.

［175］朱行，李全根．欧盟共同农业政策改革及启示［J］．世界经济与政治论坛，2005（1）：16 - 19.

［176］朱希刚，万广华，刘晓展．我国1993年和1994年农产品生产者补贴等值的测算［J］．农业经济问题，1996（11）：37 - 42.

［177］朱应皋．中国农业补贴制度的变迁与反思［J］．乡镇经济，2006（3）：8 - 11.

［178］庄小琴．农业政策经济学［M］．北京：气象出版社，2000：36 - 39.

［179］宗义湘，李先德，乔立娟．中国农业政策对农业支持水平演变实证研究［J］．中国农业科学，2007（3）：622 - 627.

［180］Prest A R. How Much Subsidy? ［J］. The Institute of Economic Affairs，1974：20.

［181］Agriculture and Rural Development in India. Post - Liberlisation Initiatives ［M］. India：New Century Publications，2006：9 - 13.

［182］Olper A. Land Inequality，Government Ideology and Agricultural Protection ［J］. Food Policy，2007（32）：67 - 83.

［183］Per A，Petersen N C. A Procedure for Ranking Efficient Units in Data Envelopment Analysis ［J］. Management Science，1993，39（10）：1261 - 1264.

［184］Gulati A，Sharma A N. Subsidizing Agriculture：A Cross Country View ［J］. Economic and Political Weekly，1992，27（39）：A106 - A116.

［185］Ahuja A. Agriculture and Rural Development in India：Post - Liberlisation Initiatives ［M］. India：New Century Publications，2006：9 - 13.

［186］Baldwin R E. The Political Economy of Trade Policies ［J］. Journal of Economic Perspectives，1989（3）：119 - 135.

［187］Bale M D，Lutz E. Price Distortions in Agriculture and Their Effects：An International Comparison ［J］. American Journal of Agricultural Economics，1981，63（1）：8 - 22.

［188］Banker R D，Charnes A，Cooper W W. SomeModels for Estimating Technical and Scale Inefficiencies in Data Envelopment Analysis ［J］. Management Science，1984（30）：1078 - 1092.

［189］Beghin J，Roland - Holst D，Mensbrugghe D V D. How Will Agricultural Trade Reforms in High - Income Countries Affect the Trading Relationship of Developing

Countries? [R]. World Bank Working Paper, 2002.

[190] Bhagwati J N. In Defense of Globalization [M]. New York: Oxford University Press, 2004.

[191] Blake A T, Rayner A J, Reed G V. A Computable General Equilibrium Analysis of Agricultural Liberalization: The Uruguay Round and Common Agricultural Policy Reform [J]. Journal of Agricultural Economics, 1999 (50): 401 – 424.

[192] Bullock D S. Objectives and Constraints of Government Policy: The Countercyclicity of Transfers to Agriculture [J]. American Journal of Agricultural Economics, 1992 (74): 617 – 629.

[193] Zulauf C R, Dicks M R, Vitale J D. Average Crop Revenue Election Farm Program: Provisions, Policy Background, and Farm Decision Analysis [J]. Choices, 2008, 23 (3): 29 – 35.

[194] Caves D W, Christensen L R, Diewert W E. The Economic Theory of Index Numbers and the Measurement of Input, Output and Productivity [J]. Econometrica, 1982, 50 (6): 1393 – 1414.

[195] CBO. The Effects of Liberalizing World Agricultural Trade: A Review of Modeling Studies [R]. 2006.

[196] Charnes A, Cooper W W, Rhodes E. Measuring the Efficiency of Decision Making Units [J]. European Journal of Operational Research, 1978, 2 (6): 429 – 444.

[197] Paiva C. Assessing Protectionism and Subsidies in Agriculture: A Gravity Approach [R]. IMF Working Paper WP/05/21, 2005.

[198] Corden W M. Trade Policy and Economic Welfare [M]. Oxford: Clarendon Press, 1974.

[199] Gorter H D, Tsur Y. Explaining Price Policy Bias in Agriculture: The Calculus of Support – Maximizing Politicians [J]. American Journal of Agricultural Economy, 1991 (73): 1244 – 1254.

[200] Diao X, Dyck J, Lee C, Skully D, Somwaru A. Structural Change and Agricultural Protection: The Costs of Korean Agricultural Policy 1975 and 1990 [R]. Agricultural Economic Report No. (AER809) 29, 2002.

[201] Dimaranan B, Hertel T, Keeney R. OECD Domestic Support and the Developing Countries [R]. GTAP Working Paper 1161, 2002.

[202] Fare R., Lovell C A K. Measuring the Technical Efficiency of Koopmans [A]. Cowles Commission for Research in Economics [C]. Activity Analysis of Production and Allocation, Monograph No. 12. New York: Wiley, 1978.

[203] Farrel M J. The Measurement of Productive Efficiency [J]. Journal of Royal Statistical Society, 1957 (120): 253 – 281.

[204] Gardner B L. Causes of US Farm Commodity Programs [J]. Journal of Political Economy, 1987, 95 (2): 290 – 310.

[205] Hoekman B, Francis N, Olarreaga M. Eliminating Excessive Tariffs on Exports of Least Developed Countries [J]. World Bank Economic Review, 2002, 16 (1): 1 – 21.

[206] Hayami H. Structure of Agricultural Protection in Industrial Countries [J]. Journal of International Economics, 1986 (20): 115 – 129.

[207] Houck J P. Elements of Agricultural Trade Policies [M]. Prospect Heights, IL: Waveland Press, 1992.

[208] Inhwan J. Determinants of Agricultural Protection in Industrial Countries: An Empirical Investigation [J]. Economics Bulletin, 2008, 17 (1): 1 – 11.

[209] Swinnen J F M, Banerjee A N, Gorter H D. Economic Development, Institutional Change and the Political Economy of Agricultural Protection [J]. Agricultural Economics, 2001 (26): 25 – 43.

[210] Swinnen J F M. A Positive Theory of Agricultural Protection [J]. American Journal of Agricultural Economics, 1994, 76 (1): 1 – 14.

[211] Koo W W, Kennedy P L. International Trade and Agriculture [M]. Malden, MA: Blackwell Publishing, 2005.

[212] Anderson K, Martin W, Valenzuela E. The Relative Importance of Global Agricultural Subsidies and Market Access [R]. World Bank Policy Research Working Paper 3900, 2006.

[213] Stuart L, Fanjul G. How Rich Countries are Getting a Free Ride on Agricultural Subsidies at the WTO [R]. Oxford Briefing Paper, 2005.

[214] Stuart L, Riechert T. Green but not Clean: Why a Comprehensive Review of Green Box Subsidies is Necessary [R]. Joint NGO Briefing Paper, 2005.

[215] Lovell C A K. Production Frontier and Productive Efficiency? [A]. Fried H O., Lovell C A K, Schmidt S S. The Measurement of Productive Efficiency [C].

New York: Oxford University Press, 1993.

[216] McMillan M, Zwane A P, Ashraf N. My Policies or Yours: Does OECD Support for Agriculture Increase Poverty in Developing Countries? [R]. NBER Working Paper 11289, 2005.

[217] Jales M. Domestic Support in the August Framework Agreement [R]. FAO Regional Workshopon Multilateral Trade Negotiations on Agriculture, ICONE, 2005.

[218] Bohman M, Carter C A, Dorfman J H. The Welfare Effects of Targeted Export Subsidies: A General Equilibrium Approach [J]. American Journal of Agricultural Economics, 1991, 73 (3): 693 – 702.

[219] OECD. Agricultural Policies in Non – OECD Countries: Monitoring and Evaluation 2007 [R]. 2007.

[220] Olson M. The Exploitation and Subsidization of Agriculture in the Developing and Developed Countries [R] // Maunder A, Renborg U. Agriculture in a Turbulent World Economy. Aldershot: Gower, 1985.

[221] Olson M. The Exploitation and Subsidization of Agriculture: There is an Explanation [J]. Choices, 1990 (4).

[222] Olson M. Space, Organization and Agriculture [J]. American Journal of Agricultural Economics, 1985 (67): 928 – 937.

[223] Portugal L. OECD Work on Defining and Measuring Subsidies in Agriculture [R]. The OECD Workshop on Environmentally Harmful Subsidies, Paris, OECD, 2002.

[224] Proposal for WTO Negotiations on Agriculture Submitted by the Republic of Korean [R]. G/AG/NG/W/98, 2001.

[225] Musgrave R A, Musgrave P B. Public Finance in Theory and Practice [M]. 4th ed. McGraw – Hill, 1984.

[226] Banker R D, Charnes A, Cooper W W. Some Models for Estimating Technical and Scale Inefficiencies in Data Envelopment Analysis [J]. Management Science, 1984, 30 (9): 1078 – 1092.

[227] Allan R, Strutt A. The Current Round of Agricultural Trade Negotiations: Why Bother about Domestic Support? [R]. The 5th Annual Conference on Global Economic Analysis, 2002.

[228] Barker R, Hayami Y. Price Support Versus Input Subsidy for Food Self –

Sufficiency in Developing Countries ［J］. American Journal of Agricultural Economics, 1976, 58 (4) : 617 – 628.

［229］ Färe R, Grosskopf S, Norris M, Zhang Z Y. Productivity Growth, Technical Progress and Efficiency Change in Industrialized Countries ［J］. The American Economic Review, 1994, 84 (1) : 66 – 83.

［230］ Schultz T W. Constraints on Agricultural Production ［A］. Distortions of Agricultural Incentives. Schultz T W ［C］. Bloomington: Indiana University Press, 1978.

［231］ Schultz T W. On Economics, Agriculture and the Political Economy, Decision – Making in Agriculture, ed ［A］. Dams T, Hunt K E ［C］. Lincoln: University of Ne – braska Press, 1977.

［232］ Tokarick S. Measuring the Impact of Distortions in Agricultural Trade in Partial and General Equilibrium ［R］. IMF Working Paper WP/03/110, 2003.

［233］ Stiglitz J. E. Globalization and Its Discontents ［M］. New York: W. W. Norton & Co. , 2002.

［234］ Sumner D A. Conflicts Between U. S. Farm Policies and WTO Obligations ［R］. Cato Institute Trade Policy Analysis No. 32, 2005.

［235］ Tracy M. Governments and Agriculture in Western Europe 1880 – 1988 ［M］. London: Granada, 1989.

［236］ U. S. Department of Agriculture. Direct and Counter – Cyclical Program and Average Crop Revenue Election Program ［R］. 43 Federal Register, 2008: 79284 – 79306.

［237］ Foster W E, Calvin L S, Johns G M, Rottschaefer P. Distributional Welfare Implications of an Irrigation Water Subsidy ［J］. American Journal of Agricultural Economics, 1986, 68 (4) : 778 – 786.

［238］ Liefert W M, Sedik D J, Koopman R B, Serova E, Melyukhina O. Producer Subsidy Equivalents for Russian Agriculture: Estimation and Interpretation ［J］. American Journal of Agricultural Economics, 1996, 78 (3): 792 – 798.

［239］ Koo W W, Kennedy P L. The Impact of Agricultural Subsidies on Global Welfare ［J］. American Journal of Agricultural Economics, 2006, 88 (5): 1219 – 1226.

［240］ Young E, Burfisher M, Nelson F, Mitchel L. Domestic Support and the WTO: Comparison of Support Among OECD Countries ［R］. United States Department of Agriculture, Economic Research Service, 2002.